教育法治丛书 | 任海涛 主编

教育法学分论

任海涛 等◎著

SPECIFIC THEORIES OF
EDUCATION LAW

上海人民出版社

教育法学分论

撰稿人

任海涛　　管　华　　姚　荣　　段斌斌

王　箭　　叶　强　　房珂竹　　王思杰

冯铁拴　　聂　圣　　刘　宁　　陈仁鹏

主要作者简介

任海涛：河北文安人，华东师范大学法学院教授、博士生导师，未成年人学校保护研究中心副主任。参与全国《青少年法治教育大纲》《教师法》《未成年人保护法》等法律文件的起草或修改工作。入选"上海青年法学法律人才库"和"上海教育法学人才计划"。13篇论文被《新华文摘》《中国人民大学复印报刊资料》等文献全文转载。40余篇教育法治领域的决策咨询报告被省部级以上部门采纳或批示。主持国家级、省部级课题多项。获得上海市哲学社会科学成果奖（2022年）和教育部高等学校科学研究优秀成果奖（2024年）。入选中国人民大学《复印报刊资料重要转载来源作者（2022年版）》。代表作为《校园欺凌法治研究》《教育法学导论》《法治教育学导论》等。负责全书框架设计及第一章第六至第九节、第二章、第三章第三至第四节、第十章撰写。

管　华：河南光山人，广西大学法学院教授、博士生导师，法学博士、教育学博士后。主要研究方向为宪法学与行政法学、教育法学。发表CSSCI论文40篇，被采纳智库成果20篇。获得省哲学社会科学一等奖2项。出版著作《教育法学原论》《儿童权利研究》，在《中国法学》《法学评论》《南京师范大学学报》发表论文《党内法规制定技术规范论纲》《教育法治四十年：回顾与展望》《高考加分政策的宪法规制》。被《新华文摘》《高等学校文科学术文摘》及《中国人民大学复印报刊资料》转载14篇，入选中国人民大学《复印报刊资料重要转载来源作者（2022年版）》。参与《学前教育法》《民办教育促进法实施条例》《中小学教育惩戒规则（试行）》《未成年人学校保护规定》《中小学法治副校长聘任与管理办法》等法律、法规、规章的起草论证工作。负责本书第十二章撰写。

姚　荣：江苏姜堰人，华东师范大学教育学部高等教育研究所副教授，主要从事教育法学、高等教育法律与政策研究。入选"上海市教育法学人才培养计划"，上海市晨光学者计划。入选中国人民大学《复印报刊资料重要转载来源作者（2022年版）》。

主持国家社科基金(教育学)课题 2 项,在《高等教育研究》《华东师范大学学报(教育科学版)》等 CSSCI 期刊发表论文 60 余篇,十余篇论文被《新华文摘》《中国人民大学复印报刊资料》《高等学校文科学术文摘》全文转载,多份决策咨询报告被教育部等有关部门采纳,出版专著《从失衡走向平衡:公立高等学校自主权的法律规制结构研究》《高等教育质量保障的法律规制研究》。与王箭合作完成本书第四章撰写。

段斌斌:湖南冷水江人,华中科技大学教育科学研究院副教授,湖北省楚天学子,主要从事教育法律与政策、高等教育组织与管理研究。在《高等教育研究》《华东师范大学学报(教育科学版)》等核心期刊发表学术论文 30 余篇,近 20 篇次被《新华文摘》《中国人民大学复印报刊资料》等全文转载或摘编,多份决策咨询报告被教育部等有关部门采纳,主持省部级等各类科研项目 8 项,出版专著《中国教育法律的司法适用》。负责第八章撰写。华中科技大学教育科学研究院硕士研究生胡蝶参与该章撰写。

王　箭:辽宁沈阳人,东北师范大学政法学院副教授、法学专业系主任,全国人权理事会理事。主要从事高等教育法学研究。在《光明日报》《当代法学》《理论与改革》等报纸、期刊发表学术论文 30 余篇,多份决策咨询报告被教育行政部门采纳,主持教育部等各级各类教学科研项目 10 项,出版《法治的技术:行政诉讼镜鉴》等学术著作 5 部,主编高等教育领域教材 4 部。与姚荣合作完成本书第四章撰写。东北师范大学政法学院硕士研究生孔祥智、张玉盈参与本章资料搜集、校对工作。

叶　强:湖北鄂州人,中南财经政法大学国家治理学院讲师,法学博士。主要研究方向为教育法学,代表作有《论国家对家庭教育的介入》一书。负责本书第九章撰写。

房珂竹:山西临汾人,云南师范大学法学与社会学学院教授,教育部教育立法研究基地(云南师范大学)研究员。参与《中华人民共和国禁毒法》《中华人民共和国家庭教育促进法》等立法工作。主持完成国家社科基金一项(结项优秀),多篇决策咨询报告被教育部采纳,获得多项国家级、省部级奖励。负责本书第一章第二至第五节撰写。

王思杰:江苏连云港人,厦门大学嘉庚学院法学院副院长、教授、法学博士。研究方向为教育法学、法治教育。在核心刊物发表论文 20 篇,主持或参与国家级、省部级项目多项,代表作为《职业教育法的立法精神与规范体系》《国外民法典对中国教育法典编纂进路的启示——以近代四部〈民法典〉为考察中心》。负责本书第五章撰写。

冯铁拴：河南郑州人，武汉工程大学法商学院副教授、硕士生导师，法学博士，兼任中南民族大学财税法研究中心研究员。主要研究方向为财税法学、教育财税法学，代表作有《教育法典中教育财税规范体系化研究》《非营利性民办学校享受同等税收优惠的障碍与突破》等。负责本书第十一章撰写。

聂　圣：湖北宜昌人，华中师范大学法学院讲师，法学博士、教育学博士后，兼任湖北省地方立法研究和人才培养基地研究员。主要研究方向为教育法学、经济法学，代表作有《论我国汇编型教育法典的编纂——基于领域法学视角的论证》等。负责本书第六章撰写。

刘　宁：安徽六安人，江南大学法学院讲师，法学博士。主要研究方向为教育法学、行政法学，代表作有《如何立法监管校外教育培训机构》《教育法典中〈家庭教育促进法〉的法典化问题》《教育惩戒裁量基准的规范构造》等。负责本书第七章撰写，参与第二章第一至第三节撰写。

陈仁鹏：河南新乡人，中国政法大学法学院法学博士。主要研究方向为教育法学。代表作有《论新"教师法"责任条款的体系化构造》《论新〈职业教育法〉背景下高职教育"三融"发展的法律保障》《论新〈职业教育法〉对受教育权的保障》。负责本书第三章第一至第二节、第五至第七节撰写。

刘　扬：山东济南人，华东师范大学法学院法学博士。代表作为《论"双减"政策的理论基础与实现路径》。参与第十章、第二章第四至第六节撰写。华东师范大学法学院硕士研究生竺小缘、孔仲渊、刘一行参与第十章资料搜集、撰写工作。

胡新瑞：山东东营人，华东政法大学中国法治战略研究院法学博士。代表作为《论新〈职业教育法〉中现代职业教育体系建构》。参与本书第一章撰写。

目 录

序

2022年，我们出版了《教育法学导论》，对于教育法学"总论"的基本理论体系、基本范畴体系作了探索。本次出版的《教育法学分论》与《导论》是姊妹篇，对于教育法学的各个分支学科涉及的重点问题进行了研究，二者相辅相成、相得益彰，全面地展现了中国教育法学体系的图景。

近年来，全社会对于"教育法学"系统化、深入化研究的需求越来越大，原因是复合的。

首先，党和国家日益重视教育法治事业的发展与教育法学的研究。2020年11月16日，习近平总书记在中央全面依法治国工作会议上指出："要总结编纂民法典的经验，适时推动条件成熟的立法领域法典编纂工作。"全国人大常委会将研究启动教育法典编纂工作列入2021年度立法工作计划，同时教育部将教育法典立法研究列入2022年工作要点。2023年2月，中共中央办公厅、国务院办公厅印发了《关于加强新时代法学教育和法学理论研究的意见》，明确提出要"适应法治建设新要求，加强立法学、文化法学、教育法学、国家安全法学、区际法学等学科建设"。《教育法典》起草研究工作也于2023年11月启动。这些都体现了党和国家对于教育法治和教育法学发展的高度重视。

其次，近年来教育法的制定、修改活动频繁，反映了教育活动日益法治化、规范化的趋势。例如，国家于2018年修订了《民办教育促进法》，于2020年修订了《未成年人保护法》和《预防未成年人犯罪法》，于2021年颁布了《家庭教育促进法》《未成年人学校保护规定》，并对《教育法》进行了第三次修订，于2022年修订了《职业教育法》。频繁的教育立法活动体现了教育活动日益法治化、规范化，这不仅是为了完善教育法律体系，还是为了维护教育利益相关者的合法权益，最终促进教育事业的发展。

再次，社会公众更加关注教育法治化问题，每个家庭和个人都非常重视教育治理与教育法治问题。教育是人民群众最关心、最直接、最现实的利益所在。教育法治不仅是教育改革发展的内在要求,也符合人民群众的普遍期待。近年来,教育领域出现的一些突出问题,如学生欺凌、教师道德失范、教育资源不均衡、校外培训市场监管不足、"双减"政策出台、学生起诉高校、高校青年教师"非升即走"制度等,都引发了社会的广泛关注和强烈反响。这些问题的解决需要依靠法治思维,还需要加强教育法学的研究,更需要提高教育行政管理者、教育工作者和教育利益相关者的法治素养,以上因素都为教育法学的发展提供了现实动力。

最后,教育法学界对教育法研究的深入化、体系化、专业化提出了更高要求。许多院校先后设立作为"法学二级学科"的"教育法学"学位点。如华东师范大学分别于2018年和2023年开始招收教育法学方向硕士研究生和博士研究生,江苏师范大学法学院于2022年招收教育法学硕士研究生,华东政法大学于2023年同时招生教育法学二级学科博士生、硕士生和法律硕士,西北政法大学于2023年获批设立作为法学二级学科的教育法学学科点。杭州师范大学法学院、四川师范大学法学院等高校设立了"法治教育"研究生培养方向,上海师范大学于2023年招收了第一届"道德与法治"本科学生。上述院校开展的教育法学学科点的设立与人才培养等实践活动,培养了一批教育法学专业人才,取得了一些重要成果。但与教育法治化的迫切需求相比,教育法学研究仍然存在一些空白,需要教育法学界对教育法学的研究更加精细化、精准化。

为了回应社会对于教育法学研究的需求,推动教育法学学科的建设和发展,本书编写团队于2022年出版《教育法学导论》,吸收教育法的最新研究成果,分为学科论、范畴论、主体论、权利保护和学校管理等四编,更适合法学的高年级本科生和研究生学习教育法学知识。在此基础上,《教育法学分论》一书进一步深化和拓展了教育法学的研究内容,从教育法学的分支学科和新时代教育法治热点问题等角度,对教育法学的各个方面进行了分论式的探讨,力求全面深入地展示教育法学的学科特征和学术价值。本书共分为十二章,分别涵盖了教育基本制度与教育体制改革、学前教育法学、初等教育与中等教育法学、高等教育法学、职业教育法学、民办教育法学、社会教育法学、终身教育法学、家庭教育法学、未成年人学校保护法治、教育财税法学和人工智能时代的教育立法前瞻等内容。本书既可以作为教育法学专业的教材和参考书,又可以作为教育管理者、教育工作者等广大读者了解和研习教育法学的读物。

上海市教育委员会政策法规处自2016年起,委托华东师范大学编写"教育法治热点问题年度报告"。在研究过程中,我们对"教育法治热点问题"的认识逐步深化,该书编写的最初灵感与素材就来源于此。在此对于委托单位表示真诚感谢!此外,杨九诠主编、郁能文处长、李进付副处长、张惠虹主任、丁笑梅书记、胡岩主任等专家对本书的初稿提出过宝贵意见,在此一并感谢!

　　本书是国内第一本以《教育法学分论》命名的著作,该书对于教育问题的类型化研究视角也在探索之中,加之近年来教育法治事业发展迅速,书中可能存在各种以偏概全,甚或错讹疏漏之处。敬请读者方家不吝赐教、多多指正!

2024 年 3 月 13 日于华东师范大学

第一章

教育基本制度与教育体制改革

当前,教育基本制度和教育体制改革已经成为我国教育发展的关键内容。近年来,在党中央高度重视教育现代化的背景下,继续完善教育基本制度和推进教育体制改革的呼声愈发高涨。在实践中,教育基本制度位于《中华人民共和国教育法》(以下简称《教育法》)的第二章,是《教育法》的核心章节。在理论界,有关教育基本制度和教育体制改革的学术研究也掀起了一波热潮。本章的研究内容是教育基本制度与教育体制改革的相关问题,包括学校教育制度、义务教育制度、职业教育制度、继续教育制度、国家教育考试制度、学业证书制度、学位制度、教育督导制度、学校及其他教育机构教育评估制度,以及教育体制改革等方面。

本章尝试对教育基本制度的发展脉络、新变化和未来问题进行分析,并试图搭建一个系统的教育体制改革的分析框架,最终揭示我国教育法律体系的制度特征,形成科学、合理的教育体制改革发展理路。

一、前　言

(一)《教育法》出台背景

《教育法》是我国教育领域的基本法律,代表着我国教育改革和发展的历史进程和发展需求。在《教育法》的出台和修订过程中,最为突出的特征就是我国教育理念和制度的不断创新和完善。

1984年,在全国人大、政协会议上,有多位代表、委员提出了制定教育基本法的呼声,党和国家领导人高度重视并将其列入议事日程。1985年,《中共中央关于教育体制改革的决定》正式提出加强教育立法工作的要求,国家教委委托北京师范大学起草《教育法》,进行了为期一年多的调查研究和起草工作,参考了二十多个国家的教育基本法,并广泛征求了各方面的意见。①1993 年,《中国教育改革和发展纲要》明确提出要加强教育法制建设,争取到 20 世纪末初步建立教育法律、法规体系的框架。1994 年,国务院法制局对《教育法》送审稿进行了第十二次修改,并经中共中央同意后在国务院常务会议上通过。1995 年,《教育法》在第八届全国人大第三次会议上通过,并于同年 9 月 1 日起正式实施。

《教育法》是教育法治经过十多年的艰辛努力并集中了各方面智慧和力量的成果,同时反映了我国在社会主义市场经济条件下对教育事业发展的新要求和新期待。

(二)《教育法》的修订历程

自 1995 年 3 月 18 日第八届全国人大第三次会议通过后,我国对《教育法》的修改持续深入,前后共有三次。

第一次修改是在 2009 年 8 月 27 日第十一届全国人大常委会第十次会议上,会议通过了《关于修改部分法律的决定》,对《教育法》的部分条款进行了修改。第二次修改是在 2015 年 12 月 27 日第十二届全国人大常委会第十八次会议上,会议通过了《关于修改〈中华人民共和国教育法〉的决定》,修改了《教育法》的部分条款。在 2021 年 4 月 29 日第十三届全国人大常委会第二十八次会议上,《教育法》进行了第三次修改,修订了五个条款,这些条款涵盖了教育的指导思想、方针、内容和地位,完善了"培养什么人、怎样培养人、为谁培养人"的法律规范和制度要求。

《教育法》的三次修改体现了我国教育法律的不断完善和创新,为推进教育现代化和落实立德树人的任务提供了法治保障。

(三)教育基本制度与教育体制改革概述

《教育法》第二章规定了教育基本制度,该内容在多次修法过程中有所调整,但是总体框架和内容结构没有改变。根据最新的《教育法》规定,该章涉及的教育基本制度主要有学校教育制度、义务教育制度、职业教育制度、继续教育制度、国家教育考试制度、学业证书制度、学位制度、教育督导制度和学校及其他教育机构教育评估制度九个方面。

教育体制改革也在持续推进。教育体制改革指对教育现象各部分之间及其运行

---

① 成有信主编:《教育法学概论》,湖北教育出版社 1996 年版,第 1 页。

方式的改革①,涉及人才培养、招生、办学、管理和保障等方面②,旨在破除一切制约教育高质量发展的思想观念束缚和体制机制弊端。作为改革开放 40 多年来的重要成果,教育体制改革提高了教育的普及度、保障度、公平度和开放度,在重点领域和关键环节取得突破,推进了人才培养模式的创新。

基于此,本章拟围绕教育基本制度与教育体制改革展开,介绍其建设时间、基本发展脉络,以及在新时代的变化和未来可能面临的重大问题,全面系统地分析我国当前的教育基本制度和教育体制改革,探讨其发展历程、现状问题、未来趋势和重点研究领域,以期为读者提供系统的教育基本制度与教育体制改革的研究概况,也为读者全面了解和深入思考提供重要参考。

二、学校教育制度

在传统教育主客体泾渭分明的格局中,学校教育制度是一个国家各级各类学校的规则体系的制度化概念③,本章用通用的"学制"概念来概括我国近些年来的学校教育制度,其具体表现形式分为双轨型、单轨型和中间型三种④,并以班级授课制和现代学制作为存在基础。

我国学校教育制度来源于我国《教育法》第二章教育基本制度的第 17 条,即关于"国家实行学前教育、初等教育、中等教育、高等教育的学校教育制度"的规定,其中第 2 款规定:"国家建立科学的学制系统。学制系统内的学校和其他教育机构的设置、教育形式、修业年限、招生对象、培养目标等,由国务院或者由国务院授权教育行政部门规定。"具体来说,学校教育制度是国家教育制度的主要表现形式,具体包括学前教育、初等教育、中等教育、高等教育等一系列规则系统。在具体阐述学校教育制度的历史脉络之前,有必要简单梳理其基本特征。使人才培养规格标准化、以班级为教学

① 孙绵涛:《中国教育体制改革若干重大理论问题的探讨》,载《华南师范大学学报(社会科学版)》2010 年第 1 期。
② 佘宇、单大圣:《中国教育体制改革及其未来发展趋势》,载《管理世界》2018 年第 10 期。
③ 冯永刚:《学校教育制度的结构探究》,载《教育理论与实践》2014 年第 4 期。
④ 冯永刚:《现代学校教育制度的内涵、表现形式及影响因素》,载《教学与管理》2012 年第 22 期。

基本形式、使专门的教师开展课堂教学和有专门的管理人员开展管理工作共同构成了学校教育制度的重要内容和基本特征。①总结来说,学校教育制度具有同一性、标准化的特点,甚至可以说具有一定的保守性。②

梳理学校教育制度的脉络是学校教育制度研究的必要环节。我国近代学制始于清政府于1902年颁布的《钦定学堂章程》,也被称为"壬寅学制"。③1904年颁布的"癸卯学制"(即《奏定学堂章程》)是中国近代第一个以教育法令公布并在全国实行的学制。1922年颁布实施的"壬戌学制"不仅是我国第一个"六三三"学制,被沿用至中华人民共和国成立,还是我国近代教育史上实施时间最长且最为成熟的学制。④

1949年后,我国对学校教育制度的建设大致可以分为以下三个阶段。第一阶段为创建阶段。1951年政务院颁布的《关于改革学制的决定》在师法苏联的基础上,提出要摒弃旧学制、建立新学制。第二阶段为巨大转折阶段。1958年,中共中央和国务院发布了《关于教育工作的指示》,明确指出"现行的学制是需要积极地和妥当地加以改革的,各省市自治区党委和政府有权对新的学制积极进行典型试验,并报告中央教育部。经过典型试验取得充分的经验之后,应当规定全国通行的新学制"。第三阶段是我国学制法治化建设的阶段。1995年颁布的《教育法》大力推动学校教育制度恢复和建设发展,延长中学学习年限,重建职业学校,恢复高等教育专科和本科两个层次学校教育制度,并使各级各类学校重新恢复到完整的学校教育制度系统性建设发展状态。2012年教育部继续出台了《依法治校——建设现代学校制度实施纲要》,标志着现代学校制度的建设已经开始。

进入新时代后,中共中央、国务院印发的《中国教育现代化2035》明确提出了要建设有质量的学前教育、优质均衡的义务教育、全面普及的高中阶段教育和科学完善的基础教育学制体系,被认为是学校教育制度改革的标志一步。2020年,中央八部委又联合出台了《关于进一步激发中小学办学活力的若干意见》,旨在加快现代学校制度建设。

通过考察学校教育制度的相关理论研究,可以推导出当前学校教育制度的三个研究视角:第一,对学校教育制度本身的探讨;第二,对学校教育制度各层级的

---

① 赵伟:《试论劳动、劳动教育和职业教育的关系》,载《中国高教研究》2019年第11期。
② 张虹、陈恩伦:《大学虚拟化对学校教育的影响》,载《现代教育技术》2018年第9期。
③ 刘鹏飞、史宁中:《论"学段"》,载《东北师大学报(哲学社会科学版)》2014年第5期。
④ 林强:《基础教育有必要试行"五二二"学制》,载《上海教育科研》2015年第10期。

讨论;第三,对学校教育制度各法律主体的研究。如前所述,由于学校教育制度包括四个层级和九个类型,涵盖多个主题,因此本章难以穷尽学校教育制度所有的研究进路,但是将尽可能梳理各主题的主要面向。首先,对学校教育制度本身的探讨包括学校教育制度的历史演变、基本逻辑与展望,譬如有学者基于伊万·伊利奇(Ivan Illich)的"去学校化社会"思想探讨了学校教育制度的变革方向①,还有观点基于我国"六三三"学制的起源和变迁为未来学制改革提供了启示②,另有文章以美国"学校消亡论"作为切入点讨论了我国学校教育制度的发展方向。其次,对于学校教育制度各类型的探讨不仅包含了学前教育制度、初等教育制度、中等教育制度和高等教育制度的研究,还包括对专门学校教育制度的研究。比如有论文以技术赋能高等教育制度发展作为研究问题,对其中的逻辑和困境进行了分析;③还有学者以专门学校教育制度的困境作为研究对象,对专门学校教育制度的重构进行了深入研究。④最后,对学校教育制度各法律主体的研究涵盖了对学校、教师、学生的研究,其中对学校进行研究的理论文章较多,譬如有学者研究了家庭教育立法背景下的中小学校职责⑤,还有文章对高等教育领域中的学校法律地位进行了分析,提出了相应的风险因应之策。⑥

综合已有的研究,未来学校教育制度研究的重点可以集中在以下三个方面:一是以教育法典的编纂为契机,将学校教育制度纳入教育法典中学校教育编的体系中;⑦二是探索学校教育制度改革的路径,从终身教育、职业教育及青少年法治等不同纬度展开;⑧三是对正规学校教育制度体系结构进行优化,对适时延长义务教育法定年限进行探索。⑨

---

① 杨文杰、范国睿:《学校教育制度的革故与鼎新——伊万·伊利奇"去学校化社会"思想及其影响论析》,载《教育研究》2023年第1期。
② 张斌贤:《"六三三学制"源流辨析》,载《河北师范大学学报(教育科学版)》2022年第4期。
③ 徐丹丹、冯锐:《技术赋能高等教育制度发展的内在逻辑、现实困境及其路径选择》,载《中国电化教育》2023年第5期。
④ 尤伟琼、王丽萍:《演变与推进:专门学校教育制度的困境与重构》,载《云南师范大学学报(哲学社会科学版)》2022年第6期。
⑤ 何颖:《坚守与变革:家庭教育立法背景下中小学校的职责拓展与应对》,载《教育科学研究》2023年第9期。
⑥ 姚荣:《高等学校法律地位变革的功能导向与风险因应》,载《大学教育科学》2020年第3期。
⑦ 任海涛:《教育法典分则:理念、体系、内容》,载《华东师范大学学报(教育科学版)》2022年第5期。
⑧ 马延伟:《论普职融通的价值导向与制度路径》,载《职业技术教育》2023年第4期;高维俭:《少年法治系统论纲》,载《政治与法律》2022年第11期;张伟远、谢浩、张岩:《加快推进国家资历框架建设 完善全民终身学习体系》,载《中国职业技术教育》2021年第12期。
⑨ 张力:《延长义务教育年限与扩展免费教育范围的多维度分析》,载《中国教育学刊》2021年第5期。

三、学前教育制度和义务教育制度

（一）学前教育制度

厘清学前教育的概念是学前教育立法需要考虑的重要因素，对学前教育法律体系的构建具有重要影响。学术界对学前教育的界定并不一致，但一般认为，学前教育是强调儿童利益最大化的产物，其目的是协助和支持学前儿童的内在发展和自然成长。[①]就学前教育概念的演进脉络而言，1981 年，在巴黎举行的国际学前教育协商会议上，"学前教育"概念被解释为"能够激起出生至入学前儿童的学习愿望，给他们学习体验，且有助于他们整体发展的活动总和"。[②]20 世纪 80 年代以来，更加国际化的学前教育概念出现在学者的研究中，从原来的 3—6 岁儿童教育延伸至 0—6 岁婴幼儿的保育与教育。[③]

我国 2015 年修正的《教育法》在第 18 条中首次规定了"国家制定学前教育标准"，并要求"各级人民政府采取措施，为适龄儿童接受学前教育提供条件和支持"。2023 年，《中华人民共和国学前教育法（草案）》（以下简称《学前教育法（草案）》）对学前教育制度的重要性进行了说明，提出学前教育制度"是国民教育体系的重要组成部分，是重要的社会公益事业"。很长一段时间内，党和政府把学前教育作为落实我国教育优先发展的重点领域。此外，加快发展学前教育制度是 2010 年《国务院关于当前发展学前教育的若干意见》中提出的重点内容，因此学前教育制度成为教育法研究中的热点议题。

1903 年，我国第一所公立幼教机构——武昌幼稚园创办。1904 年，清政府制定了《奏定蒙养院章程及家庭教育法章程》，标志着学前教育制度正式确立。[④]之后在革命战争和抗战时期，"苏区和边区在 1927 年至 1949 年以幼稚园和保育院为主设立了

---

① 刘晓东：《发现儿童：破解"双负"等一揽子教育痼疾的必由之路》，载《湖南师范大学教育科学学报》2023 年第 2 期。
② 谢维和：《论学前教育的"学前性"》，载《教育研究》2022 年第 3 期。
③ 马雷军：《〈学前教育法〉调整范围论要》，载《陕西师范大学学报（哲学社会科学版）》2023 年第 1 期。
④ 吴洪成、宋立会：《论清末学前教育立法——以〈奏定蒙养院章程及家庭教育法章程〉为中心》，载《河北法学》2017 年第 12 期。

多种学前教育机构,并将幼稚园列入学制"①。

中华人民共和国成立以后,学前教育制度逐步得到建设和发展,可以分为以下五个阶段。第一,学前教育的雏形初现。1951年政务院发布的《关于改革学制的决定》规定了"实施幼儿教育的组织为幼儿园。幼儿园收三足岁到七足岁的幼儿,使他们的身心在入小学前获得健全的发育"。1952年教育部颁布了《幼儿园暂行规程(草案)》和《幼儿园暂行教学纲要(草案)》,对幼儿园和幼儿园教学作出相应的规定。第二,学前教育制度进入探索起步阶段。改革开放以后,学前教育制度迎来了新的发展。1979年召开的全国托幼工作会议,提出学前教育"两条腿走路"的办学模式。同年,教育部颁布《城市幼儿园工作条例(试行草案)》。之后,国家陆续出台了《三岁前小儿教养大纲(草案)》《幼儿园教育纲要(试行草案)》《关于发展农村幼儿教育的几点意见》《关于进一步办好幼儿学前班的意见》等政策文件。第三,1989年后学前教育制度进入初步形成阶段。《幼儿园管理条例》《幼儿园工作规程》《关于开展幼儿园园长岗位培训工作的意见》《教育部关于规范小学和幼儿园教师培养工作的通知》《中小学幼儿园安全管理法》等政策法规陆续出台,促进了学前教育的发展。第四,2010年后,学前教育进入多措并举、全面深化改革阶段。中共中央、国务院印发《国家中长期教育改革和发展规划纲要(2010—2020年)》,同年,国务院出台《关于当前发展学前教育的若干意见》,后者也被称为学前教育"国十条"。

进入新时代后,学前教育制度进入《学前教育法》制定阶段。2021年《教育法》修订,其第18条规定:"国家制定学前教育标准,加快普及学前教育,构建覆盖城乡,特别是农村的学前教育公共服务体系。各级人民政府应当采取措施,为适龄儿童接受学前教育提供条件和支持。"2022年教育部发布了《幼儿园保育教育质量评估指南的通知》,对幼儿园校车、教职工、小学科学衔接、收费管理、卫生保健等幼儿园建设和发展的必要方面作出相应的规定,不断加强对学前教育工作的建设。

近年来,"入园难""入园贵"等问题的出现意味着学前教育成了教育体系中较为薄弱的环节,发展不平衡不充分意味着学前教育制度还存在一定的缺漏。②与之关联的是,2020年教育部发布了《学前教育法草案(征求意见稿)》。2023年8月,该草案提请第十四届全国人大常委会第五次会议初次审议,这标志着我国积极探索通过专

---

① 罗若飞:《近现代学前教育发展趋势及对学前教育专业建设的启示》,载《黑龙江高教研究》2013年第11期。
② 刘永林、王亚卓、杨小敏:《地方学前教育立法中的政府监管——基于智慧监管理论的框架建构、实践检视与制度设计》,载《教育学报》2022年第5期。

门立法促进学前教育发展之路。

通过考查学前教育制度的相关理论研究,可以推导出当前关于学前教育制度的研究主要从三个视角展开。首先是学前教育立法,既有关注学前教育立法的现状、比较和路径的研究,比如有学者基于儿童利益最大化原则对学前教育立法提出了建议①,还有文章对《学前教育法草案(征求意见稿)》进行了分析②;又包括了学前教育立法的宗旨与原则、学前教育法的调整范围,以及《学前教育法(草案)》和学前教育地方立法等视角的研究。其次是关注学前教育制度体系的内部完善与外部衔接,在内部完善上有研究分析了地方残疾儿童学前教育立法的问题与对策③,在外部衔接上有论文探讨了终身教育制度与学前教育制度的关系④。最后是探究学前教育制度中各法律主体的促进与规制,有观点指出应运用智慧监管的理论对当前地方学前教育立法中的政府监管进行完善⑤,还有学者以公办幼儿园教师的法律地位为重点进行了详尽的探讨⑥。

综合已有的研究,笔者认为未来学前教育制度的主要研究应当围绕学前教育立法展开,重点关注学前教育立法中的重点问题,包括学前教育和其他学科的关系⑦、托育服务的法治化、幼儿园"小学化",以及城乡之间学前教育发展不均衡等问题。⑧

(二) 义务教育制度

一般来说,英语"Compulsory Education"是义务教育概念的最初来源,"Compulsory"一词的日文译法为"义务"。中国以日文译法为依据,定义了义务教育的概念。⑨教育法学者基于政府和学校之间的关系,对其特征进行了严格的区分,认为义务教育制度的特征为由政府强制规定最低的教育数量,并负担学校的教育经费。⑩在

---

① 曾皓:《儿童利益最大化原则在学前教育立法中的落实》,载《法学》2022 年第 1 期。
② 刘悦、姚建龙:《学前教育立法的亮点与若干争议问题——以〈学前教育法草案(征求意见稿)〉为例》,载《中国青年社会科学》2021 年第 4 期。
③ 赵小红:《地方残疾儿童学前教育立法的问题与对策——基于部分省份学前教育条例的分析》,载《中国特殊教育》2021 年第 1 期。
④ 杨婷、吴遵民:《终身教育背景下学前教育发展的路径与机制——读〈中华人民共和国学前教育法(草案)〉》,载《现代远距离教育》2020 年第 5 期。
⑤ 刘永林、王亚卓、杨小敏:《地方学前教育立法中的政府监管——基于智慧监管理论的框架建构、实践检视与制度设计》,载《教育学报》2022 年第 5 期。
⑥ 任燕妮、陈鹏:《公办幼儿园教师的法律地位及其权益保障》,载《教育理论与实践》2020 年第 32 期。
⑦ 于浩、郑晓军:《学前教育纳入义务教育的法理反思》,载《全球教育展望》2020 年第 4 期。
⑧ 任海涛:《时隔三年再度公开征求意见 学前教育立法如何让童年无忧》,载《上海法治报》2023 年 9 月 5 日 B8 版。
⑨ 周金玲:《基础教育制度变迁的经济学分析》,载《学术月刊》2003 年第 11 期。
⑩ 梁雪峰、乔天文:《城市义务教育公平问题研究——来自一个城市的经验数据》,载《管理世界》2006 年第 4 期。

教育法典的相关研究中,其所预设的前提是《中华人民共和国义务教育法》(以下简称《义务教育法》)是我国义务教育阶段最重要的单行法,其内容是教育法典义务教育制度的核心。①上述从不同维度对义务教育的归纳尽管形式多样,却都包含一个共同的内容,即公益性、统一性和义务性是我国义务教育制度的关键特征。②首先是公益性。公益性是义务教育的关键特征之一,它需要国家保障,也标志着对教育公平的贯彻。其次是统一性。"培养目标的统一性是实施义务教育的基础,同时是义务教育公共性的主要体现"。③将统一性作为义务教育的基础特征是指所有的义务教育内容都需由国家统一规定,《义务教育法》规定国家要统一实施所有适龄儿童、少年必须接受的教育,义务教育的质量和效果也取决于国家和政府的实施内容和手段。例如,九年制义务教育的教材需由国家统一审定、统一要求。尽管这是一个浅显的例子,但是证明了义务教育制度的统一性。最后是义务性。义务性在《义务教育法》中体现为"所有适龄儿童、少年必须接受",这是对参与义务教育的全部主体(包括父母、学校、学生等)的要求,比如"父母有责任对儿童的发展保持敬畏并保证儿童得到最基本的教育"④,以此类推,义务教育的其他全部主体都有义务保障所有适龄儿童、少年必须接受基本教育,这就是义务性的表现。

我国《教育法》第19条规定:"国家实行九年制义务教育制度。各级人民政府采取各种措施保障适龄儿童、少年就学。适龄儿童、少年的父母或者其他监护人,以及有关社会组织和个人有义务使适龄儿童、少年接受并完成规定年限的义务教育。"从概念来说,根据《义务教育法》第2条的规定,义务教育制度指由国家统一实施的,所有适龄儿童、少年必须接受的为期九年的,国家依法予以保障的,不收学费、杂费的公益性学校教育制度。

改革开放后,我国义务教育制度发展可以分为三个阶段。

第一阶段是依法确立义务教育制度的阶段。1985年《中共中央关于教育体制改革的决定》指出,我们要大力推进"九年制义务教育"。1986年《义务教育法》正式颁布之后,1992年《中华人民共和国义务教育法实施细则》对《义务教育法》的实施进行

---

① 任海涛:《教育法典分则:理念、体系、内容》,载《华东师范大学学报(教育科学版)》2022年第5期。
② 王超:《我国学校安全政策注意力演进研究——基于35年〈教育部工作要点〉的内容分析(1987—2021)》,载《广州大学学报(社会科学版)》2022年第2期。
③ 鲍传友、邓涛:《论市场经济条件下义务教育的公共性》,载《中国教育学刊》2006年第3期。
④ 申素平、段斌斌:《在家上学的法律关系分析——以霍菲尔德的法律关系理论为分析视角》,载《教育发展研究》2017年第12期。

了规范。

第二阶段是义务教育制度朝着均衡方向不断发展的阶段,并在此阶段实现了基本均衡。2006年新修订的《义务教育法》提出了促进义务教育均衡发展的目标,2007年,党的十七大报告重申了这一目标。2010年1月,教育部颁布了《关于贯彻落实科学发展观,进一步推进义务教育均衡发展的意见》,同年出台的《国家中长期教育改革和发展规划纲要(2010—2020年)》也提出要到2020年"基本实现区域内均衡发展"。在2011年我国全面普及了九年的城乡免费义务教育之后,国务院于2012年发布了《关于深入推进义务教育均衡发展的意见》,为义务教育均衡发展提供了指引。

第三个阶段是在进入新时代后,义务教育制度进入了高质量发展的阶段,实现了全面均衡。2017年,国务院办公厅印发《关于深化教育体制机制改革的意见》,提出"完善义务教育均衡优质发展的体制机制"。2018年,党的十九大报告进一步指出,推动城乡义务教育一体化发展。2019年6月,中共中央、国务院发布了《关于深化教育教学改革全面提高义务教育质量的意见》。2021年,教育部等六部门印发了《义务教育质量评价指南》,不仅提出了义务教育高质量发展的目标,还提出了相应的评价内容、方式和实施标志,进一步促进了义务教育制度的发展。2022年,教育部提出到2035年将全面实现义务教育优质均衡发展,这标志着我国义务教育正在朝着优质均衡的方向迈进。

回顾既往,关于义务教育制度的研究主要围绕三个议题展开。第一个议题是基于《义务教育法》进行实证研究。这一部分的研究集中使用自然实验、准实验的方法,或以1986年的《义务教育法》为工具变量,讨论教育代际流动性、教育不平等或教育对贫困影响的教育学问题。[1]第二个议题是对延长义务教育年限问题的讨论。比如有学者提出应当关注延长义务教育年限的要素、程序,从而形成相应的政策思路。[2]第三个议题是关注《义务教育法》本身的修改和问题。譬如,有学者以义务教育权保障为中心,回顾了《义务教育法》制定与修改的历史[3],还有学者对义务教育阶段

---

① 林文炼、李长洪:《"入学年龄规定"会产生教育不平等吗? ——来自1986年〈义务教育法〉的证据》,载《经济学(季刊)》2020年第3期;周颖、杨天池、贾男:《〈义务教育法〉与教育代际流动性——基于断点回归的实证检验》,载《教育学报》2021年第6期;王亚芬、韩律、李倩倩:《教育对贫困的影响——基于中国1986年义务教育法的实证分析》,载《南开经济研究》2022年第7期。

② 张力:《延长义务教育年限与扩展免费教育范围的多维度分析》,载《中国教育学刊》2021年第5期。

③ 郝盼盼、彭安莉:《义务教育法治四十年:让每个孩子享有公平而有质量的教育》,载《全球教育展望》2018年第12期。

的受教育权进行了再分析①。

已有的研究对现有的《义务教育法》进行了充分的讨论,其中,教育部已经分别在2013年、2016年和2021年对延长义务教育年限的问题作出回复,认为还需要综合、平衡考虑。因此未来义务教育制度的研究应该结合研究编纂教育法典的背景,针对《义务教育法》的修改、完善及其与其他教育领域的层次衔接进行讨论,主要集中在以下几个方面。第一,以教育权和受教育权为切入点,结合义务教育的相关规范,讨论如何保障受教育权。②第二,结合对教育法典分则的讨论,对《义务教育法》进行法典化改造。③第三,与家庭教育相结合,探索义务教育制度与家庭教育制度的有效衔接。④

四、职业教育制度和继续教育制度

(一) 我国职业教育制度

我国《教育法》第20条规定国家实行职业教育制度。"各级人民政府、有关行政部门和行业组织以及企业事业组织应当采取措施,发展并保障公民接受职业学校教育或者各种形式的职业培训"。依据《中华人民共和国职业教育法》(以下简称《职业教育法》)第2条的规定,职业教育指"为了培养高素质技术技能人才,使受教育者具备从事某种职业或者实现职业发展所需要的职业道德、科学文化与专业知识、技术技能等职业综合素质和行动能力而实施的教育,包括职业学校教育和职业培训"。据此,为职业教育发展而创设的制度体系就是职业教育制度。

中华人民共和国成立后,我国职业教育制度从产生到发展,历经了从政策导向到法治健全的过程。1951年,政务院《关于改革学制的决定》在中等技术学校中规定了技术学校和初等技术学校,涵盖了工业、农业、交通、运输等领域。1952年,该方面又通过《关于整顿和发展中等技术教育的指示》和《中等技术学校暂行实施办法》进行进

① 申素平、陈梓健:《权利还是义务:义务教育阶段受教育权性质的再解读》,载《北京大学教育评论》2018年第2期。
② 王俊、秦惠民:《自由权与社会权的兼顾:受教育权域外保障的法理逻辑》,载《教育研究》2022年第10期。
③ 任海涛:《教育法典分则:理念、体系、内容》,载《华东师范大学学报(教育科学版)》2022年第5期。
④ 陈鹏、康韩笑:《父母家庭教育的义务及其立法规制》,载《华南师范大学学报(社会科学版)》2021年第3期。

一步细化。

1980年,教育部和国家劳动总局出具了《关于中等教育结构改革的报告》,要求"改革中等教育的结构,发展职业技术教育"。1985年5月,《中共中央关于教育体制改革的决定》(以下简称《决定》)提出"社会主义现代化建设……迫切需要千百万受过良好职业技术教育的中、初级技术人员、管理人员、技工和其他受过良好职业培训的城乡劳动者"。《决定》同时规定,"有关部门应该制定法规",逐步开展正规化的职业教育。1986年、1991年、1996年连续召开的全国职业教育工作会议,标志着职业教育制度建设力度不断增加。1991年,在第二次全国职业教育工作会议召开后,国务院作出《关于大力发展职业技术教育的决定》。1995年,国家教育委员会出台《关于成人高等学校试办高等职业教育的意见》,明确成人高等学校试办高等职业教育。1996年5月,我国第一部《职业教育法》颁布实施,正式构建了职业教育制度的体系和框架。2002年7月,国务院出台《关于大力推进职业教育改革与发展的决定》。2004年教育部等七部门出台了《关于进一步加强职业教育工作的若干意见》。

进入新时代后,我国在2014年制定了《现代职业教育体系建设规划(2014—2020年)》和《关于加快发展现代职业教育的决定》。2019年,国家又发布了《国家职业教育改革实施方案》,职业教育制度建设开始向体系化和现代化方向发展。2021年,中共中央办公厅、国务院办公厅印发了《关于推动现代职业教育高质量发展的意见》。2022年12月,中共中央办公厅、国务院办公厅印发《关于深化现代职业教育体系建设改革的意见》,持续推进现代职业教育体系的高质量发展。2022年《职业教育法》修订,明确定位职业教育与基础教育具有同等重要的地位,全面建立健全适应新时代社会主义市场经济和社会发展需要、符合技术人才成长规律的职业教育,形成职普融通、产教融合、科教融汇的职业教育制度体系。

近年来关于职业教育制度的理论研究一般围绕三个方面展开。第一,以职业教育实践作为研究切入点。举例而言,有文章对职业学校岗位实习学生的权利保障展开研究①,还有学者以义务教育后普职分流作为研究问题展开分析②。第二,关注新《职业教育法》的修改。2022年《职业教育法》修改后,不同领域的学者都对其修改的

---

① 申素平、马钰、贾楠:《职业学校岗位实习学生的权利保障研究——基于573份裁判文书的考察》,载《陕西师范大学学报(哲学社会科学版)》2023年第1期。
② 李栋、张增田:《论义务教育后普职分流的理与路》,载《湖北社会科学》2022年第11期。

重点问题和不足之处进行了研究,比如有论文研究了《职业教育法》的立法革新①,还有观点认为 2022 年我国《职业教育法》以凸显职业教育类型定位为主线②。第三,聚焦域外职业教育制度的发展经验,将国内外发展路径作对比,从而获得启示。比如有研究追踪了德国《职业教育法》修订的新动向③,还有文章回顾了日本职业教育学位体系的构建历程④。

展望未来研究,应当继续分析职业教育的实践经验,对《职业教育法》的实施形成更多实证分析;同时研究应当更加聚焦于新《职业教育法》中的具体制度的细致分析,从法教义学的视角关注新法修改的内容;还需要继续汲取域外职业教育制度的发展经验与启示,为中国职业教育的发展护航引路。

(二) 继续教育制度

《教育法》第 20 条规定了国家实行继续教育制度。"国家鼓励发展多种形式的继续教育,使公民接受适当形式的政治、经济、文化、科学、技术、业务等方面的教育,促进不同类型学习成果的互认和衔接,推动全民终身学习"。依据《教育法》第 20 条的规定,继续教育是为了使公民接受适当形式的政治、经济、文化、科学、技术、业务等方面的教育,由多种办学主体举办的、面向学校教育之后所有社会成员的、由各种形式和内容组成的教育活动,是终身教育体系的重要组成部分。

我国继续教育制度建设的发展脉络独具特色。首先,1950 年,教育部颁布了《关于开展职工业余教育的指示》《关于开展农民业余教育的指示》等文件开办继续教育。1963 年开始,教育部为推动全民继续终身学习发展,发布《关于加强全日制高等学校和中等专业学校函授、夜校教育工作的通知》,提出了在农村开展农民业余教育,招收青壮年农民接受教育。其次,改革开放后,教育部出台《高等教育自学考试试行办法》,构建了高等教育自学考试制度。1987 年,国务院批转了国家教育委员会文件《关于改革和发展成人教育的决定》,为继续教育制度发展奠定了基础。2000 年以来,党的十五届五中全会及党的十六大和十七大都提出要发展继续教育制度,建立终身教育体系。2010 年,党中央、国务院的《国家中长期教育改革和发展规划纲要

---

① 刘成杰:《我国职业教育法的立法革新与实践进路论纲》,载《华中师范大学学报(人文社会科学版)》2023 年第 4 期。
② 申素平、马钰:《优化职业教育类型定位,积极推动〈职业教育法〉实施》,载《中国人民大学教育学刊》2023 年第 3 期。
③ 巫锐、陈洪捷:《德国〈职业教育法〉修订的新动向及其争议》,载《比较教育研究》2020 年第 3 期。
④ 朱文富、孙雨:《日本职业教育学位体系的构建历程与经验》,载《学位与研究生教育》2022 年第 5 期。

（2010—2020年）》把继续教育列为我国教育事业发展的重要组成部分。

进入新时代后，党的十八大报告强调"积极发展继续教育，完善终身教育体系，建设学习型社会"，我国继续教育制度朝着终身教育方向发展。2015年，人力资源社会保障部发布了《专业技术人员继续教育规定》，教育部办公厅发布了《普通高等学校举办非学历教育管理规定（试行）》，促进了非学历继续教育的发展。2022年，教育部发布了《关于推进新时代普通高等学校学历继续教育改革的实施意见》，继续助推学历继续教育制度的发展，也带动了终身教育的发展。

现有研究对于继续教育制度已有充分的探讨，目前，学界更多地聚焦于继续教育立法、终身教育背景下继续教育制度的发展要求，以及继续教育与其他类型教育的衔接。第一，目前继续教育的立法尚未提上正式议程，法律制度的缺位影响了我国继续教育事业的健康、规范和可持续发展，有研究分析了我国继续教育立法的实践困境与路径选择，认为应当制定继续教育根本大法、完善继续教育法律规范体系。[1]第二，有学者认为当前我国以终身教育为名的促进条例本质上就是继续教育条例，因此在终身教育的背景下继续发展和完善继续教育制度可能会成为未来研究的重点。[2]第三，虽然我国专门制定了《职业教育法》用于调整职业学校教育和职业培训，但老年人、妇女等特殊人群的教育尚未纳入法律调整范围，因此有学者认为应当继续加强职业教育、高等教育和继续教育之间的衔接。[3]

未来，关于继续教育制度的研究有如下几个重点选题：一是应当注重继续教育立法中的理论和实践问题，二是探究继续教育在教育法典中的地位、规范、样态等议题，三是进一步研究继续教育与职业教育、学校教育之间的关系问题。

五、国家教育考试制度

我国《教育法》第21条规定：我国实行国家教育考试制度。据此，国家教育考试

---

① 刘奉越：《继续教育立法的价值意蕴、实践困境与路径选择》，载《国家教育行政学院学报》2020年第2期。

② 冯鸿滔：《我国终身教育立法取向研究》，载《中国远程教育》2020年第2期。

③ 谢清、秦惠民：《论职业教育、高等教育和继续教育协同创新——基于人口宏观形势的视角》，载《中国人民大学教育学刊》2023年第3期。

制度的法律地位得到明确。"国家教育考试体系是国家选材制度的核心内容,同时也是国家主流价值观的载体"①,关乎国家人才培养评价体系和培养质量。根据《国家教育考试违规处理办法》规定,国家教育考试指"普通和成人高等学校招生考试、全国硕士研究生招生考试、高等教育自学考试等,由国务院教育行政部门确定实施,由经批准的教育考试机构承办,面向社会、统一举行"的教育考试。国家教育考试制度通常包括考试类型、科目、考试形式、考试难度和评分标准等内容。在国家教育考试的特征中,评价性制度及选拔性制度无疑是重要的特征,国家教育考试"具有强烈的选拔或知识、能力评价性"②,国家教育考试制度是选拔人才、评估教育质量的动力机制,是国家教育行政管理制度的最重要组成部分。因而,对国家教育考试制度进行多维度研究和梳理,有利于把握国家教育考试制度的核心内容,精准解构其特征。国家教育考试制度的关键特征在于国家教育考试制度与学校教育制度的配合性和目标一致性、行政确认性、考试类型多样性。第一,如前所述,教育考试不仅具有评价功能,还具备选拔功能。学校教育与教育考试在实际的教育过程中紧密联系、依存互动,甚至考试已经成为教育过程的核心。第二,学术界有关国家教育考试制度性质的研究已较为成熟,教育考试的评分行为、考试舞弊的处理行为都具备行政确认的性质。③第三,2004年《国家教育考试违规处理办法》(教育部令第18号)、2012年修改施行的《国家教育考试违规处理办法》(教育部令第33号)等法规明确国家教育考试指普通和成人高等学校招生考试、全国硕士研究生招生考试、高等教育自学考试等。2019年9月,最高人民法院、最高人民检察院联合发布的《关于办理组织考试作弊等刑事案件适用法律若干问题的解释》中明确规定,"法律规定的国家考试"的范围包括普通高等学校招生考试、研究生招生考试、高等教育自学考试、成人高等学校招生考试等国家教育考试。

有必要对国家教育考试制度的相关规定和不同国家教育考试类型的建立与完善进行研究。

一方面,从不同国家教育考试类型来说,1952年教育部出台的《关于全国高等教育学校一九五二年暑期招收新生的规定》被认为是高考的开端。1977年,国务院批

---

① 胡向东:《中国共产党领导下国家教育考试制度中的中国特色与道路自信》,载《中国考试》2021年第6期。
② 蒋后强:《国家教育考试管理模式的立法定位》,载《西南师范大学学报(人文社会科学版)》2005年第4期。
③ 周钟敏:《国家教育考试评分救济手段之纠偏——基于62份裁判文书的分析》,载《高校教育管理》2020年第3期;陈韶峰、朱卫国:《论国家教育考试舞弊行为的行政处理》,载《江苏高教》2013年第4期。

转教育部《关于1977年高等学校招生工作的意见》，正式恢复高考这一国家教育考试制度。中国从1978年开始恢复研究生招生，并于1981年正式发布硕士学位研究生招生文件。1981年，教育部制定了《高等教育自学考试试行办法》。1986年，原国家教委对各类成人高校实行统一招生入学考试。自此，我国国家教育考试的不同考试类型全部建立起来。

另一方面，从国家教育考试制度的相关规定来说，1995年的《教育法》在第21条规定中确立了国家教育考试制度。2004年，教育部发布了《国家教育考试违规处理办法》，对国家考试进行了进一步规范。2007年，教育部发布了《关于进一步改进和加强国家教育考试工作的几点意见》，指出"党中央、国务院历来重视国家教育考试工作"，对国家教育考试制度建设提出要求，具体包括全面加强对国家教育考试工作的领导、确保国家教育考试安全、维护国家教育考试良好的考风考纪、强化对考试工作人员的培训工作、完善国家教育考试诚信管理体系、规范国家教育考试标准化考点建设及实行国家教育考试问责制度，对国家教育考试制度提出全方位的建设程度和建设范畴要求。据此，国家教育考试各个领域都在加强专门性制度建设。《国家中长期教育改革和发展规划纲要（2010—2020年）》进一步提出了考试招生制度改革，2012年，国家教育考试指导委员会成立，国家教育考试制度不断创新。党的十八大召开之后，《教育部2013年工作要点》在第35条中提出了"研究起草学前教育法、国家教育考试条例"。①2014年，国务院印发了《关于深化考试招生制度改革的实施意见》，推动了新一轮国家教育考试制度改革。②在国务院2015年和2016年的立法工作计划中，"起草国家教育考试条例"的内容出现在了"有关保障和改善民生、促进社会和谐稳定的立法项目"中。③2017年，第十二届全国人大第五次会议也有代表提出了制定考试法的议案，全国人大教科文卫委员会回应称"教育部正在研究起草《国家教育考试条例》"。④然而《教育部2018年工作要点》仅在第13条中提出"组织开展国

---

① 《教育部关于印发〈教育部2013年工作要点〉的通知》，载中华人民共和国教育部网站，http://www.moe.gov.cn/srcsite/A02/s7049/201301/t20130124_170522.html，最后访问时间：2024年2月5日。

② 《国务院关于深化考试招生制度改革的实施意见》，载中华人民共和国中央人民政府网，https://www.gov.cn/zhengce/content/2014-09/04/content_9065.htm，最后访问时间：2024年2月5日。

③ 《国务院办公厅关于印发国务院2016年立法工作计划的通知》，载中华人民共和国中央人民政府网，https://www.gov.cn/zhengce/content/2016-04/13/content_5063670.htm；https://www.gov.cn/zhengce/content/2015-09/02/content_10127.htm，最后访问时间：2024年2月5日。

④ 朱宁宁：《代表建议制定国家考试法研究起草国家教育考试条例》，载中国人大网，http://www.npc.gov.cn/c2/c185/c200/201905/t20190521_276377.html，最后访问时间：2024年2月5日。

家教育考试、学校安全、终身学习等立法研究"①,2019 年的工作要点中更是检索不到有关国家教育考试立法的内容。由此说明,截至 2019 年,国家教育考试的国家立法依旧未有定论。②

直到 2021 年,在第十三届全国人大第三次会议上,河北 30 位代表提出了关于制定教育考试法的议案。全国人大教科文卫委员会指出当前有关部门正在整合现有关于考试管理的规范性文件,积极推进制定《国家教育考试管理规定》。③由此说明,在 2017 年后,国家教育考试的国家立法又得到了全国人大的回应。

近年来,国家教育考试制度成为学术界广泛讨论的议题,目前的研究主要从三个切入点展开。第一,关注国家教育考试立法中的问题。譬如,有学者关注教育法典编纂进程中"教育考试编"的设置④,有学者提出应当制定国家教育考试法,对国家教育考试制度制定更细致的规定⑤。第二,讨论新时代背景下的国家考试制度定位。有观点认为国家教育考试制度应当融入新发展格局,使其具有中国特色;⑥还有文章提出应当关注信息化推进国家教育考试制度的困境和对策。⑦第三,围绕国家考试制度的救济和惩罚程序进行分析。比如有论文认为国家教育考试作弊处理程序应当回应《行政处罚法》的修改⑧,还有学者基于对 62 份裁判文书的分析,指出应当重新设计国家教育考试评分救济路径⑨。

展望未来,之后关于国家教育考试制度有必要对如下几个重点问题进行研究。首先,继续对国家教育考试立法进行研究。⑩其次,继续讨论国家教育考试制度在教

---

① 《教育部关于印发〈教育部 2018 年工作要点〉的通知》,载中华人民共和国教育部网站,http://www.moe. gov.cn/srcsite/A02/s7049/201802/t20180206_326950.html,最后访问时间:2024 年 2 月 5 日。

② 靳澜涛:《我国教育考试立法的现实困境与应然出路》,载《中国考试》2020 年第 12 期,第 59—65 页。

③ 《全国人民代表大会教育科学文化卫生委员会关于第十三届全国人民代表大会第三次会议主席团交付审议的代表提出的议案审议结果的报告》,载中国人大网,http://www.npc.gov.cn/c2/c30834/202102/ t20210202_309983.html,最后访问时间:2024 年 2 月 4 日。

④ 蒋逸天:《教育法典编纂进程中的国家教育考试立法探究》,载《中国考试》2023 年第 4 期。

⑤ 靳澜涛:《我国教育考试立法的现实困境与应然出路》,载《中国考试》2020 年第 12 期。

⑥ 胡向东:《新发展格局下国家教育考试的定位与发展——"十四五"国家教育考试发展战略的思考》,载《中国考试》2021 年第 1 期。

⑦ 鲁欣正:《用信息化推进国家教育考试治理能力现代化的思考》,载《中国考试》2020 年第 5 期。

⑧ 李祥:《国家教育考试作弊处理程序研究——以〈行政处罚法〉(2021 年修订版)为视角》,载《中国考试》2022 年第 3 期。

⑨ 周钟敏:《国家教育考试评分救济手段之纠偏——基于 62 份裁判文书的分析》,载《高校教育管理》2020 年第 3 期。

⑩ 彭宇文、白雪:《国家教育考试违纪行为的认知局限及其突破——基于两起研究生招生考试案例的剖析》,载《中国考试》2023 年第 4 期。

育法典背景下的标准和变化。①最后,除了研究国家教育考试立法,还应当关注更细化的国家教育考试应急法。②

六、学业证书制度与学位制度

一般认为,学业证书制度和学位制度属于受教育者学习成果的两种基本认定制度。其中,学业证书制度的作用主要是规范管理受教育者的学习经历,学位制度的作用主要是认证受教育者的学术能力水平。我国采用了教育单行立法的模式,而这两种制度并没有明确区分各自适用的教育阶段,两者在高等教育阶段都可以使用。即对于我国高等教育阶段的受教育者来说,既可以获得学历证书,又可以获得学位证书,因此,也可以说我国高等教育阶段有着"双证制"的学历学位制度体系。③

(一) 学业证书制度

根据我国《教育法》第 22 条规定,学业证书制度是"经国家批准设立或者认可的学校及其他教育机构按照国家有关规定,颁发学历证书或者其他学业证书"的制度,从种类上来说分为学历证书和非学历证书两种。

20 世纪 50 年代,我国就已经出现了学业证书制度的雏形。改革开放之后,我国出台了一系列关于学业证书制度的法律法规,如《教育法》《中华人民共和国高等教育法》(以下简称《高等教育法》)、《职业教育法》等,标志着我国教育体系的建立和完善。

从 1996 年到 2010 年,学业证书制度建设的关键变化有三个。一是学业证书和职业资格证书并重制度。1999 年,中共中央、国务院出台了《关于深化教育改革全面推进素质教育的决定》,规定"在全社会实行学业证书、职业资格证书并重的制度"。2006 年,中央有关部门出台的《关于切实做好 2006 年普通高等学校毕业生就业工作的通知》也提及"积极推行学业证书和职业资格证书制度"。二是终身教育下的学业证书发展。1993 年,国家教委出台了《关于进一步改革和发展成人高等教育意见的

① 李红勃、张玉芳:《关于教育考试制度编入教育法典的若干思考》,载《中国考试》2023 年第 4 期。
② 程雁雷、郭嘉辉:《建构国家教育考试应急法的价值因应及法理逻辑》,载《河南师范大学学报(哲学社会科学版)》2023 年第 5 期。
③ 张继桥、刘宝存:《学位互授联授的国际经验与我国的路径选择》,载《清华大学教育研究》2023 年第 1 期。

通知》,规定"办进修、培训、补习、助学、辅导性质的这类学校可颁发写实性学业证书"。三是中外办学机构的学业证书管理。2003年,《中华人民共和国中外合作办学条例》在第34条中对中外办学机构的学业和学历证书进行了详细规定。

进入新时代,我国学业证书制度也有一些新变化。2017年,教育部《普通高等学校学生管理规定》在第三章第七节对"学业证书管理"作出相应的规定。除此之外,这段时间学位证书制度的新变化主要体现在以下几个方面。一是1+X证书制度试点工作。1+X证书制度指学历证书+若干职业技能等级证书的制度安排。[①]2019年,教育部办公厅、国家发展改革委办公厅和财政部办公厅出台了《关于推进1+X证书制度试点工作的指导意见》。之后,教育部办公厅等四部门又联合出台了1+X证书制度经费使用管理的相关规范。二是国家资历框架建设。2019年,中共中央、国务院印发的《中国教育现代化2035》中提出了"建立全民终身学习的制度环境,建立国家资历框架"的要求。三是非学历教育证书和非全日制研究生学历证书的规范管理。为了加强对非学历教育证书和非全日制研究生学历证书的管理,我国出台了《普通高等学校举办非学历教育管理规定(试行)》《关于统筹全日制和非全日制研究生管理工作的通知》等规定,要求高校非学历教育结业证书应与学历教育证书明显区分,并载明修业时段和学业内容,同时要求做好全日制和非全日制研究生学历学位证书管理工作。

目前关于学业证书制度的研究主要从两个视角展开,即如何建设1+X证书制度和如何加强国家资历框架的建设。一方面,在建设1+X证书制度的研究中,我们可以根据最主要的研究成果梳理出证书职前职后的衔接、证书质量监督和评价,以及如何确定"1"与"X"的关系等问题。[②]我国还需要借鉴其他国家和地区的成功经验和教训。[③]另一方面,在国家资历框架的建设研究中,我们可以发现国家资历框架的基本理论问题[④]、实施效果问题[⑤],以及与其他相关制度的关系等问题[⑥]。

① 张培、夏海鹰.《我国职教1+X证书制度的理论阐释、逻辑框架与推进路向》,载《清华大学教育研究》2022年第1期。
② 谢利苹:《"放管服"改革背景下1+X证书制度的思考》,载《社会科学家》2023年第3期。
③ 党建民、王晓珍、张可伦:《"1+X证书"制度国际化的价值逻辑与路径探究》,载《江苏高教》2023年第2期。
④ 王洪才、汤建:《国家资历框架建设:内涵·目的·要点》,载《华中师范大学学报(人文社会科学版)》2019年第4期;郑炜君、王顶明等:《国家资历框架内涵研究——基于多个国家和地区资历框架文本的分析》,载《中国远程教育》2020年第9期。
⑤ 祁占勇、刘丹:《国家资历框架立法的现实诉求及其立法思考》,载《江苏高教》2021年第3期;黄梅:《职业教育"双证书"制度推进路径研究——基于国家资历框架的视角》,载《中国行政管理》2020年第9期。
⑥ 吴雪萍、李默妍:《法国国家资历框架:架构、特点与启示》,载《中国高教研究》2020年第4期。

(二) 学位制度

根据我国《教育法》第 23 条规定,学位制度指"学位授予单位依法对达到一定学术水平或者专业技术水平的人员授予相应的学位,颁发学位证书"的制度。

我国在改革开放初期开始实行现代学位制度,因此相比其他制度,我国学位制度的历史较短。1980 年,我国正式颁布实施《中华人民共和国学位条例》(以下简称《学位条例》)。1981 年 5 月 20 日,国务院批准了《中华人民共和国学位条例暂行实施办法》,标志着我国现代学位制度从此全面建立。1995 年和 1998 年,《教育法》和《高等教育法》先后将三级两类的学位制度纳入法律范畴,明确规定了专业学位制度体系及改革学位授权审核机制。[①]2004 年,全国人大常委会对《学位条例》第 9 条第 2 款作出修改。进入新时代后,我国学位制度得到了进一步完善和创新。2014 年,国务院学位委员会、教育部出台了《关于加强学位与研究生教育质量的保证和监督体系建设的意见》。2021 年,《中华人民共和国学位法草案(征求意见稿)》向社会公开征求意见。2023 年 8 月,《中华人民共和国学位法(草案)》(以下简称《学位法(草案)》)提请十四届全国人大常委会第五次会议审议,标志着施行四十年之久的《学位条例》即将迎来一次重要的修订完善。

通过考察学位制度的相关理论研究,可以推导出未来学位制度的主要研究方向和《学位法》的立法实践应当具体包括如下三个议题。一是学位形态的选择。有学者认为我国应该从国家学位向大学学位转变;[②]还有观点主张在坚持国家学位制度的前提下,适度吸纳大学学位制度的有益经验[③]。我国在学位制度研究和《学位法》出台时面对的第一个问题就是选择何种类型的学位形态。二是学位授予标准的设定。目前我国法律对高校设定学位授予标准的权限规定不明,导致学位纠纷案件频发。[④]为了厘清高校设定学位授予标准权的法律属性和边界,有必要区分学术标准和非学术标准,并明确其正当性逻辑和司法审查原则[⑤],设定何种学位授予标准是未来研究需要面对的关键问题。三是学位撤销权的行使与监督。学位撤销权在学位制度中占有重要地位,我国《学位条例》第 17 条已经规定了学位撤销权的基本内容和程

---

① 万华、胡润:《我国研究生学位制度建设四十年回顾、特征和走向》,载《黑龙江高教研究》2020 年第 9 期。
② 湛中乐、李烁:《学位形态变革与〈学位法〉的制定》,载《行政法学研究》2020 年第 3 期。
③ 靳澜涛:《国家学位制度的现实考察与立法完善》,载《重庆高教研究》2020 年第 2 期。
④ 刘璞:《高校学位授予标准设定权的法律属性与权利边界——兼论〈中华人民共和国学位条例〉的修改》,载《学位与研究生教育》2020 年第 8 期。
⑤ 伏创宇:《高校学位授予标准的正当性逻辑》,载《法学》2022 年第 6 期。

序,然而,并未明确规定学位撤销权的具体规则①,因此未来需要进一步规范学位撤销权的行使。

七、教育督导制度和教育评估制度

教育督导制度和教育评估制度构成了政府督促学校的核心内容,其目的在于促进教育事业的发展,对教育督导制度和教育评估制度的梳理是完善教育基本制度的关键所在。

(一) 教育督导制度

根据我国《教育法》第 25 条规定,国家实行教育督导制度和学校及其他教育机构教育评估制度。教育督导是依法治教的必要方式,也是教育事业蓬勃发展的必要手段。

1949 年后,我国对教育督导制度的持续深入探索大致可以分为以下四个阶段。第一,教育督导制度的初创阶段。1949 年到 1960 年前后,我国建立了教育督导制度。在该阶段,教育部成立了视导司,确定其为专门负责视导工作的部门,并设置了视导室和视导员。②第二,教育督导制度的恢复与重建阶段。从 1977 年到 1992 年,教育督导制度得到了恢复和发展。1983 年,全国普通教育工作会议讨论了《建立普通教育督导制度的意见(讨论稿)》,明确了督学的任务、机构及人员的职权和条件,并要求先行试点、取得经验,后逐步施行。会后,各地开始恢复建立教育督导机构。1991 年,国家教委颁布了《教育督导暂行规定》,为中国教育督导制度提供了法制保障。第三,教育督导制度的改革与发展阶段。从 1992 年到 2012 年,教育督导制度随着社会主义市场经济体制的建立而进行相应改革。在该阶段,《教育法》和《义务教育法》将教育督导与评估制度法定化,并明确了保障义务教育均衡发展的任务。

---

① 张航:《学位撤销期间程序制度研究——以〈学位条例〉第 17 条的修订为中心》,载《中国高教研究》2020 年第 11 期;王由海:《学位撤销程序的法治化构建——兼论〈学位法〉学位撤销程序条款的制度设计》,载《高等教育研究》2021 年第 6 期。

② 教育督导,也称"教育视导"。是教育领导机关代表国家行使检查、督促的职责,对下级机关及各级各类学校的工作进行视察、监督、指导的活动。

1995 年,《教育法》正式颁布实施,将教育督导与评估制度确定为我国教育的一项基本制度。2006 年,《义务教育法》将保障义务教育均衡发展作为人民政府教育督导机构的一项重要任务。

此后,教育督导制度进入了全新的阶段。2012 年 8 月,国务院成立教育督导委员会,由分管教育工作的国务院领导担任主任。2012 年 10 月,《教育督导条例》正式施行,对督导内容、原则、实施和法律责任等作出明确规定。2020 年 2 月,中共中央办公厅、国务院办公厅印发《关于深化新时代教育督导体制机制改革的意见》,提出了深化教育督导体制机制改革的总体目标、基本原则和主要举措,力争到 2022 年基本建成全面覆盖、运转高效、结果权威、问责有力的中国特色社会主义教育督导体制机制。2021 年,国务院教育督导委员会进一步出台了《教育督导问责办法》,对教育督导制度的问责机制作出细化的规定。

通过考察教育督导制度的相关理论研究,可以推导出目前关于教育督导制度的研究主要从三个视角展开。第一个视角是教育督导制度的历史演进和比较研究,主要关注不同国家、地区教育督导制度的起源和变迁,以及不同制度之间的异同。譬如,有论者回顾了改革开放以来我国教育督导制度的变迁①,还有研究从比较视野出发,探讨了中国特色教育督导与西方教育督导的差异与共性②。第二个视角是教育督导制度的理论基础,主要关注教育督导制度的目标、内容和标准等方面,并对教育督导制度的相关规范进行梳理。例如,有研究探讨了教育督导与教育行政执法协同的法理基础和实践路径③,有学者分析了我国地方教育督导法规的特征、问题及其完善路径④。第三个视角是教育督导制度的改革创新,主要关注教育督导制度在不同背景下的现状、困境和对策,以及教育督导制度在应对新形势时的未来发展方向。例如,有学者研究了英国在新冠疫情期间对教育督导政策和实践的调整和优化⑤,有学者聚焦于新时代县域教育督导评价机制研究,对其中存在的问题和相应对策进行分析⑥。

---

① 苏君阳:《新时代我国教育督导职能定位的基本原则及其内容未来建构》,载《北京师范大学学报(社会科学版)》2020 年第 1 期。
② 武向荣:《国际比较视野下中国特色教育督导研究》,载《教育学术月刊》2022 年第 12 期。
③ 申素平、高佳毅:《教育督导与教育行政执法协同的法理研探》,载《中国教育学刊》2023 年第 1 期。
④ 贺武华、董旭:《我国地方教育督导法规的特征,问题及其完善》,载《教育学术月刊》2022 年第 1 期。
⑤ 王璐、冯泽媛:《化解疫情负面影响促进教育质量提升——英国教育督导政策与实践发展动向研究》,载《比较教育研究》2023 年第 3 期。
⑥ 朱岩、王云侠:《完善新时代县域教育督导评价机制的思考》,载《中国考试》2022 年第 5 期。

展望未来,之后关于教育督导制度的研究有必要围绕如下几个重点问题展开。一是继续保持教育督导权威性,同时增强教育督导的参与性。二是在尊重教育差异化的前提下,建立科学的教育督导的评价标准。三是在保持教育督导监督职能的同时,进一步强化教育督导指导职能。

（二）教育评估制度

教育评估制度指各级教育行政部门或者经过教育行政部门认可的社会组织对学校及其他教育机构的办学水平、办学质量、办学条件等方面,进行综合的或者单项的考核和评定的制度。

改革开放后,我国对教育评估制度的持续深入探索大致可以分为以下三个阶段。首先,1985 年至 1998 年,我国初步建立起教育评估制度。我国教育评估制度的建设起源于 1985 年,《中共中央关于教育体制改革的决定》首次提出"评估"的概念。1990 年,教育部发布了《普通高等学校教育评估暂行规定》,初步建立我国开展高等教育评估的基本思路和工作框架。1993 年,《中国教育改革和发展纲要》明确规定:"建立各级各类教育的质量标准和评估指标体系。各级教育部门要把检查评估学校教育质量作为一项经常性的任务。"之后,教育评估制度得到了《教育法》《高等教育法》《义务教育法》等法律的明确。其次,1999 年至 2012 年,我国教育评估制度得到了完善。1999 年,在第三次全国教育工作会议后,《中共中央国务院关于深化教育改革全面推进素质教育的决定》提出改进并推进高校分类评价,引导不同类型高校科学定位,办出特色和水平。2003 年,《2003—2007 年教育振兴行动计划》颁布,教育部明确了五年一轮的高等学校教学工作水平评估工作。2004 年,教育部成立了专门负责高校教学水平评估工作的机构。2011 年,教育部出台《关于普通高等学校本科教学评估工作的意见》,构建了"五位一体"质量保障体系。2012 年,《国家教育事业发展第十二个五年规划》提出要进一步完善教育评价制度,建立基本公共服务体系的评价机制和激励机制,进一步推动评价制度的创新发展。最后,进入新时代后,我国教育评估制度也进入了新阶段。2014 年至 2018 年,教育部对普通高等学校本科的教育教学进行了审核评估。2020 年,中共中央、国务院印发了《深化新时代教育评价改革总体方案》,旨在深入贯彻落实习近平总书记关于教育的重要论述和全国教育大会精神,完善立德树人体制机制,扭转不科学的教育评价导向。2021 年,教育部印发了《普通高等学校本科教育教学审核评估实施方案（2021—2025 年）》,深化了新时代的教育评价改革。

近年来,教育评估制度构成了一个学术界广泛研讨的议题,目前关于教育评估制度的研究主要从三个视角展开。一是教育评估制度的历史沿革和现代化发展,关注教育评估制度的形成和完善的过程。譬如,有研究梳理了中国高等教育评估制度的现代化历程和挑战①,有学者基于历史制度主义的视角对我国的高等教育评估制度进行了回顾②。二是教育评估制度的理论基础和价值取向,关注教育评估制度的原则和标准。有文章从多个视角探讨了什么是好的教育评估,提出了高校教育教学评估应遵循的理性原则③,还有观点从边界理性、价值遵循和治理尺度三个维度提出了构建适应性教育评估体系的思路④。三是教育评估制度的治理机制和对策,关注我国教育评估制度中存在的风险和应对的策略,有学者基于多代理人模式分析了高等教育评估中存在的道德风险问题。⑤

展望未来,教育评估制度的研究可以针对以下几个重点进行拓展。首先,加强教育评估制度的比较和借鉴。其次,加强教育评估制度的实证研究。有观点认为教育评估和督导制度可以以基础教育评估监测为切入点。⑥最后,需要加强教育评估制度的创新实践探索,将中国特色高等教育评估制度体系建设作为主要的研究问题。⑦

八、教育体制改革

根据对教育体制改革的理论研究以及习近平总书记的重要指示,笔者将教育体制改革定义为对教育现象各部分之间及其运行方式的改革⑧,涉及人才培养、招生、

---

① 董小平、史秋衡:《中国高等教育评估制度现代化:历程、挑战与展望》,载《西南大学学报(社会科学版)》2021年第1期。
② 张曦琳:《中国高等教育评估制度变迁的回眸与前瞻——基于历史制度主义视角》,载《重庆高教研究》2021年第1期。
③ 杜瑞军:《什么是好的教育评估——对我国高校教育教学评估的理性审视》,载《河北师范大学学报(教育科学版)》2021年第5期。
④ 程艳霞、周师宇:《教育评估的边界理性、价值遵循与治理尺度》,载《教育学术月刊》2022年第4期。
⑤ 孙阳春、徐安琪、朱莲花:《多代理人模式下高等教育评估的道德风险规避》,载《现代教育管理》2021年第2期。
⑥ 李勉:《基础教育评估监测:教育督导体系建设的新领域和新挑战》,载《中国考试》2021年第5期。
⑦ 林蕙青:《加快形成中国特色高等教育评估制度体系》,载《中国高教研究》2020年第9期。
⑧ 孙绵涛:《中国教育体制改革若干重大理论问题的探讨》,载《华南师范大学学报(社会科学版)》2010年第1期。

办学、管理和保障等方面①,旨在破除一切制约教育高质量发展的思想观念束缚和体制机制弊端。教育体制改革作为改革开放40多年来的重要成果,提高了教育的普及程度、公平程度和开放程度,并且推进了人才培养模式的创新。

中华人民共和国成立以来,我国对教育体制改革的持续深入探索大致可以分为以下四个阶段。第一个阶段是1949年至1977年,这个阶段是中华人民共和国成立后的教育恢复和发展阶段,其主要特点是重建教育秩序、稳定教育局面。在这一阶段,《关于改革学制的决定》《小学暂行规程(草案)》《中学暂行规程(草案)》等法规为我国教育体制提供了基本规范。第二个阶段是1978年至1992年,这个阶段是改革开放后的教育恢复和发展阶段。1985年,以《中共中央关于教育体制改革的决定》(以下简称《决定》)为标志,中国教育体制改革正式开始,《决定》为我国教育体制改革提供了相应的法律指导。第三个阶段是1993年至2012年,这个阶段是全面实行教育改革和发展的阶段。1992年,中国共产党第十四次全国代表大会在建设有中国特色社会主义理论的指导下,确定了20世纪90年代我国改革和建设的主要任务,明确提出"必须把教育摆在优先发展的战略地位,努力提高全民族的思想道德和科学文化水平,这是实现我国现代化的根本大计",并于次年制定了《中国教育改革和发展纲要》。2010年,《国家中长期教育改革和发展规划纲要(2010—2020年)》(以下简称《纲要》)出台。2011年,根据《纲要》的部署,国家决定在部分地区和学校开展教育体制改革试点。这些重要的制度文件和法规为我国教育体制改革奠定了坚实基础。

进入新时代后,教育体制改革进入不断深化的阶段。2013年,中国在教育方面提出了深化教育领域综合改革的政策思路。2017年,《关于深化教育体制机制改革的意见》指出,深化教育体制机制改革的主要目标是:"到2020年,教育基础性制度体系基本建立,形成充满活力、富有效率、更加开放、有利于科学发展的教育体制机制,人民群众关心的教育热点难点问题进一步缓解,政府依法宏观管理、学校依法自主办学、社会有序参与、各方合力推进的格局更加完善,为发展具有中国特色、世界水平的现代教育提供制度支撑。"2018年,习近平总书记更是强调"要坚持系统观念,统筹推进育人方式、办学模式、管理体制、保障机制改革,坚决破除一切制约教育高质量发展的思想观念束缚和体制机制弊端,全面提高教育治理体系和治理能力现代化水平"。②《中共中央国务

---

① 余宇、单大圣:《中国教育体制改革及其未来发展趋势》,载《管理世界》2018年第10期。

② 《习近平在中共中央政治局第五次集体学习时强调　加快建设教育强国,为中华民族伟大复兴提供有力支撑》,载央广网,https://china.cnr.cn/news/20230530/t20230530_526269178.shtml,最后访问时间:2023年8月11日。

院关于全面深化新时代教师队伍建设改革的意见》《中共中央国务院关于全面加强新时代大中小学劳动教育的意见》《深化新时代教育评价改革总体方案》等具体教育体制改革的法规也为我国教育体制改革提供了强有力的指导和保障。

通过考察 2012 年至 2021 年关于教育体制改革的相关理论研究,可以推导出目前关于教育体制改革的理论研究主要从四个视角展开,涉及教育体制改革的理论基础、国际比较借鉴、我国教育体制改革的回顾和展望,以及教育体制改革在高等教育、基础教育和继续教育领域的具体表现。

具体来说,一是教育体制改革的理论基础,包括教育体制改革的民生功能和资源配置。二是教育体制改革的国际比较借鉴。包括英国在布朗时期进行的一系列中等教育体制改革[1],波兰《科学宪法》(Constitution for Science)对高等教育体制进行的全面调整。[2]三是我国教育体制改革的历史回顾和展望。包括回顾我国教育体制改革 30 余年的经验和历程[3],以及展望未来教育体制改革的继续深化进路。[4]四是不同领域的教育体制改革,包括高等教育体制改革[5]、基础教育体制改革[6]和继续教育体制改革[7]等领域。

未来,教育体制改革将面临以下几个重点研究问题。一是如何完善教育立法和监督体系,保障教育法律法规的有效实施和教育权利的有效保护。包括义务教育学制延长的探讨,以及将学前教育纳入义务教育的探讨。[8]二是如何深化教育管理和评价改革,提高教育管理效率和服务水平,以及促进学生全面发展和公平竞争。包括如何推进"放管服"改革、如何构建多元主体参与的教育评价体系、如何建立科学合理的考试招生制度等问题。三是如何深化教师队伍和课程教材改革,提高教师专业素养。包括如何完善教师培养等一系列制度、如何对教材进行使用等问题的探讨。

---

[1] 文进荣:《英国布朗时期教育体制改革政策与效果研究》,载《教学与管理》2012 年第 24 期。

[2] 武学超、罗志敏:《波兰新一轮高等教育体制改革动因、向度及评价》,载《比较教育研究》2020 年第 6 期。

[3] 劳凯声:《回眸与前瞻:我国教育体制改革 30 年概观》,载《教育学报》2015 年第 5 期。

[4] 邓友超:《深化教育体制改革重在抓落实、见实效》,载《教育研究》2018 年第 9 期。

[5] 马陆亭:《从高等教育体制改革到现代大学制度建设》,载《中国高等教育》2013 年第 21 期。

[6] 盖佳萌:《从中小学"择校"看我国基础教育体制改革》,载《河北师范大学学报(教育科学版)》2013 年第 2 期。

[7] 肖榆蔓:《社会转型期我国继续教育体制改革新举措》,载《继续教育研究》2017 年第 8 期。

[8] 于浩、郑晓军:《学前教育纳入义务教育的法理反思》,载《全球教育展望》2020 年第 4 期。

九、本 章 小 结

2023 年是中国教育事业发展的重要时间节点,在此时刻,重新检视新时代十余年来和全国教育大会召开五年多以来的教育基本制度发展和改革经验,尤为重要。对中国的教育基本制度进行系统回顾、特征总结与理论提炼,既能更好地适应党的二十大报告中第五部分"实施科教兴国战略,强化现代化建设人才支撑"提出的建设高质量教育体系及建设教育强国的现实需求,又为教育法典编纂工作提供相应的理论基础。

近年来的教育基本制度与教育体制改革研究呈现如下特点。其一,以教育法典编纂为背景,系统思考教育基本制度应当如何在教育法典中阐释。其二,围绕教育基本制度的多元领域,学界在教育基本制度的演变和趋势、教育基本制度中的法律主体、教育基本制度中的法律关系等研究议题中产出了一系列丰硕成果。其三,对教育体制改革的历史变迁和未来发展进行了详尽的研究。尽管如此,教育基本制度与教育体制改革的发展仍然面临诸多问题。其一,在研究方法上多为规范和思辨研究,极少使用实证的研究方法。其二,对教育体制改革的研究偏向宏观视角和实践视角,缺少更细化和更学理化的研究。其三,研究的法学属性不明显。尽管教育基本制度和教育体制改革的研究涵盖法学和教育学两个领域,但在依法治教的新要求下,教育基本制度和教育体制改革的研究应当立足法学视角,充分发挥法学学者的主动性与积极性,增强法学理论对当前教育立法、教育执法、教育司法和教育守法过程中的问题和变化的解释力。

展望未来,教育基本制度与教育体制改革的研究会围绕其间出现的新问题展开。在教育法典背景下,教育基本制度和教育体制改革在总则和分则中如何设置,如何在教育法典的价值、原则和规则中体现,如何构建更加体系化的教育基本制度规范,都是当前要重点关注的研究方向。与此同时,如何将习近平法治思想中的教育公平观和中国式教育现代化融入教育基本制度与教育体制改革研究中,并提高教学水平、促进人才成长,都是学术研究过程中需要深入探索的。

第二章

学前教育法学

学前教育作为我国基础教育的起点,是国民教育体系的重要组成部分。改革开放以来,学界对学前教育的研究经历了复杂而深刻的变化。在改革开放后的很长一段时间里,学前教育并未得到政府和社会应有的重视。而在新时期,国家逐渐认识到学前教育在促进儿童健康成长、提升国民总体素质等方面具有重大意义。因此,党的十八大以来,学前教育的战略地位得到确认,实现了从"幼有所育"向"幼有优育"的历史转变,开启了我国学前教育发展的新篇章。在学前教育的发展进程中,法治保障是不可或缺的一环。本章将围绕学前教育法治问题展开研究,包括学前教育法的发展脉络、学前教育儿童、学前教育教师、学前教育机构、学前教育发展的政府责任等内容,以期为学前教育法治建设提供理论支撑。

一、前　言

学前教育在我国有着一百多年的发展历史。早在 1903 年,张之洞等人就创办了我国第一所公立幼教机构——武昌幼稚园。1904 年,清政府专门制定了学前教育相关法规——《奏定蒙养院章程及家庭教育法章程》,成为我国近代学前教育的第一个法规,标志着现代意义上的学前教育正式确立。[①]1951 年,国家颁布的《关于学制改革的决定》将学前教育纳入学制体系。在此之后,教育部制定了《幼儿园暂行规程》和《幼儿园暂行教育纲要》,为学前教育发展提供制度化保障。虽然学前教育起步较早,

---

① 吴洪成、宋立会:《论清末学前教育立法——以〈奏定蒙养院章程及家庭教育法章程〉为中心》,载《河北法学》2017 年第 12 期。

但这一时期并未形成完整建制,学前教育相关立法几乎空白。改革开放以来,我国颁布了一系列学前教育法律政策,学前教育得到快速发展。总的来看,改革开放四十余年来,我国对学前教育法治的探索大致经历了以下四个阶段。

（一）探索起步阶段（1978—1988 年）

1978 年改革开放为学前教育发展注入新的活力。1979 年,教育部颁布的《城市幼儿园工作条例(试行草案)》,是改革开放以来第一部关于幼教工作的指导性文件。在此之后,我国相继颁布了《三岁前小儿教养大纲(草案)》《幼儿园教育纲要(试行草案)》《关于发展农村幼儿教育的几点意见》《关于进一步办好幼儿学前班的意见》等一系列政策文件,在幼教队伍建设、卫生管理、园所标准等方面对学前教育作出全面规定。除此之外,教育部还编写了幼儿园教材,该教材成为中华人民共和国成立以来第一本全国统编幼儿园教材。[①]总的来看,这一阶段我国制定了多部学前教育政策文件,探索出中国特色的学前教育制度。但由于我国尚未出台学前教育专门立法,故而学前教育仍然存在立法空白。

（二）初步形成阶段（1989—2009 年）

为摆脱学前教育无法可依的困境,1989 年国务院发布《幼儿园管理条例》,该条例成为中华人民共和国成立以来第一部学前教育行政法规。该条例共计六章,从总则、举办幼儿园的基本条件和审批程序、幼儿园的保育和教育工作、幼儿园的行政事务、奖励与处罚等方面规定学前教育制度。时至今日,直到未来《学前教育法》正式出台之前,《幼儿园管理条例》仍是学前教育领域中位阶最高的法规范。同年,国家教委还发布了《幼儿园工作规程(试行)》,系统规定了幼儿园的招生、卫生保健、教育等工作。除了这两部法律文件,我国还制定了《托儿所、幼儿园卫生保健管理办法》《关于幼儿教育改革与发展的指导意见》(两者现已失效)等法律规范。这些法律文件推动了学前教育法制体系的初步成型,成为新时期我国学前教育发展的重要依据。

（三）多措并举全面深化改革阶段（2010—2017 年）

2010 年,中共中央、国务院印发《国家中长期教育改革和发展规划纲要(2010—2020 年)》,标志着学前教育步入深化改革阶段。该纲要专章部署了学前教育的发展任务,提出基本普及学前教育、明确政府职责、重点发展农村学前教育等举措,并在特殊教育章强调因地制宜发展残疾儿童学前教育。同年,国务院出台《关于当前发展学

---

① 洪秀敏等:《中国教育改革开放 40 年·学前教育卷》,北京师范大学出版社 2019 年版,第 4 页。

前教育的若干意见》,该文件也被称为学前教育"国十条",在学前教育发展史上具有里程碑意义。"国十条"强调把发展学前教育摆在更加重要的位置,并从扩大学前教育资源、加强幼师队伍建设、加大学前教育投入等十个方面提出学前教育发展举措。在此之后,学前教育相关法律政策密集出台,内容涉及学前教育的方方面面,有力推动了学前教育的优质健康发展。

(四)《学前教育法》制定阶段(2018年至今)

2018年,教育部在工作要点中提出推进学前教育立法。同年,《学前教育法》正式纳入第十三届全国人大常委会立法规划,成为全国人大常委会立法规划的一类立法项目。2019年,教育部在《法治政府建设工作情况的报告》中明确提出加快教育立法进程,推动《学前教育法》的起草工作。2020年,教育部发布《学前教育法草案(征求意见稿)》,向社会公众广泛征求意见。2023年,国务院常务会议讨论并原则通过《学前教育法(草案)》,并决定将草案提请全国人大常委会审议。《学前教育法(草案)》在规划与举办、保育和教育、教师和其他工作人员、投入与保障、管理与监督、法律责任等方面作出规定。①可以说,即将出台的《学前教育法》填补了学前教育的立法空白,推动学前教育步入"有法可依"的新时代。

改革开放以来,我国学前教育法律体系初步建成,学前教育法治建设取得重要成就。与此同时,学界对学前教育法的研究持续升温,初步形成一套较为完整的学前教育法研究体系。特别是在2018年国家正式提出制定《学前教育法》以来,有关学前教育立法的理论成果不断丰富,呈现出一派繁荣的景象。经文献收集和梳理,学界对于学前教育立法的研究主要集中在以下四个方面。

第一,学前教育立法的宗旨与原则。立法宗旨是立法目的和价值的直接体现,对该法的具体制度起到统领功能。从现有研究成果来看,学前教育的立法宗旨有二:一是保障学龄前儿童的受教育权;二是维护学前教育的公共性,具体包括维护学前教育的公益性、普惠性和公平性等属性。立法原则是立法主体开展学前教育立法活动应当遵循的基本准则,贯穿于立法活动的全过程。学界对于学前教育立法应当遵循儿童利益最大化原则和公益与普惠性原则这两大原则已达成共识。除此之外,有观点认为学前教育立法还应遵循政府主导原则、依法管理与保护幼师原则、社会协同原则等基本原则。②

---

① 蒲晓磊:《学前教育法草案提请审议》,《法治日报》2023年8月29日,第2版。
② 徐靖:《论〈学前教育法〉立法中应遵循的基本原则》,载《湖南师范大学教育科学学报》2019年第6期。

第二，《学前教育法》的调整范围。学前教育立法中的一个基础性问题是《学前教育法》的调整范围问题，也就是《学前教育法》究竟是调整 0—6 岁的学前教育还是 3—6 岁的学前教育。目前，多数专家认为《学前教育法》应当规范 0—6 岁儿童的教育问题。[①]将 3 岁以下幼儿教育纳入《学前教育法》的调整范围，不仅符合保教并重的教育理念，还有助于实现受教育权的完整保障。本书也支持将 0—3 岁儿童教育纳入《学前教育法》的调整范畴，并在下文详细介绍学龄前儿童托育服务的法治化问题。

第三，《学前教育法（草案）》的研究。2020 年 9 月 7 日，教育部公布《学前教育法草案（征求意见稿）》，向社会各界征求意见和建议。从内容上看，草案的亮点在于确定了学前教育在国民教育中的地位，明确了公益性和普惠性的办学性质，以及儿童利益最大化的基本原则。但也存在诸多值得继续改进和完善的地方，由此引发学界的热烈讨论。从研究成果来看，学界对于草案的讨论集中在学前教育的范围、政府责任、财政投入、幼师队伍建设等问题上。

第四，学前教育地方立法的研究。地方立法先行先试是改革开放以来中国立法实践的一大创新。在《学前教育法》制定前，为确保地方学前教育规范化运行，不少省市结合本地实际出台了学前教育地方性法规和规章。据统计，截至 2020 年 10 月 1 日，我国以"学前教育"命名的地方性法规共计 20 部，地方政府规章共计 8 部。梳理已颁布的学前教育地方立法文本，可以发现，各地区结合地方实际，在制度层面明确了学前教育地位性质、财政保障、管理体制等内容，具有一定的创新性。这些地方立法探索将为《学前教育法》的制定提供参考和借鉴。

二、学前教育儿童

2021 年 11 月，A 省 B 市某幼儿园因在大班教授拼音、数学等小学课堂知识，以课堂学习代替游戏，被 B 市教育局查处通报。

这起事件并非个例，背后反映的是学前教育"小学化"的倾向。之所以禁止此类现象，是因为学前教育"小学化"可能有损教育公平、侵犯幼儿的受教育权，

---

① 王大泉：《学前教育立法工作需要解决的主要问题——在学前教育立法论坛上的讲话》，载《法学教育研究》2019 年第 1 期。

进而影响幼儿身心健康发展。除了"小学化"问题,入园难、区域发展不均衡、虐童事件等都成为近年来学前教育发展面临的热点问题。这些问题所欲保护的对象具有一致性,即学前教育儿童。因此,本部分将围绕学前教育儿童的受教育权展开讨论。

（一）学前教育立法的价值取向——儿童权利

学前儿童是学前教育的调整对象,相应地,学前教育法以儿童权利保障为核心目的。在《学前教育法》正式出台之前,《幼儿园管理条例》和《幼儿园工作规程》一直是规范学前教育的主要依据。这两个法律文件都明确了幼儿园的保育和教育工作目的是促进儿童的身心健康发展。考诸已公布的《学前教育法(草案)》可以发现,其第1条规定开门见山,直陈"保障适龄儿童接受学前教育"的立法目的。《学前教育法(草案)》还依次确认了"规范学前教育实施""促进学前教育普及普惠安全优质发展""提高全民族素质"等其他立法目的。《学前教育法(草案)》的多重立法目的之间是有主次之分的。从立法技术角度来看,多重立法目的应按照概念上的逻辑顺序排列,即按照事物发展或者人的思维的一般前后顺序,循序渐进地排列相关目的。①基于此种立法思路,《学前教育法(草案)》必须以"保障适龄儿童接受学前教育"为首要目的,即使追求其他立法目的,也不能减损"保障适龄儿童接受学前教育"的立法价值。《学前教育法(草案)》第5条规定进一步明确了适龄儿童依法享有平等接受学前教育的权利。可见,儿童权利是学前教育立法的价值取向。保障儿童权利则是立法机关向学前教育机构发出的指示,成为学前教育机构的行动指南。

（二）学前教育儿童的受教育权

如前所述,保障儿童受教育权为学前教育发展提供目标指向。受教育权是我国《宪法》第46条第1款明确规定的公民的基本权利。所谓受教育权的权利,指的是公民有从国家获得接受教育的机会及获得教育的物质帮助的权利。②可见,受教育权包括消极和积极两种面向。消极意义上的受教育权是国家立法确认儿童享有平等接受教育的权利,如《学前教育法(草案)》第5条规定赋予儿童平等接受学前教育的权利。积极意义上的受教育权要求国家以积极作为形式履行给付义务,如国家发展教育设施以保障受教育权。虽然受教育权是一项基本权利,但不同教育类型下受教育权的内涵并不相同。在学前教育阶段,儿童身心的不成熟性决定了儿童受教育权具有一定的特殊性。这种特殊性既体现在儿童受教育权的实现有赖于监护人的支持和帮助，又体现在儿童受教育权包含保育和教育两种元素。

从现有研究成果来看，部分学者主张儿童受教育权包含着某些特殊权利，以下将介绍两种特殊的儿童权利。一是儿童游戏权。儿童游戏权可以理解为儿童作为游戏的核心主体，在一定时空内进行游戏时所拥有的能够对游戏进行"自我控制""自我管理""自我安排"的一项得到社会认可的能力、资格和利益。[①]虽然儿童游戏权在我国尚属陌生概念，但该权利早已获得国际社会的普遍承认。例如，1989年联合国《儿童权利公约》第31条明确规定儿童有权"从事与儿童年龄相宜的游戏和娱乐活动"。2023年《学前教育法（草案）》第29条规定要求幼儿园应当"以游戏为基本活动"，可看作国家对儿童游戏权的有限承认。二是儿童体育权利。儿童体育权利是儿童享有的与体育利益相关的各种权利总称。早在1999年召开的"世界体育教育峰会"上，各国代表就对"儿童享有体育权利"的观点达成共识。我国在2019年印发的《体育强国建设纲要》中明确提出推进幼儿体育发展。2022年新修订的《体育法》第34条规定中新增"幼儿园应当为学前儿童提供适宜的室内外活动场地和体育设施、器材，开展符合学前儿童特点的体育活动"的表述。该规定既是对幼儿体育权利的承认，又体现出幼儿体育权利的国家保障责任。

我国《宪法》第19条第1款规定明确提出了国家发展社会主义的教育事业，背后反映的是教育事业的国家责任。学前教育作为社会主义教育事业的重要组成部分，其规范发展同样离不开国家责任的理论指导。学前教育中的国家责任具体包括以下三个方面。一是给付责任。给付责任就是国家以积极作为的方式向学前教育提供某种利益的责任，包括产品供给、财政补贴、标准设定等内容。二是受教育权保护责任。保护责任可以理解为国家以积极方式预防排除第三人侵犯以及对受教育权提供救济的责任，包括立法保障、行政保障、司法保障等内容。例如，国家制定《学前教育法》就是对受教育权提供立法保障。三是监管责任。监管责任要求国家负有监督和管理学前教育的责任，包括对学前教育机构的监管和对学前教育教师的监管两种形式。总之，国家责任是确保学前教育良性运作的必备要件。

（三）特殊儿童的受教育权问题

习近平总书记强调："教育公平是社会公平的重要基础，要不断促进教育发展成

---

① 李祥等：《游戏何以成为儿童权利——论儿童游戏的权利属性及其法律保障》，载《青年探索》2023年第2期。

果更多更公平惠及全体人民,以教育公平促进社会公平正义。"①这一重要论断指出了教育公平在教育事业发展中的重要意义。教育公平的基本要求是保障任何公民平等享有受教育的权利。因此,教育公平不仅体现在一般意义上的儿童受教育权保护中,更体现在农民工子女、残疾儿童等特殊儿童的受教育权保护上。

第一,流动学前儿童的受教育权保护。改革开放以来,我国人口结构发生巨大变化,人口流动社会的形成使得流动学前儿童的受教育权保护成为学前教育发展必须关注的重要议题。流动学前儿童的受教育权保护可以从立法保障、行政保障和司法保障等多个方面着手。以立法保障为例,在学前教育中央立法缺位的情况下,地方先行立法为中央立法提供制度样本。地方立法先行先试是改革开放以来中国立法实践的一大创新,指部分立法条件成熟的地区根据区域内现实需求先行立法,并为中央立法提供经验借鉴。例如,《浙江省学前教育条例》第 42 条规定:"各级人民政府应当落实流动人口服务管理的有关规定,采取措施,为符合条件的流动人口子女提供学前教育服务。"在中央立法上,虽然最新版本的《学前教育法(草案)》并未直接规定流动学前儿童的受教育权问题,但该草案在总则中提出构建覆盖城乡、布局合理、公益普惠的学前教育公共服务体系。由此可知,保障流动学前儿童的受教育权是构建学前教育公共服务体系、缩短学前教育发展差距的重要举措。

第二,残疾儿童的受教育权问题。我国《宪法》第 45 条规定提出国家和社会帮助安排有残疾公民的教育。残疾儿童同样是残疾公民,其受教育权的保护理应成为学前教育的重要任务。无论是在国家还是地方层面,各类立法主体都注重对残疾儿童受教育权的保护。比如,《上海市学前教育与托育服务条例》要求为残疾儿童接受普惠性学前教育提供资助。再比如,最新版本《学前教育法(草案)》提出保障残疾儿童接受普惠性学前教育。除了国家支持,残疾儿童受教育权保护还有赖于学校、社会、家庭等多方协作。总之,残疾儿童受教育权的保护不仅关乎残疾儿童个体权利的实现,更关乎学前教育事业的全面发展。

(四) 虐童行为的法律责任

近年来,学前教育阶段虐童事件频发,如携程亲子园虐童事件、红黄蓝幼儿园虐童事件等。这些事件既暴露出幼儿园监管不力,又凸显了明确虐童行为法律责任的

---

① 《坚持以人民为中心发展教育》,载中华人民共和国教育部网站,http://www.moe.gov.cn/jyb_xwfb/s5147/202303/t20230308_1049781.html,最后访问时间:2023 年 9 月 25 日。

必要性。虽然《中华人民共和国未成年人保护法》（以下简称《未成年人保护法》）、《中华人民共和国教师法》（以下简称《教师法》）等法律有关于禁止虐童的表述,但并未明确规定虐童行为的法律责任。不过,令人欣慰的是,最新版本的《学前教育法(草案)》第68条明确规定了虐童行为的法律责任。从内容上看,虐童行为的法律责任包括行政责任、民事责任和刑事责任。行政责任方面,幼师虐待儿童情节严重的,县级人民政府教育行政部门将吊销其资格证书,使其终身不得举办幼儿园或者从事学前教育工作。我国《行政处罚法》第9条明确规定行政处罚的种类包括吊销许可证件。教师资格是一种准入类的职业资格,具有行政许可的性质。因而,吊销幼师的资格证书的实质是行政处罚。终身不得从事学前教育工作的实质是从业禁止,仍是一种惩戒性行政行为。民事责任方面,有虐童行为的教师将被解除聘任合同或者劳动合同,并承担经济补偿、赔偿损失的民事责任。刑事责任方面,虐童行为并不具备特殊的犯罪构成,只不过犯罪行为指向对象是儿童,虐童行为本身即可以依据《刑法》中的既有罪名进行处罚。在不同的场景下,虐童行为可以适用《刑法》规定的故意伤害罪、虐待罪、侮辱罪等既有罪名进行处罚。[①]

三、学前教育教师

2022年11月,B省H市某区学前教育教师Z女士通过国务院"互联网＋督查"平台反映,其自2022年1月入职以来连续8个月未发工资,影响正常生活。据官方披露,2021年下半年,某区为16所公办学校(幼儿园)公开招录了173名教师,新教师聘期自2022年1月算起。但是,这批新教师入职起连续8个月未发工资。经督促,所有招聘教师8月份工资及补发的1—7月份工资共649.54万元已全部发放到位。某区区委、区政府对区教育体育局予以通报批评。[②]

这起事件反映出学前教育教师的待遇保障存在问题,即学前教育教师待遇整体

---

① 任海涛、张思远:《虐童行为的刑法理论分析——兼论"虐童罪"不宜成为独立罪名》,载《青少年犯罪问题》2013年第2期。

② 徐媛:《河北邯郸173名教师被拖欠8个月工资,只因沟通衔接不畅?》,载搜狐网,https://learning.sohu.com/a/607576642_120099890,最后访问时间:2023年11月2日。

较低,公办幼儿园非在编教师、普惠性民办幼儿园教师待遇缺乏保障。造成这一现象的主要原因是学前教育教师法律身份不明、体制机制不健全等多重因素及其相互交织带来的不利影响。①下面将围绕学前教育教师的法律身份、任职资格、相关权利等问题展开讨论。

(一)学前教育教师法律身份

2018年《关于全面深化新时代教师队伍建设改革的意见》明确了公办中小学教师的身份是国家公职人员,但并未提及公办幼儿园教师的法律身份。通过对《教育法》《教师法》的规范分析,学前教育是国民教育的重要组成部分,与中小学教育具有同等地位,故公办幼儿园教师与公办中小学教师理应具有同等法律地位,具有教师编制身份。然而,最新版本的《学前教育法(草案)》仅规定幼儿园与教职工签订聘用合同或者劳动合同,并强调幼儿园教师在职称评定、岗位聘任(用)等方面与中小学教师享有同等的待遇。"签订聘用合同""享有同等待遇"等表述并不能推导出学前教育教师就此获得教师编制身份。从域外经验来看,不少国家通过立法明确幼儿园教师具有教育公务员、国家公务员、公务雇员等法律身份。因此,为实现我国学前教育高质量发展,实有必要解决学前教育教师的法律身份问题。

(二)学前教育教师的任职资格

学前教育教师应具备何种任职资格是当前学前教育立法中的争议问题。现行教育法律明确规定中小学教师任职资格需要获得相关的学历和教师资格证书,并通过教育行政部门统一的教师招聘考试。相比之下,学前教育教师的任职资格相对宽松。最新版本《学前教育法(草案)》第38条规定要求"担任幼儿园教师应当取得幼儿园教师资格",并未要求幼儿园教师取得相应学历和职业资格证书。幼儿园教师的任职资格明显低于中小学教师任职资格,不仅不利于提升幼师队伍质量,也难以吸引高学历人才投身学前教育事业。同样的,《学前教育法(草案)》仅要求幼儿园园长应当具有幼儿园教师资格、大学专科以上学历、五年以上幼儿园教师或者幼儿园管理工作经历,并未要求幼儿园园长取得教师资格证书。为提升学前教育教学水平,未来学前教育立法在明确公办幼儿园教师与公立中小学教师享受同等地位和待遇的同时,应进一步明确学前教育教师和园长的任职资格。比如,有观点主张在《学前教育法(草案)》的教师资质部分增加"大学本科以上学历"的规定,将幼儿园园长的资质由"大学

---

① 庞丽娟等:《不同性质幼儿园教师待遇保障研究:现状、原因分析与政策建议》,载《教师教育研究》2021年第3期。

专科以上学历"改为"大学本科以上学历"。①这种观点并非空穴来风,从域外学前教育法实践来看,不少国家学前教育立法都要求幼师具备学士学位。比如,美国《不让一个孩子掉队法》要求幼儿园教师达到"高级资格"要求,而"高级资格"的前提之一便是具备学士学位。②再比如,日本幼儿园园长原则上应取得教谕一级普通免许状,而取得教谕资格的条件之一是获得学士学位。③因此,明确并严格限定学前教育教师的任职资格是学前教育立法的当务之急。

(三)学前教育教师的相关权利

《教育法》《教师法》等法律明确规定教师享有法律规定的权利。幼师作为教师群体的一部分,理应享有《教师法》列举的各项权利。考虑到学前教育的特殊性,幼师的法定权利亦有一定的特殊之处。以下将从幼师的惩戒权和其他权利两个方面展开介绍。

第一,幼师的惩戒权。惩戒权是教师在指导学生过程中享有的重要权利。2019年颁布的《中小学教师实施教育惩戒规则》首次在立法层面承认了教师惩戒权概念。《教师法(修订草案)(征求意见稿)》在教师权利义务条款中增加了教师惩戒权的规定,意味着国家从法律层面真正赋予教师教育惩戒权。然而,最新版本《学前教育法(草案)》并未提及幼师的相关权利。这就不免令人产生疑问,幼师是否享有与中小学教师相同的惩戒权?基于学前教育儿童认知能力弱、身心不成熟等原因,社会对幼师惩戒权普遍存在错误观念,将惩戒与体罚相等同。但事实上,教育惩戒在性质、依据、目的、对象、手段、后果、程序、法律责任等各方面都与体罚有着本质区别。④并且,教育惩戒的形式多样,并非所有的惩戒形式都适用于幼儿管理。基于幼师教育惩戒权的立法缺失,未来学前教育立法时应进一步界定幼师教育惩戒权的内涵。进言之,未来学前教育立法应明确幼师可适当采用规劝、批评教育、禁止游戏、没收、警告等惩戒措施,并严禁采用击打、罚站、辱骂、恐吓等体罚或变相体罚措施。

第二,幼师的其他权利。目前,国家已出台《教育法》《教师法》《幼儿园管理条例》《幼儿园工作规程》等多部法律法规规章,用来保障幼师的相关权利。各省市制定的

---

① 刘悦、姚建龙:《学前教育立法的亮点与若干争议问题——以〈学前教育法草案(征求意见稿)〉为例》,载《中国青年社会科学》2021年第4期。
② 庞丽娟主编:《国际学前教育法律研究》,北京师范大学出版社2011年版,第23—24页。
③ 沙莉:《世界主要国家和地区学前教育法律研究及启示》,光明日报出版社2013年版,第117页。
④ 曾皓:《幼儿园教师体罚幼儿的认定》,载《学前教育研究》2022年第6期。

学前教育地方性法规规章也对幼师的相关权益进行了专门规定。借梳理中央和地方立法文本,结合相关学理法理可知,幼师权利包括依法聘任、晋升评聘、教育科学研究、获取工资报酬、进修培训、自主教育教学、参与学校民主管理等。这些权利大致可分为三类。一是幼师的劳动权利。劳动权利是以劳动关系为基础的各项权利的统称。例如获得工资报酬权、获得工作条件权、进修培训权等都是幼师享有的劳动权利。另外,在依法治教背景下,对编外幼师劳动权益的保障亦是不可忽视的重要议题。二是幼师的基本职业权利。幼师具有教师的法律身份,相应地,享有全部教师职业群体的基本权利。比如教育科学研究、依法聘任、晋升评聘、参与学校民主管理等都是教师共同体的基本职业权利。三是幼师的特殊权利。在学前教育阶段,考虑到儿童的身心发展规律,幼师需要具备与其他教师群体相区别的知识背景、教学理念等职业能力。这意味着教师享有某些特殊的职业权利。如幼师享有自主教育教学的权利。在德国"性教育课程案"中,德国联邦宪法法院认为:"教学方式的细节说明原则上并不属于法律保留的范畴,因为细节说明几乎很难通过法律规范予以详尽规定,此外,课程形成也应向情势变化保持开放。"①可见,幼师有权根据儿童的身心发展规律自主开展细节性的教育教学,这也是幼师特殊职业权利的体现。

四、学前教育机构

湖北省积极推进公益普惠性幼儿园建设,扩大普惠资源。湖北省实施 3 期"三年行动计划",筹措资金 68 亿元,新建改扩建公办幼儿园 3735 所,实现全省每个乡镇至少 1 所公办中心幼儿园全覆盖。建立教育用地国土资源、规划、教育部门联审联批制度,城镇小区配套幼儿园建设与小区建设同步规划、同步设计、同步交付使用。采取保障合理用地、以奖代补、政府购买服务等方式,支持民办幼儿园提供普惠性服务。②

增加教育资源供给,提升学前教育机构建设规模,为城乡社区配备充足、合理的幼儿园是实现学前儿童"幼有所育"的基础保障。近年来我国虽然在扩大学前教育规

---

① 参见张翔:《德国宪法案例选释(第 1 辑):基本权利总论》,法律出版社 2012 年版,第 228 页。
② 《湖北省积极推进公益普惠性幼儿园建设》,载中华人民共和国教育部网站,http://www.moe.gov.cn/jyb_xwfb/s6192/s222/moe_1749/201807/t20180712_342881.html,最后访问时间:2023 年 10 月 12 日。

模、提升学前教育质量中取得了长足进步,但在普惠性学前教育制度的构建,以及0—3岁幼儿的保育等问题上,仍有许多基础性、关键性的法律问题,需要在此加以厘清。

从办学形式上来看,我国学前教育机构包括:教育行政部门举办的公办幼儿园,党政机关和国有企业、事业单位、集体组织等主体举办的公办性质幼儿园,以及个人设立的民办幼儿园。在学前教育改革发展以"公益普惠"为方向的背景下,教育部等九部门于2021年印发的《"十四五"学前教育发展提升行动计划》中指出,要将"强化公益普惠"作为学前教育发展的一项基本原则,持续增加普惠性学前教育资源供给。在此背景下,《学前教育法(草案)》第15条第3款规定了"公办幼儿园和普惠性民办幼儿园为普惠性幼儿园"。可以预见,公益化是未来学前教育机构办学的基本趋势,普惠性幼儿园将成为学前教育机构的主要存在形式。

(一) 普惠性公办幼儿园(含公办性质幼儿园)

公办幼儿园是教育行政部门依法批准设立和举办的幼儿园,由国家教育财政经费提供支持和保障。"公办幼儿园是普惠性学前教育公共服务供给体系的支柱,对于兜底线、促公平、平抑幼儿园收费、引领幼儿园办园方向、提供幼儿园保教质量具有重要意义"。[1]公办性质幼儿园指教育行政部门以外的党政机关、事业单位、地方企业、集体(包括街道和村集体)和部队等利用国有资产或者集体资产开办的幼儿园。[2]改革开放前,公办幼儿园和公办性质幼儿园曾是我国学前教育办学的主要主体,其中企业、集体举办的公办性质幼儿园所占比例较大。随着改革开放的逐步推进,"原来占有很大比例的公办性质园大批量走向社会化道路,大量被推向市场",公办性质幼儿园的数量不断下降,2018年时仅占不到10%。[3]

以工人、普通公务员、服务行业职工等中低收入家庭子女为收录对象的企事业单位和集体办园规模的急速萎缩,使得大量家长只能选择民办幼儿园,学前教育机构格局的变化实际上造成学前教育偏离了公共性和公益化轨道。[4]虽然近些年来公办幼儿园的数量有所增加,但是在许多地方仍然存在公办幼儿园"入园难"的问题。政府

① 刘焱:《普惠性幼儿园发展的路径与方向》,载《教育研究》2019年第3期。
② 庞丽娟、袁秋红、王红蕾:《我国公办性质幼儿园改革的发展方向、改革原则和政策建议》,载《北京师范大学学报(社会科学版)》2022年第1期。
③ 袁秋红:《改革开放40年我国学前教育办学体制改革的历程与方向》,载《河北师范大学学报(教育科学版)》2018年第6期。
④ 冯晓霞:《大力发展普惠性幼儿园是解决入园难入园贵的根本》,载《学前教育研究》2010年第5期。

作为公办幼儿园的主要供给方,理应发挥公办幼儿园的"覆盖""主导""兜底"等作用,保证公办幼儿园在学前教育体系中居于主体地位。

(二) 普惠性民办幼儿园

1. 普惠性民办幼儿园的概念

"普惠性民办园是指通过教育部门认定,接受财政经费补助或政府其他方式扶持,面向大众提供普惠性服务的民办幼儿园"。[①]普惠性民办幼儿园是我国普惠性学前教育公共服务供给体系的重要组成部分。2023年8月提交全国人大审议的《学前教育法(草案)》第53条规定:"地方各级人民政府应当通过财政补助、政府购买服务、减免租金、培训教师、教研指导等多种方式,支持普惠性民办幼儿园发展。"但是,民办幼儿园受举办主体的限制,在获得财政支持保障中存在劣势,导致其在运行和师资等诸多方面存在困难,难以提升办学的普惠性水平。[②]政府对普惠性民办幼儿园在资助的额度、内容等方面存在较大的随意性和不稳定性,主要采取以奖代补、实物资助等形式,不能真正帮助其解决运行经费不足的实际困难。对此,政府部门应当尽快转变将社会公益事业等同于政府主导的行政观念,重视民间社会力量对促进社会公益发展的作用,扩大政府财政对民办幼儿园的支持,提升公共服务效率。[③]

2. 普惠性民办幼儿园的性质定位

2018年修订的《中华人民共和国民办教育促进法》(以下简称《民办教育促进法》)实施后,我国的民办教育办学开始依照营利性与非营利性的划分而进行分类管理。在理论研究和政策实践当中,在应当将普惠性民办幼儿园界定为"营利性法人"还是"非营利性法人"的问题上,学界各方存在很大争议。普惠性是否必然意味着学前教育机构的非营利性? 营利性幼儿园是否能够分担"普惠性"的办学任务? 在学前教育机构举办性质界定的问题上,我国各地区的立法实践也不统一。例如,《东营市普惠性民办幼儿园认定管理办法》《威海市普惠性民办幼儿园认定管理办法》规定普惠性民办幼儿园是"不以营利为目的"的幼儿园;而《北京市普惠性幼儿园认定管理办法(试行)》则直接界定了普惠性幼儿园必须是登记为"非营利性"的幼儿园。

---

① 洪秀敏、朱文婷、张明珠:《高质量发展背景下普惠性幼儿园提质增效的挑战与变革》,载《北京师范大学学报(社会科学版)》2023年第1期。

② 袁秋红:《改革开放40年我国学前教育办学体制改革的历程与方向》,载《河北师范大学学报(教育科学版)》2018年第6期。

③ 王培峰:《我国学前教育结构性矛盾审视——兼论残疾儿童学前教育的政策困境》,载《现代教育管理》2011年第5期。

实际上,"营利性"抑或"非营利性"不应当成为判断民办幼儿园普惠属性的唯一标准。[①]普惠性幼儿园强调的是学前教育办学的社会公益属性,要求国家通过公共财政给付,调整在学前儿童入学成本问题上的国家与家庭的分担比例,以保障学前儿童充分享有接受公平普惠学前教育的权利。在学前教育受教育权保障法律关系当中,国家是给付学前教育资源的义务主体,学前儿童是获得学前教育机会和资源的权利主体,至于民办学前教育机构的登记形式,实际上并不影响国家发展普惠性学前教育的整体目标。营利性民办幼儿园在接受国家补贴后,如果能做到收费较低、保障教学质量,则当然能够达到惠及学前教育儿童及其家庭的政策目标;而如果民办幼儿园仅是为了方便接受政府补助才选择以非营利形式登记,却存在收费昂贵、办学混乱等问题,则背离了普惠性办学的基本要求,亦不符合"普惠园"的标准。因此,应当充分尊重普惠性民办幼儿园的自主选择登记权,尽快构建完善民办普惠性幼儿园的政府补助资金的管理监督制度及质量监管制度。

(三) 托育服务的法治化

自 20 世纪 90 年代以来,我国生育率持续低迷。由于儿童的养育成本过高、社会保障不足,儿童照护的"家庭供给"乏力,已经无法为维持适当的生育率提供支撑。在这一背景下,儿童照护的"公共化"呼声越来越高。托育服务的法治化,主要指通过立法明确国家在儿童照顾中的投入义务,构建和完善幼儿托育服务的政策制度体系。

1. 托育服务立法

0—3 岁的幼儿保育、托育实际上一直是我国教育政策关注的重点。2003 年,教育部等 11 个部门颁布的《关于幼儿教育改革与发展的指导意见》(现已失效)明确提到要重视 0—6 岁儿童的早期教育。2012 年,《国家教育事业发展第十二个五年规划》强调要积极开展 0—3 岁儿童的公益性教育指导服务。2019 年,国家卫生健康委颁布的《托育机构设置标准(试行)》和《托育机构管理规范(试行)》都昭示着我国在托育服务上的立法水平不断提升、法治建设不断完善。

然而,由于多种因素的制约,0—3 岁儿童的托育立法始终未能纳入学前教育的立法范畴。2020 年教育部公布的《学前教育法草案(征求意见稿)》以及 2023 年全国人大常委会审议的《学前教育法(草案)》均将学前儿童范围界定为 3 周岁到入小学前

---

① 唐淑艳、龚向和:《学前教育立法中普惠性民办幼儿园的性质定位》,载《湖南师范大学教育科学学报》2019 年第 6 期。

的儿童。托育服务立法有其特殊性，具体体现在以下方面。

第一，0—3岁幼儿成长发育的特殊性。0—3岁幼儿尚不具备基本的事物认知和辨别能力，自我保护能力极低，目前对该阶段儿童的培养重点是"保育""照顾"而非"教育"。第二，托育服务治理的复杂性。国务院办公厅2019年发布的《关于促进3岁以下婴幼儿照护服务发展的指导意见》中指出，婴幼儿照护服务发展工作主要是由卫生健康部门牵头，但也涉及发展改革、教育、公安、民政等部门及工会、妇联等社会组织的参与协作，呈现出复杂的多元治理模式，其中不仅涉及政府职能的合理分配，还牵扯到多方的利益划分。第三，立法的超前性。应当考虑，对于0—3岁幼儿照护服务进行立法在当下是否存在成熟的现实条件。大部分家长关于幼儿保育的理念还停留在"家庭职责"的思维当中，目前我国幼儿照护服务的教育理念、管理模式也不够成熟，托育服务是否能够符合家长需求也值得商榷。①

2. 托育服务的责任主体

（1）国家

依照丹麦经济学家考斯塔·艾斯平—安德森（Gosta Esping-Andersen）的理论，婴幼儿照护"去家庭化"的路径可以分为"市场化路径"和"公共化路径"。②前者由于受市场追求利益的根本导向，往往会形成购买者、照顾者和被照顾者三方皆输的结果。③后者被福利体制国家广泛采用，更有利于"双职工家庭"的女性实现工作和照护的兼顾，促进国家就业率和生育率同时向好，维护女性权益。为了保障社会公共利益，国家需要在婴幼儿照护中积极介入，通过国家财政分担家庭养育成本，进而实现社会发展的良性循环。

（2）社会

《宪法》第45条第3款规定："国家和社会帮助安排盲、聋、哑和其他有残疾的公民的劳动、生活和教育。"伴随着社区组织、第三部门等主体近年来在我国的不断发展，社会主体也成为学龄前儿童照护主体的重要组成部分。④以往由国有企业、事业单位等社会主体开办幼儿园、托儿所以承担幼儿照护的制度已经随着时代变迁而消失，在普惠性学前教育发展格局下，应当从市场化转向更为强调社会化，积极吸纳社

---

① 马雷军：《〈学前教育法〉调整范围论要》，载《陕西师范大学学报（哲学社会科学版）》2023年第1期。
② 马春华：《中国儿童托幼服务公共化：整体框架和地方实践》，载《妇女研究论丛》2023年第4期。
③ 傅立叶、王兆庆：《照顾公共化的改革与挑战》，载《妇女与性别研究》2011年第29期。
④ 胡敏洁：《学龄前儿童照顾政策中的公私责任分配》，载《北京行政学院学报》2019年第2期。

区、单位、非营利组织等社会主体参与到特殊学龄前儿童的照顾服务事业中。

（3）家庭

家庭是学龄前儿童照护的核心主体。《中华人民共和国民法典》（以下简称《民法典》）第26条第1款规定："父母对未成年子女负有抚养、教育和保护的义务。"家长对于子女的教育实施义务基于"身份法律关系"产生，不论是基于亲缘关系还是法律规定，未成年人都有作为子女的"身份利益"。家长出于天性或道德约束和伦理要求，总是自愿或者非自愿地对子女进行给付。①

五、学前儿童受教育权的国家保障义务

为推进学前教育进一步发展，H省T市2022年出台了《T市关于加快学前教育发展的意见》，进一步明确了县级政府的学前教育保障责任，建立起市县乡统筹协作的工作机制，形成学前教育建设成果专门指标，并纳入政府部门考核体系，由市委、市政府督查室专门负责本市学前教育建设的督办。与2010年相比，T市2022年实现学前教育资金投入16.42亿元，增长近3倍；2022年财政性学前教育投入11.18亿元，占财政性教育经费的5.4%。此外，T市还按照每生每年400元的标准，及时、足额拨付公办幼儿园生均公用经费，惠及幼儿13.44万人；将普惠性民办幼儿园纳入拨付范围，惠及幼儿5.43万人。②

从T市加快推进学前教育建设的系列举措来看，政府部门切实履行职能保障学前儿童受教育权，保证其"接受文化教育的机会和获得受教育物质帮助的权利"。③与其他教育阶段相比，学前儿童的受教育权同样具有自由权与社会权的双重权利特性，国家应当承担尊重、保护和给付义务。④在此，本章拟就我国当下学前儿童受教育权保障最关键的几个问题展开讨论。

---

① 王利明：《人格权法新论》，吉林人民出版社1994年版，第209页。
② 周洪松：《从"基本普及"迈向"优质普惠"》，载《中国教育报》2023年8月13日，第1版。
③ 祁占勇、康韩笑：《学前教育阶段受教育权保障的国家义务研究》，载《陕西师范大学学报（哲学社会科学版）》2017年第6期。
④ 聂帅钧：《我国学前儿童受教育权法律保障机制的完善——基于国家义务的视角》，载《河北法学》2018年第8期。

（一）政府财政投入责任

学前教育是一项具有巨大社会效益的公共事业，要重视学前教育在个人终身发展中的奠基性地位，将学前教育定位为国家基础教育的重要组成部分。①基础性公共教育的发展离不开国家保障，学前教育财政投入是政府应当履行的教育公共服务职能。②2022年，全国教育总经费投入61344亿元，其中学前教育经费5137亿元，比上年增长3％；③学前教育经费投入占总经费比重为8.37％，综合近年数据来看，其占比呈现逐步上升趋势。

我国的学前教育财政投入立法体系尚未完善，亟须在学前教育立法中明确学前教育财政经费制度的各项细节。2023年8月，《学前教育法（草案）》提交全国人大审议，通过专章规定的形式构建了政府的投入与保障责任的基本框架。其中第50条关于"各级人民政府应当优化教育财政投入支出结构，加大学前教育财政投入"的规定，明确了政府的学前教育财政投入义务。④第51条规定明确了学前教育财政补助经费按照"央地责任划分原则"开展预算。⑤第52条规定要求地方政府制定明确的普惠性幼儿园的生均财政补助标准。⑥但是《学前教育法（草案）》并未给出学前教育经费在同级财政性经费中的具体占比，也没有在普惠性学前教育服务的政府财政补助分担比例上给出明确标准，而是赋予地方政府在财政投入水平上的一定的自主权限。

从立法实际情况看，我国各地区的学前教育财政保障措施和力度也呈现差异化。有些省市直接规定了学前教育经费占比，如《吉林省学前教育条例》第12条规定，县级以上人民政府学前教育经费在同级财政性教育经费中所占比例不低于3％；⑦《青岛市学前教育条例》第38条第3款规定："区（市）人民政府财政预算内学前教育经费

---

① 洪秀敏、庞丽娟：《学前教育事业发展的制度保障与政府责任》，载《学前教育研究》2009年第1期。
② 席晓娟：《学前教育财政投入立法保障研究——基于政策法律化的视角》，载《湖南师范大学教育科学学报》2020年第3期。
③ 《2022年全国教育经费执行情况统计快报》，载中华人民共和国教育部网站，http://www.moe.gov.cn/jyb_xwfb/gzdt_gzdt/s5987/202306/t20230630_1066490.html，最后访问时间：2023年10月21日。
④ 《中华人民共和国学前教育法（草案）》第50条："学前教育实行政府投入为主、家庭合理负担保育教育成本、多渠道筹措经费的投入机制。各级人民政府应当优化教育财政投入支出结构，加大学前教育财政投入，保障学前教育事业发展。"
⑤ 《中华人民共和国学前教育法（草案）》第51条第1款："学前教育财政补助经费按照中央与地方财政事权和支出责任划分原则，分别列入中央和地方各级预算。"
⑥ 《中华人民共和国学前教育法（草案）》第52条第2款："省、自治区、直辖市人民政府制定并落实公办幼儿园生均财政拨款标准或者生均公用经费标准，以及普惠性民办幼儿园生均财政补助标准。"
⑦ 《吉林省学前教育条例》，载国家法律法规数据库网站，https://flk.npc.gov.cn/detail2.html?NDAyOGFi-Y2M2MTI3Nzc5MzAxNjEyN2YyN2Q5MDMyNTQ%3D，最后访问时间：2023年10月21日。

占预算内教育支出的比例应当达到百分之五,不举办高中的区应当达到百分之十,并逐步提高。"①一些省市并未规定学前教育经费的明确比例,但是也要求教育财政经费向学前教育倾斜,要求学前教育经费合理占比并逐年提高。②但是,全国学前教育经费总投入的占比在各级教育之间历来处于最低水平③,仍需中央、地方各级政府部门进一步加深对学前教育的奠基性地位的认识,加大学前教育财政投入力度,保证现有政策得到落实,不断提升学前教育财政投入在各级教育中的占比,才能使学前教育"入园贵"问题得到有效缓解。

(二)政府的管理责任

学前教育管理体制关乎政府部门是否能够切实履行自身职责,保障学前教育事业有序推进。2019年2月,中共中央、国务院印发的《中国教育现代化2035》明确指出"建立更为完善的学前教育管理体制"。我国学前教育管理体制长期存在各级政府责任主体不明确、职责内容不清晰、政策和监管力度不足等问题。上述体制性问题成为影响普惠性学前教育高质量发展的巨大阻力,具体体现在以下方面。

第一,主管机构不明确。绝大多数的地方政府都没有设立学前教育的专门管理机构。④国务院办公厅转发教育部等部门发布的《关于幼儿教育改革与发展的指导意见》(现已失效)规定了教育、财政、民政、卫生等多个责任主体,2021年教育部等部门印发的《"十四五"学前教育发展提升行动计划》对学前教育管理责任主体的表述也含糊不清,极易导致多头管理、权责交叉的情况出现。第二,职责内容不清晰。在"地方负责、分级管理"的学前教育管理体制下,特定层次政府在发展学前教育中的职、权、责、利不对称。⑤一些地方政府盲目将社会力量参与办学等同于私营化、市场化,导致逐利性幼儿园规模无序扩张,造成政府在学前教育办学中主导地位的削弱。⑥第三,

---

① 《青岛市学前教育条例》,载国家法律法规数据库网站,https://flk.npc.gov.cn/detail2.html?ZmY4MDgw-ODE2ZWIxYWZiODAxNmViYjRkMmExZjAzYzU%3D,最后访问时间:2023年10月21日。

② 例如,《云南省学前教育条例》第7条规定:"县级以上人民政府应当建立学前教育经费保障机制,将学前教育经费列入同级财政预算,新增教育经费应当向学前教育倾斜,财政性学前教育经费在同级财政性教育经费中占合理比例并逐年提高;按照核定的编制数配齐公办学前教育机构教职工,并对配编情况进行监督。"

③ 李帅:《普惠性学前教育经费保障机制的构建——基于学前教育法和财税法的交叉视角》,载《湖南师范大学教育科学学报》2019年第6期。

④ 张丽丽:《我国学前教育法律保障中的国家义务配置》,载《陕西师范大学学报(哲学社会科学版)》2019年第2期。

⑤ 范明丽、庞丽娟:《当前我国学前教育管理体制的主要问题、挑战与改革方向》,载《学前教育研究》2013年第6期。

⑥ 孙雪荧:《中国共产党百年农村学前教育政策的历史逻辑》,载《民族教育研究》2022年第2期。

政策落实和监管力度不足。由于机构设置和人员配备的缺位，学前教育管理工作往往由同部门的其他工作人员兼任，地方学前教育实际领导力量十分匮乏，从而导致政策实际落地效果差，并且幼儿园办学监管存在大量漏洞。

为了实现学前教育稳定有序发展，当下较为迫切的工作是健全学前教育政府领导体制。纵向上，合理划分中央和地方、地方各层级政府在学前教育上的财权、事权和责任分担制度；横向上，理清各政府部门在学前教育发展上的具体职责，建立学前教育专门行政管理机构并配备充足专职管理干部，搭建高效的跨部门协作机制，保障学前教育各项国家政策的有效落实。

（三）学前教育师资保障

幼儿园的师资力量和师资素质对学前教育发展质量和学前儿童培育结果起到决定性的作用。[1]政府在保障学前教育教师队伍建设上负有义务，然而由于我国学前教育师资保障制度尚未完善，实践中存在与教师法律身份、任职资格、职称评定、培训发展等相关的诸多棘手问题尚待解决。目前我国普惠性学前教育教师缺口数量大、合格教师资源短缺及教师师资保障不足成为制约我国当下学前教育资源扩展的一个重要因素，一些中西部地区的幼儿园甚至出现幼儿园已经建好，但由于师资匮乏无法正常招生办学的情况。[2]

首先，如前文所述，学前教育教师的法律身份在我国尚未得到明确，受到"编制身份"的限制，在编教师和编外教师在职称评定、福利待遇和晋升空间等各方面存在巨大差别，在编制名额十分有限的情况下，幼儿园教师岗位流动性大成为必然。其次，幼儿园教师尚无明确的职称晋升机制，大多是参照小学教师标准进行评定，实践中其职称晋升机会常常被小学教师挤占，造成其职业发展空间受限，从而引发大量学前教育教师的流失。[3]再次，由于学前教育教师任职资格不明确，难以吸引高质量人才加入学前教育教师队伍，目前绝大多数幼儿园教师均为大专学历，尤其在欠发达地区，甚至存在未受过专业教育的教师无证上岗的现象，使得虐童事件、学前教育"小学化"等情况发生的概率增加，不仅不利于提升学前教育质量，还会导致对学前儿童的人身权、受教育权等权利的侵犯。

① 黄瑾、熊灿灿：《我国"有质量"的学前教育发展内涵与实现进路》，载《华东师范大学学报（教育科学版）》2021年第3期。
② 庞丽娟等：《加快立法为学前教育发展提供法律保障》，载《中国教育学刊》2019年第1期。
③ 聂帅钧：《我国学前儿童受教育权法律保障机制的完善——基于国家义务的视角》，载《河北法学》2018年第8期。

要实现学前教育教师队伍建设水平的快速提升,还必须依靠法治化手段予以解决。重点是根据学前教育发展的现实要求,形成一套完善的学前教育教师法律地位、薪资待遇、职位晋升、任职资格的制度保障,切实保障学前教育教师各项权利。在确保学前教育教师供给充足,保障学前儿童拥有受教育机会的前提下,逐步在财政端、制度端同时发力,加大对教师培养、人才储备、教师培训等方面的支持力度,逐步提升学前教育教师的整体素质,从而为学前儿童受教育权的实现提供优质师资保障。

六、本 章 小 结

回顾四十余年来我国学前教育法研究的发展历程,学前教育法基础理论的研究主要取得了以下成就。第一,学前教育法的研究队伍日渐壮大。历经理论界几十年的辛勤探索,中国学前教育法学已经形成了专门的研究队伍。在众多学者的努力下,部分高校设置科研机构专门从事学前教育法的相关研究,如北京师范大学学前教育研究所等。同时,国内召开多场学术研讨会就学前教育法的理论问题展开学术对话,如学前教育立法研讨会等。第二,学前教育法的研究成果不断涌现。经过几十年的研究积累,学前教育法的研究成果不断丰富。目前以"学前教育法"为主题的学术著作有数十本,既包括学前教育法的基本理论,又包括学前教育法的应用实践。代表著作有庞丽娟主编的《国际学前教育法律研究》(2011)、祁占勇撰写的《学前教育立法及其法治建设研究》(2020)及马雷军主编的《学前教育实用政策法律》(2021)等。同时,学界产出一系列学前教育法研究论文。这些研究论文为学前教育法的理论研究作出重要贡献。第三,学前教育法的研究方向多元化。改革开放以来,学前教育法研究的深度和广度进一步扩展。特别是在国家提出制定《学前教育法》以来,理论界对学前教育法的研究持续升温,围绕学前教育立法积累了相当丰硕的理论成果。此外,学者开始注重中外学前教育法的比较研究,翻译、研究域外学前教育法的成果不断涌现。应当承认,对域外学前教育法的引用与借鉴,极大地提速了我国学前教育法的理论研究。

改革开放以来,中国学前教育法的研究取得一系列成就,但也存在理论空白。展望未来,我国学前教育法研究应重点关注以下议题。一是学前教育立法的研究。目前,学界围绕学前教育立法取得丰硕成果,学前教育立法基础理论粗具规模。2023 年最新版本《学前教育法(草案)》的公布,必将引起学界新一轮热议。未来在《学前教育法》实施时代,围绕《学前教育法》的规范解释与配套制度的研究必将成为学前教育立法的新课题。因此,学前教育立法的研究仍在路上。二是托育服务法治化的研究。在托幼一体化建设的背景下,托育服务法治化必将成为学前教育法研究的下一个热点问题。然而,当前学前教育法的研究主要集中在幼儿园法治化的理论研究层面,托育服务法治化处在相对边缘的位置。造成这一现象的主要原因是"婴幼儿照护服务"概念直至 2019 年才在国家层面的正式文件中出现,使得该领域的研究起步较晚。因此,对托育服务法治化的理论研究需要进一步加强。三是学前教育法与其他教育法学科的互动。学前教育法的研究离不开与其他教育法学科之间的理论互动。例如,《中华人民共和国家庭教育促进法》(以下简称《家庭教育促进法》)多次提出未成年人的父母或者其他监护人与幼儿园密切配合、共同教育。这就涉及学前教育法与家庭教育促进法的理论联动,促进教育法学科的知识增量。因此,教育法学的理论研究需要在不同领域之间交流互动,才能获得充足的活力。

第三章

初等教育与中等教育法学

　　《教育法》第 17 条第 1 款规定："国家实行学前教育、初等教育、中等教育、高等教育的学校教育制度。"本书第二章研究"学前教育法学"，第四章研究"高等教育法学"，本章研究处于学前教育之后、高等教育之前的学习阶段，即初等教育阶段（小学阶段）和中等教育阶段（初中阶段、高中阶段）。初等教育具有最大的普及性、广泛性，属于义务教育阶段。中等教育是在初等教育的基础上实施的普通中等教育和中等职业技术教育，既为高等教育输送合格新生，又为国民经济各部门培养中等技术人才。①本章研究对象为初等教育阶段和中等教育阶段的教育法律关系与教育法律问题。

一、前　　言

　　我国针对初等教育与中等教育阶段的重要立法是《义务教育法》。我国虽无专门的高中阶段教育立法，但高中阶段的诸多教育法律关系类同于义务教育阶段的教育法律关系。

　　就"义务教育""义务教育法"的基本概念而言，教育学范畴的义务教育指国家对适龄儿童实施一定年限的普及的、强制的、免费的学校教育。②从法学角度分析，义务教育指依照法律规定，适龄儿童和少年必须接受的，国家、社会、学校、家庭必须予以保证的国民教育。此处的"义务"指以法律形式规定的国家、社会、学校、家庭、适龄儿

---

①　顾明远主编：《教育大辞典（简编本）》，上海教育出版社 1999 年版，第 31、621 页。

②　同上书，第 574 页。

童和少年必须遵守并履行的义务,既是国家对人民的义务,又是家长对国家和社会的义务。"教育"则专指学校教育。^①义务教育法指由国家制定并由国家强制力保障实施的,调整义务教育阶段法律关系的法律规范的总和,具有强制性、公共性、普及性、基础性、免费性等特点。^②

从《义务教育法》的颁布、修订历程来看,早在教育基本法颁布之前,我国就于1986年依据《宪法》制定了《义务教育法》。该法的颁布标志着我国义务教育事业进入在法律保障下规范发展的阶段。在此之前,我国基础教育处于较为落后的状态。直到1980年发布《中共中央、国务院关于普及小学教育若干问题的决定》,将普及小学教育、搞好教育立法作为一项重要的国家任务,并进行具体规划。1982年《宪法》不仅沿袭了1954年《宪法》将受教育权规定为宪法权利的做法,还在第19条特别规定"国家举办各种学校,普及初等义务教育",把普及义务教育作为国家保障公民受教育权的手段。在此背景下,《义务教育法》于1986年出台,在义务教育的地位、方针、强制性、入学年龄和学制、管理体制、财务经费、师资培养等方面作出规定,并明确义务教育阶段免收学费。然而,囿于时代局限,1986年《义务教育法》存在工具导向、过于简略等问题。^③针对这些问题,第十届全国人大常委会第二十二次会议于2006年对《义务教育法》进行全面修订。新法在立法目的上由工具本位转向权利本位。在义务教育的免费性问题上,1992年通过的《义务教育法实施细则》(已于2008年废止)第17条规定"实施义务教育的学校可收取杂费",2006年《义务教育法》第2条则明确规定,"实施义务教育,不收学费、杂费",从而实现了真正免费的义务教育。同时,《义务教育法》提出均衡发展原则,设专章规定了法律责任,并于2015年、2018年再次修订。

时至今日,我国已形成以《宪法》的"受教育权"和"教育"条款为指导,以《教育法》为基础,以《义务教育法》为核心,以《民办教育促进法》《未成年人保护法》等法律的相关条款为补充的初等与中等教育法律规范体系。

---

① 袁兆春、宋超群:《教育法学(修订版)》,山东人民出版社2014年版,第178页。
② 潘世钦等主编:《教育法学》,武汉大学出版社2003年版,第250页。
③ 湛中乐:《公民受教育权的制度保障——兼析〈义务教育法〉的制定与实施》,《华南师范大学学报(社会科学版)》2016年第3期。

二、中小学与政府的关系

原告××高级中学系民办普通高中。因其存在违法用地、违规招生和收费等问题，在 2016 年的评估中被 T 市教育局评为不合格，且教育局未给其下达招生计划。但原告仍于当年招收 179 名外省户籍学生。2017 年，因伪造国家机关印章、颁发伪造毕业证书，原告被市教育局吊销办学许可证。2018 年，原告致函市教育局，申请为外省户籍学生办理学籍注册。市教育局认为办理学籍注册已超出其职权范围，无法办理。原告遂向 J 省教育厅申请行政复议。省教育厅作出复议决定，驳回其复议申请。原告遂起诉市教育局与省教育厅，要求重新处理。法院认为，原告的诉讼请求于法无据。省教育厅的复议决定适用法律正确。故驳回原告诉讼请求。①

民办中小学不属于教育行政部门的下属机关，故其与政府之间的行政关系是外部行政法律关系，其处于行政相对人的法律地位。政府与民办中小学之间可形成教育行政许可、给付、处罚、监督等关系。本案中，××高级中学是 T 市教育局主管的民办学校，市教育局对其进行检查评估，是在履行教育行政指导监督权，两者构成行政监督法律关系；市教育局对其违法行为实施教育行政处罚时，两者构成行政处罚法律关系。

(一) 中小学与政府法律关系的变迁

法律关系是以法律规范为基础的、以法律权利与法律义务为内容的社会关系。②教育法律关系则是教育法律规范在调整教育主体的教育活动中所形成的教育权利和教育义务、教育权力和教育责任的关系。中华人民共和国成立以来，随着教育法律体系的建立健全，中小学与政府的法律关系也发生了改变。

1. 计划经济时代的内部行政关系

中华人民共和国成立初期，我国建立起高度集中统一的计划经济体制，社会生活中的绝大部分资源由国家权力调配。在教育领域，呈现政府举办、计划调控、封闭办

---

① 振泰高中诉泰州市教育局、江苏省教育厅不履行法定职责及行政复议案，《南京铁路运输法院 (2018) 苏 8602 行初 1855 号行政判决书》。

② 参见张文显主编：《法理学》，高等教育出版社 2018 年版，第 152 页。

学、集中管理的特点①,奉行国家办学与集体办学并举的方针,并在不同教育阶段采用不同的办学体制,即高等教育由中央集中统一管理,中小学教育由中央和地方共同管理。②包括中小学在内的全国各类学校统归教育行政部门领导。在这种情况下,中小学是"国家全额拨款事业单位",隶属于行政部门,是政府的附属机构,本身并无独立的法律地位;教师是"国家干部",政府与教师之间是领导与被领导、命令与服从的内部行政法律关系。

2. 社会主义市场经济体制下的复合型关系

20 世纪 80 年代,世界范围内兴起以"引入市场机制、提高教育效率、确保教育质量"为核心的教育重整运动。中国也开启由计划经济向社会主义市场经济的转型。社会结构的重构催生教育主体的分化,教育主体的分化意味着教育关系的变革。③中小学与政府的法律关系不再是单一的内部行政关系,而是向复合型关系转变。1986 年《民法通则》的颁布确立了民法上的法人制度。在此基础上,《教育法》《义务教育法》等众多教育法律规范初步搭建起我国中小学法律地位和权利义务的框架,但相关条文并未对高校与中小学、公立学校与民办学校等不同类型的学校进行区分,且1986 年颁布的《义务教育法》依然强调政府对中小学的行政管理。时至今日,我国的教育产业进入高速发展阶段,学校管理体制向着多元化的方向发展,2002 年《民办教育促进法》的颁布使得全国广泛兴起民办教育热潮,大量民办中小学校建立起来。④政府与中小学之间存在复合型关系,性质和内容均较为复杂,需分别讨论。

(二) 公办中小学与政府的关系

根据教育法律规范调整对象的不同,教育法律关系可以分为教育民事法律关系、教育行政法律关系和教育刑事法律关系。公办中小学与政府之间形成的最典型、最常见的教育法律关系是教育行政法律关系和教育民事法律关系。

1. 教育行政法律关系

教育行政法律关系指教育行政主体在对教育实施行政管理的过程中与教育行政管理相对人之间形成的具有教育法权利义务内容的行政关系。⑤公办中小学是由政

---

① ③ 周光礼、刘献君:《政府、市场与学校:中国教育法律关系的变革》,载《华中师范大学学报(人文社会科学版)》2006 年第 5 期。

② 余雅风、姚真:《论教育法律关系》,载《湖南师范大学教育科学学报》2022 年第 3 期。

④ 任海涛、杨兴龙:《论中小学学校的法律地位》,载《华东师范大学学报(教育科学版)》2021 年第 1 期。

⑤ 王景斌、朱翠兰:《论教育行政法律关系及相对人权利救济》,载《东北师大学报(哲学社会科学版)》2005 年第 6 期。

府举办与管理，由国家财政予以保障，完成法定教育任务的公共教育组织。以行政机关在教育领域的不同职能为标准，可将"政府"划分为教育行政部门与其他行政机关。当公办中小学与教育行政部门以外的非主管行政机关发生行政法律关系，即作为一般的社会组织接受其他行政机关管理时，其与政府之间是外部行政关系。当公办中小学与其直属的教育行政部门发生行政法律关系，即受到教育行政部门的直接管理时，其与政府之间是内部行政关系。由于我国公办中小学校面向社会办学的民事活动极为有限，且不能以学校财产进行担保、抵押，因而不符合民法上法人的成立要件，不具有法人资格。同时，在现行体制下，政府对中小学校拥有绝对的行政事务权，可以根据管理需要发布命令，控制学校的人事、财政及教学。因此，公办中小学与政府之间的内部行政关系性质较为突出。[1]

2. 教育民事法律关系

所谓教育民事法律关系，指由民事法律规范调整的平等主体之间在教育教学活动过程中所形成的财产关系和人身关系，其特征是双方当事人地位平等，基于当事人的自愿而产生法律关系，并在一定程度上体现等价有偿。[2]以政府购买教育服务、与公办中小学形成合同法律关系为例，上海市浦东新区人民政府在 2009 年与建平中学、杨园中心小学等中标单位签订教育实践研究项目的购买合同。[3]对于公办中小学而言，与签订合同的教育行政部门之间虽存在行政上的隶属关系，但后者并未行使行政职权，而是参与一般的民事活动。在这种合同关系中，政府与公办中小学的权利义务是平等的，教育行政机关应根据合同的规定履行相应义务。

（三）民办中小学与政府的关系

民办中小学与行政机关之间的关系为外部行政法律关系。其作为具备民事主体资格的学校法人，与政府之间形成的教育民事法律关系有多种形式，最为典型的是合同法律关系。

1. 教育行政法律关系

根据《民办教育促进法》第 2 条的规定，民办学校指"国家机构以外的社会组织或者个人，利用非国家财政性经费，面向社会举办"的学校。民办中小学并非由政府举

---

[1] 参见马雷军、刘晓巍：《教师法治教育》，中国民主法制出版社 2017 年版，第 61 页。
[2] 余雅风、姚真：《论教育法律关系》，载《湖南师范大学教育科学学报》2022 年第 3 期。
[3] 参见上海市浦东新区社会发展局：《中国教育改革前沿报告——浦东新区教育公共治理结构与服务体系研究》，上海教育出版社 2009 年版，第 271—272 页。

办,其在人事管理、组织结构、财务运行等方面更具独立性,虽仍受教育行政部门管理,但不属于教育行政部门的下属机关,故其与行政机关之间的关系为外部行政法律关系。具体而言,主要包括教育行政许可、行政给付、行政处罚、行政监督等关系。①民办中小学的设立、变更须经教育行政部门许可。县级以上各级人民政府对民办中小学采取的助学贷款和奖助学金扶持,对非营利性民办学校采取的政府补贴、捐资激励及以划拨等方式给予的用地优惠等扶持措施,均属于教育行政补助,双方构成行政给付法律关系。对于民办中小学的违法行为,教育行政机关予以行政处罚,双方形成行政处罚法律关系。民办中小学收费的项目及标准、资产的使用及财务管理受主管部门监督,双方存在行政监督法律关系。

2. 教育民事法律关系

《民办教育促进法》第 10 条规定:"举办民办学校的社会组织,应当具有法人资格。举办民办学校的个人,应当具有政治权利和完全民事行为能力。民办学校应当具备法人条件。"换言之,依法设立的民办中小学必然拥有独立财产、享有民事权利、承担民事义务,并可独立承担责任、具备法人资格。因而民办中小学也符合《教育法》第 32 条第 1 款"学校及其他教育机构具备法人条件的,自批准设立或者登记注册之日起取得法人资格"之规定。作为具备民事主体资格的学校法人,民办中小学与政府之间形成的教育民事法律关系有多种形式,最为典型的是政府向民办学校购买教育服务时,形成的合同法律关系。其内容涉及广泛,譬如师资队伍培训、学生竞赛及活动的组织、校园安全辅助服务和校车服务、教育资讯收集及统计分析、教育教学成果交流与推广,以及其他政府委托的教育服务等。②

三、中小学学校的法律地位

何某于 2000 年入读 S 市某实验学校,次年,因身体不佳而提出退学请求,要求退还剩余学费。时任校长 Z 同意何某请求,出具"退费 8000 元,于 2002 年 10 月退还"的欠条,并盖有学校印章。2002 年,Z 将该校办学手续转让,当何某再次要求退还学

---

① 参见管华:《论教育行政机关的法律地位》,载《华东师范大学学报(教育科学版)》2021 年第 1 期。
② 参见余雅风、姚真:《论教育法律关系》,载《湖南师范大学教育科学学报》2022 年第 3 期。

费时,新任校长 Q 以所欠学费系原办学人 Z 所欠而拒绝偿还。何某遂起诉至原审法院。原审法院判决被告承担退款责任。被告不服,请求二审法院依法改判。二审法院认为,上诉人不能因其法定代表人的更换和其达成的转让协议对抗被上诉人的合法权利,原审判决正确,应予维持。①

民办中小学具有独立的法人地位,享有独立的财产权、独立的民事能力和独立的诉讼地位,应独立承担债权债务。本案中,何某所持退费协议系与学校达成。学校与何某之间的法律关系是独立存在的,不因上诉人法定代表人的变更而变更。上诉人作为独立的法人,应退还何某剩余的学费。

(一) 中小学学校的民事法律地位

关于我国公办中小学是否具有法人资格,学术界具有不同观点。②笔者认为,现阶段我国公办中小学不具备法人资格,仅具有非法人组织的地位。民办中小学具备法人资格,且根据性质不同可以分为营利性法人与非营利性法人。中小学的特殊民事权利义务主要体现在财产处分的制约和学校事故的民事责任两个方面。

1. 公办中小学的民事法律地位

《教育法》第 32 条第 1 款虽规定"学校及其他教育机构具备法人条件的,自批准设立或者登记注册之日起取得法人资格",但该条文并未规定所有的学校都具有法人资格,而是"具备法人条件的"相应主体才具有法人资格。《民法典》规定:"法人是具有民事权利能力和民事行为能力,依法独立享有民事权利和承担民事义务的组织……法人以其全部财产独立承担民事责任。"

我国公办中小学不是民法上的法人,而是一种为社会提供公共教育服务的非法人组织,受到国家财政的保障并接受相关行政部门的管理。理由有三:其一,我国的公办中小学并不享有自己的独立财产。根据《教育法》《义务教育法》之规定,中小学阶段的义务教育经费由国务院和地方各级人民政府纳入财政预算,公办中小学的财产由国家划拨。学校对学校财产并不享有所有权,在处分上也受到极大限制。其二,我国的公办中小学并不能够独立承担民事责任。公办中小学的财产属于国家所有,仅从产权关系来看,其就不应独立于政府而享有完全的责任能力。同时,公办中小学

---

① 参见徐兴旺、曾文革主编:《教育法案例评析》,对外经济贸易大学出版社 2010 年版,第 217—220 页。

② 傅添:《我国公立中小学法律地位的法理分析》,载《天津市教科院学报》2009 年第 3 期;马怀德:《公务法人问题研究》,载《中国法学》2000 年第 4 期;曹淑江、范开秀:《关于我国公立义务教育学校法律地位的探讨》,载《教育理论与实践》2008 年第 5 期。

承担着教育这一重要的公共服务职能,倘若允许其独立承担民事责任,则可能出现学校破产的情形,这会给社会带来巨大的不利影响。① 从实践来看,公办中小学属于国家财政保障的公益事业,政府会对学校进行财政上的支持以补足学校的财务赤字。其三,我国的公办中小学也不享有独立的行为能力。公办中小学具有较强的社会公益性质,在办学招生、教师招聘管理等方面并不享有较高自主权,很大程度上仍受有关行政部门的管理与规制,并不享有独立的行为能力。

2. 民办中小学的民事法律地位

《民办教育促进法》第 10 条第 3 款明确规定"民办学校应当具备法人条件",这意味着民办学校只有拥有自己的独立财产并能够独立承担责任,即具备法人条件后方可设立,故而民办中小学必然符合我国《教育法》第 32 条第 1 款"学校及其他教育机构具备法人条件的,自批准设立或者登记注册之日起取得法人资格"的规定,从而具有法人资格。我国《民法典》将法人分为"营利法人""非营利法人"和"特别法人"三种类型。民办中小学性质存在差异,法人类型亦有所不同。就义务教育阶段的民办中小学而言,《民办教育促进法》第 19 条第 1 款规定"不得设立实施义务教育的营利性民办学校",故而义务教育阶段的民办中小学属于非营利性法人;而非义务教育阶段的高级中学包括普通高中、职业高中、中等专业学校等,根据《民办教育促进法》第19 条的规定,举办者可以自主选择设立非营利性或者营利性民办学校,与之相对应的主体即成立非营利法人或营利法人。

3. 中小学的特殊民事权利义务

(1) 财产处分的制约

中小学中存在大量国家所有资产,其对于校内财产的处分必然需要受到一定的制约。首先,不论是公立还是民办中小学,其财产从事营利活动以及对外投资均受到限制。义务教育阶段的中小学不得以其资产从事任何营利性活动,也不得以其资产兴办校办产业,所有经费都必须用于办学活动;而营利性的高级中学虽然可以从事一定的营利性活动,但其办学资金也主要局限在办学收入及校办产业的部分利润,不能以其资产对外投资。其次,公办中小学对其资产的管理使用严格受到编制预算制度的限制。最后,为预防中小学资产被个人利用或过度流失,法律地位为非法人组织和非营利法人的中小学对外担保的能力亦受到严格制约。

---

① 参见胡劲松、葛新斌:《关于我国学校"法人地位"的法理分析》,载《教育理论与实践》2001 年第 6 期。

（2）学校事故的民事责任

《民法典》第 1199 条至第 1201 条规定了校园人身损害事故中学校的法律责任：无民事行为能力人在学校受到人身损害的，学校应承担以过错推定为原则的侵权责任，由学校举证自己无过错方可免责；限制民事行为能力人在学校受到人身损害，则采取过错责任原则，由受害方举证学校具有过错，学校方承担民事责任；若学生在学校受到的人身损害是由校外的第三人造成的，则由第三人承担侵权责任，学校根据其过错承担相应的补充责任，并可向第三人追偿。但由于校园事故具有复杂性，中小学在校园事故中往往都会给予一定的赔偿或帮助。

《学生伤害事故处理办法》第 26 条第 2 款规定："学校无责任的，如果有条件，可以根据实际情况，本着自愿和可能的原则，对受伤害学生给予适当的帮助。"就责任的承担而言，具备法人资格的民办中小学以其资产独立承担民事责任，公办中小学则较为特殊。《学生伤害事故处理办法》第 29 条规定："应当由学校负担的赔偿金，学校应当负责筹措；学校无力完全筹措的，由学校的主管部门或者举办者协助筹措。"

（二）中小学学校的行政法律地位

中小学在与行政机关的关系中既可能是行政相对人，又可能是内部下属机构，在对教师进行职务评定及对非义务教育阶段的学生作出开除处理时可能具有行政主体的法律地位。

1. 面对行政机关时的行政法律地位

中小学面对行政机关时的行政法律地位已在本章第一节中进行探讨。简言之，民办中小学在与行政机关之间的行政法律关系中，处于行政相对人的法律地位。当公办中小学与教育行政部门以外的非主管行政机关发生行政法律关系时，享有行政相对人的法律地位，可对行政机关作出的行政行为提起行政诉讼。当其与直属教育行政部门发生行政法律关系时，其法律地位偏向于政府的下属机构，而非独立的行政相对人。[①]

2. 管理教师、学生时的行政法律地位

（1）中小学与教师的行政法律关系

就中小学而言，在民办中小学对教师的聘任与管理上，体现更多的是一种市场关

---

① 笔者在进行检索后也未查找到公办中小学作为行政相对人起诉教育行政部门的行政案件，可见就目前而言，公办中小学的行政法律地位不能简单地认定为行政相对人，需要之后出台相应的法律规范予以进一步明确。

系,故而学校不具有行政主体的法律地位;而公办中小学在对教师的管理中是否具有行政主体资格尚不明确。根据《教师法》第 22 条至第 24 条的规定,学校应当对教师的政治思想、业务水平、工作态度和工作成绩进行考核,且考核结果将作为教师受聘任教、晋升工资、实施奖惩的依据。对此,有学者认为中小学对教师的管理是一种单位内部的人事管理,并不存在行政职权的行使,故而中小学在对教师的管理中并无行政主体地位。[1]然而在教师职务制度中,公办中小学也有成为行政主体的可能性。譬如从现有规范来看,公办中小学中已经有部分学校获得了部门规章的授权,具有评定本校教师职务的行政权力。当教师认为学校的职务评定行为侵犯其合法权益时,存在将学校视为行政主体提起行政诉讼的可能性。对于公办中小学在教师管理中的行政主体地位的认定仍有待立法与司法实践的进一步确认与探索。

（2）中小学与学生的行政法律关系

就义务教育阶段的中小学而言,《义务教育法》第 27 条规定"对违反学校管理制度的学生,学校应当予以批评教育,不得开除",表明义务教育阶段的中小学虽然可以对学生作出处分,但该行为只是一种内部管理行为,其不能像高校一样作出开除学籍的决定,因而学校不具有行政主体的地位。[2]就非义务教育阶段的高级中学而言,其在学籍管理方面拥有较大的自主权。如《上海市中小学学籍管理办法》第 46 条第 2 款规定:"高中学生在校期间被司法部门判刑、劳动管教,或在留校察看期间,有严重违法犯罪行为,可给予开除学籍的处分。"可见非义务教育阶段的高级中学具有行政主体的地位。如果学生对相关处分不服,可以对相关行政行为提起行政诉讼。

（三）中小学教育惩戒行为

"教育惩戒"是学校或教师为了达到教育目的、避免失范行为再次发生,依法对学生的违法违规行为进行否定性评价的一种辅助教育手段,既包括纪律性处罚,又包括学业性处罚。凡依照法律或校规规定之种类、程序而实施的惩戒行为,都不是体罚;凡体罚皆属违法行为。2021 年 3 月,教育部颁布的《中小学教育惩戒规则(试行)》(以下简称《惩戒规则》)正式施行。《惩戒规则》指出:"教育惩戒,是指学校、教师基于教育目的,对违规违纪学生进行管理、训导或者以规定方式予以矫治,促使学生引以为戒、认识和改正错误的教育行为。"其列举了可对学生实施教育惩戒的六项情形,规定了点名批评、责令赔礼道歉等具体惩戒措施,并明确教师在实施教育惩戒时不得有

---

① 参见褚宏启:《中小学法律问题分析(理论篇)》,红旗出版社 2003 年版,第 149 页。

② 参见申素平:《教育法学:原理、规范与应用》,教育科学出版社 2009 年版,第 271 页。

体罚、变相体罚、侵犯学生人格尊严等行为,同时,建立了学生及其家长维权和救济的机制。此外,《惩戒规则》还授权学校制定、完善校规校纪,健全实施教育惩戒的具体情形和规则。总之,《惩戒规则》的出台丰富了现有的教育惩戒权规范体系,明确了惩戒权的性质、充实了教育惩戒的类型、明确了授权学校制定校规的规定,这些措施有利于提高教育惩戒权的可操作性,为教师行使惩戒权提供了具体的规范依据,有利于促进依法治教。

四、中小学生的法律地位

原告严某原系被告某区第一中学初一学生。2000年,原告与同学岳某等人到操场沙坑处攀抓吊杠,未抓稳横杠而摔下。因沙坑未填放砂土等安全材料,原告摔倒在露出的中立柱下端横杠上。翌日,原告到医院诊治。经诊断,原告左肾破裂、无法修补,征得家属同意后,行左肾切除术。后经市法医鉴定中心鉴定,构成六级伤残。原告遂将学校起诉,要求赔偿医疗费、鉴定费等。法院判决,原告因受伤而造成医疗费、鉴定费、住院伙食补助费等经济损失共计52134.47元,由原告承担28675元,被告承担23459.47元。[①]

限制民事行为能力人在学校或者其他教育机构学习、生活期间受到人身损害,学校或者其他教育机构未尽到教育、管理职责的,应当承担侵权责任。本案中,原告严某为限制民事行为能力人,其对于自己攀抓吊杠行为可能产生的危害后果有一定程度的认识,应对此危害后果负主要责任。被告未在沙坑填放安全材料,未完全尽到管理职责,应对损害后果予以适当赔偿。

(一)中小学生法律地位的概念界定

法学范畴中的"学生"指根据教育法律法规的相关规定,在法定学龄期间,满足学校等正规教育机构设定的入学资格,并取得相应学籍的受教育对象。"学生的法律地位"指学生以其权利能力和行为能力在具体法律关系中取得的一种法律主体资格。[②]

---

① 参见徐兴旺、曾文革主编:《教育法案例评析》,对外经济贸易大学出版社2010年版,第92—93页。
② 参见余雅风:《学生权利与义务》,江苏教育出版社2012年版,第30页。

1. 中小学生的基础性法律地位

在宪法层面,中小学生的法律地位是公民。我国《宪法》第33条第1款规定:"凡具有中华人民共和国国籍的人都是中华人民共和国公民。"根据《宪法》第33条第2款和第4款之规定,每一个学生在法律面前一律平等,平等地享有宪法和法律规定的权利,也必须履行宪法和法律规定的义务。《宪法》第二章"公民的基本权利和义务"共24个条文,对于学生而言,均有相应的适用空间。

中小学生的另一基础性法律地位是受教育者。我国《宪法》第46条第1款及《教育法》第9条第1款均明确规定:"中华人民共和国公民有受教育的权利和义务。"《义务教育法》第4条规定了公民依法接受义务教育的权利。此外,《教育法》第五章还专门以"受教育者"为标题,用9个条文系统规定受教育者所享有的权利与义务。以上规范反映出学生所享有的"受教育者"的主体地位,也凸显出"受教育者"与"受教育权"相互统一、不可分割的特性。

2. 未成年学生身份的特殊性

虽然在理论上不宜将"未成年人"视为"学生法律地位"的一种独立类型,但毋庸置疑,"未成年学生"这一身份具有特殊性。一方面,法律规范涉及"未成年人"的一系列特殊规定,均可无条件地适用于不满十八周岁的学生;另一方面,有一些更加特殊的法律规范,则只能专门适用于"未成年学生",而并不适用于非学生的其他未成年群体。譬如,《中华人民共和国预防未成年人犯罪法》(以下简称《预防未成年人犯罪法》)多处明确使用"未成年学生"的表述。《未成年人保护法》第三章则以"学校保护"为专题,全面系统地规定了学校为促进"未成年学生"全面发展所应承担的一系列法律义务。

(二)中小学生的民事法律地位

学生的民事法律地位,指由民事法律规范所确认的学生的民事主体资格。根据我国《民法典》的相关规定,民事主体具体包括自然人、法人和非法人组织,而学生当然只能为"自然人"。在不同的民事法律关系下,不同学生所享有的民事法律地位亦有所差别。

1. 完全民事行为能力人、限制民事行为能力人、无民事行为能力人

一方面,根据《民法典》第13条和第14条之规定,所有学生从出生时起至死亡时止,均享有完全平等的民事权利能力;另一方面,根据《民法典》第18条至第22条之规定,不同学生因其年龄与辨认能力存在差异,则可能分别为完全民事行为能力人、

限制民事行为能力人和无民事行为能力人。《民法典》以8周岁、18周岁作为划分无民事行为能力人、限制民事行为能力人、完全民事行为能力人的年龄基准。不同的行为能力则直接决定了行为人所实施民事法律行为的法律效力。具体而言,不满8周岁的幼儿园或低年级小学生为无民事行为能力人,其实施的民事法律行为无效,须由其法定代理人代理实施;8周岁以上、不满18周岁的未成年学生则为限制民事行为能力人,其所实施的民事法律行为原则上须经法定代理人代理或经其同意、追认,但存在相应的例外,即其可以独立实施纯获利益的民事法律行为或者与其年龄、智力相适应的民事法律行为。

此外,监护制度与民事行为能力密切相关。对于限制民事行为能力或无民事行为能力的未成年学生而言,父母就是他们的法定监护人,此时学生本人即处于被监护人的法律地位。监护人不仅要代理被监护人实施民事法律行为,还承担着保护被监护人人身权利、财产权利及其他合法权益的重要职责。

2. 合同当事人

学生作为民事主体,一旦涉足合同法律关系,便享有"合同当事人"的法律地位,《民法典》合同编的一系列原则及规则对其皆有适用之空间。尤其是具有完全民事行为能力的学生,拥有自由订立合同的充分权利,同时应受到依法成立合同之约束。①

学生与学校之间的法律关系较为复杂。一方面,就入学关系而言,私立学校的入学关系,可以被看作学生与学校之间成立的以教育为内容的民事合同法律关系。②另一方面,就在学关系而言,学校向学生收取书费、住宿费、自愿组团出行的春游费等,并向其提供相应的产品与服务,也反映了二者之间形成的民事合同法律关系。③司法实践中,因教育合同法律关系而产生的民事纠纷屡见不鲜,此时,作为"合同当事人"的学生便可以依法行使自己的民事权利及诉讼权利。

3. 侵权人或被侵权人

(1) 未成年学生为"侵权人"的情形:监护人责任

《民法典》第1188条第1款规定确立了我国的监护人责任制度:"无民事行为能力人、限制民事行为能力人造成他人损害的,由监护人承担侵权责任。监护人尽到监

---

① 依法成立的合同,对当事人具有法律约束力。这在理论上也被称为"合同神圣和合同严守原则"。参见韩世远:《合同法总论》,法律出版社2018年版,第58—59页。

② 参见张弛、韩强:《学校治理法治研究》,上海交通大学出版社2005年版,第69—73页。

③ 参见余雅风主编:《学生权利概论》,北京师范大学出版社2009年版,第172—190页。

护职责的,可以减轻其侵权责任。"据此,未成年学生若侵害他人民事权益,则应由监护人承担替代责任,且适用无过错责任的归责原则。①在实际的损害赔偿中,《民法典》第 1188 条第 2 款则又进一步分两种情形加以考量,即如果未成年学生有自己的财产,便"从其本人财产中支付赔偿费用;不足部分,由监护人赔偿"。就现行程序法的相关规定来看,在未成年学生侵权的案件中,应由学生本人与其监护人担任共同被告。②

(2)未成年学生为"被侵权人"的情形:教育机构责任

教育机构须承担对学生的保护和看管义务。如因其未尽教育或管理职责,而致未成年学生在学习、生活期间受到人身损害,便应承担相应的民事责任。③教育机构责任可分为两类,即校内侵害责任和校外侵害责任。校内侵害责任有两种情形。无民事行为能力的学生在教育机构学习、生活期间,因教育机构内部人或物的因素遭受损害,适用过错推定原则;限制民事行为能力的学生遭受损害,则适用过错责任原则。校外侵害指未成年学生在教育机构学习、生活期间,受到教育机构以外的人员人身损害的情形。毋庸置疑,侵权人须承担侵权责任。但如果教育机构未尽到管理职责,则也须承担相应的补充责任。④

(三)中小学生的行政法律地位

在行政法律关系中,学生的法律地位为"行政相对人"。在不同的行政救济法律关系中,学生具有"申诉人""行政复议申请人""行政诉讼原告"等不同法律地位。

1. 行政相对人

学生如果违反相关行政法律法规,需要依法承担相应的行政法律责任,但法律对未成年学生通常给予特殊的优待。譬如,《行政处罚法》第 30 条规定:"不满十四周岁的未成年人有违法行为的,不予行政处罚,责令监护人加以管教;已满十四周岁不满十八周岁的未成年人有违法行为的,应当从轻或者减轻行政处罚。"在此种行政处罚

---

① 另有学者认为,监护人责任的归责原则是过错推定原则,并以公平责任作补充。参见杨立新主编:《侵权责任法》,复旦大学出版社 2016 年版,第 248 页。

② 参见《最高人民法院关于适用〈中华人民共和国民事诉讼法〉的解释》第 67 条:"无民事行为能力人、限制民事行为能力人造成他人损害的,无民事行为能力人、限制民事行为能力人及其监护人为共同被告。"

③ 2002 年教育部发布的《学生伤害事故处理办法》第 9 条便明确指出,因 11 种情形造成的学生伤害事故,学校应当依法承担相应责任。2020 年通过的《民法典》则利用第 1199 条、第 1200 条、第 1201 条这三个条文,将教育机构的侵权责任进一步分类细化。

④ 对教育机构责任的系统分析,可参见王利明:《侵权责任法研究·下卷》,中国人民大学出版社 2016 年版,第 181—208 页。

法律关系中,实施处罚者为行政主体,与之相对的被处罚学生便为"行政相对人"。当然,除了行政处罚之外,学生还有可能因行政许可、行政给付、行政命令、行政征收、行政强制等各类行政行为与行政机关产生相应法律关系,由此具有"行政相对人"的法律地位。

2. 行政相对人的行政救济途径

(1) 申诉人

我国《教育法》第 43 条第 4 项规定,受教育者"对学校给予的处分不服向有关部门提出申诉"。实践中,一些地方规范性文件进一步细化了中小学生的申诉权。如《北京市中小学学生奖励和处分办法》第 25 条至第 28 条专门规定了学生处分申诉制度的设置、申诉方式及程序等。

(2) 行政复议申请人

我国相关教育法律法规并未规定行政复议制度,但对于学生而言,该制度在特定情形下仍有适用之空间。根据《行政复议法》第 11 条第 11 项之规定,如果学生申请行政机关履行保护其受教育权利的法定职责,但行政机关没有依法履行的,学生便有权提起行政复议。

(3) 行政诉讼原告

义务教育阶段的中小学虽然可以对学生作出处分,但是其处分只是一种内部管理行为,不能像高校一样作出开除学籍的决定,因而不具有行政主体的地位。非义务教育阶段的高级中学在学籍管理与学生处分上具有与高校相近的自主权,可以作出开除学籍的处分,具有行政主体的地位。如果学生对相关处分不服,可以提起行政诉讼。此时,学生的法律地位为行政诉讼原告。

(四) 中小学生的刑事法律地位

中小学生可能因被犯罪行为侵害而成为刑事诉讼中的"被害人",也可能由于实施犯罪行为而成为刑事诉讼中的"被告人"或"犯罪嫌疑人"。

1. 被害人

在刑事诉讼中,遭受犯罪行为侵害的中小学生的法律地位为"被害人"。《刑事诉讼法》赋予刑事"被害人"以独立的诉讼当事人地位,享有广泛的诉讼权利,同时也须承担某些法定的特殊义务。考虑到未成年学生处于弱势地位,而犯罪行为具有极大恶性,我国的相关法律法规格外注意加强对未成年被害人的特殊保护。例如,《未成年人保护法》第 111 条规定:"公安机关、人民检察院、人民法院应当与其他有关政府部门、人民团体、社会组织互相配合,对遭受性侵害或者暴力伤害的未成年被害人及其家庭实施必要的心理干预、经济救助、法律援助、转学安置等保护措施。"自2013年以来,我国连续发布多个政策文件或司法解释,如《教育部、公安部、共青团中央、全国妇联关于做好预防少年儿童遭受性侵工作的意见》《最高人民法院、最高人民检察院、公安部、司法部关于依法惩治性侵害未成年人犯罪的意见》《国务院办公厅关于加强中小学幼儿园安全风险防控体系建设的意见》等,均要求严厉打击涉及侵害未成年学生的违法犯罪行为,依法保护未成年学生的合法权益。

2.被告人(犯罪嫌疑人)

从刑事实体法的角度来看,我国《刑法》对刑事责任年龄多个阶段的规定,体现了对未成年人的特殊保护。具体而言,"已满十六周岁的人犯罪,应当负刑事责任。已满十四周岁不满十六周岁的人,犯故意杀人、故意伤害致人重伤或者死亡、强奸、抢劫、贩卖毒品、放火、爆炸、投放危险物质罪的,应当负刑事责任。已满十二周岁不满十四周岁的人,犯故意杀人、故意伤害罪,致人死亡或者以特别残忍手段致人重伤造成严重残疾,情节恶劣,经最高人民检察院核准追诉的,应当负刑事责任。对依照前三款规定追究刑事责任的不满十八周岁的人,应当从轻或者减轻处罚"。

从刑事诉讼法的角度来看,学生如果因涉嫌犯罪行为而被追诉,其在检察机关向法院提起公诉以前被称为"犯罪嫌疑人",在提起公诉以后,则被称为"被告人"。[1]基于未成年人的不成熟性和较强可塑性,我国《刑事诉讼法》第五编以专章的形式规定了"未成年人刑事案件诉讼程序"。此外,《未成年人保护法》《预防未成年人犯罪法》及相关司法解释亦对此作出专门规定,共同构建了一套不同于成年人刑事案件的诉讼程序。

五、中小学教师的法律地位

叶某在1996年被F市教育局聘任为洋埔小学教师。2002年叶某因犯挪用公款罪,被判免予刑事处罚。是故,市人事局作出《关于辞退叶某同志的通知》(以下简称

---

[1] 关于犯罪嫌疑人与被告人的区分,以及他们的诉讼地位和权利义务,可具体参见陈光中主编:《刑事诉讼法》,北京大学出版社2016年版,第74—77页。

《通知》)。叶某认为市人事局所作处理决定越权,遂提起诉讼。被告辩称其为市政府授权的综合管理全市人事工作的职能部门,有权进行事业单位工作人员的辞退审批工作。一审法院认为,被告所作处理决定并未越权,判决维持原行政行为。叶某不服,提起上诉。二审法院认为,依据《教师法》第 37 条之规定,被上诉人所作辞退教师的决定已超越职权。因此,判决撤销一审行政判决及《通知》。①

行政相对人认为具体行政行为侵犯其合法权益时,可提起行政诉讼。教师作为事业单位的公职人员,可以成为行政诉讼原告。依据《教师法》第 37 条之规定,教师存在违法行为,应"由所在学校、其他教育机构或者教育行政部门给予行政处分或者解聘"。本案中,人事局对叶某作出辞退决定,属于超越职权的具体行政行为。

(一) 中小学教师法律地位的内涵与变迁

教师的法律地位是教师立法乃至教育立法的核心领域,其法律地位的明确将直接决定教师的权利、义务范畴,决定教师与学校、学生等教育主体的法律关系及权利救济形式,更决定着国家及学校针对教师的管理范式。②

1. 中小学教师法律地位的内涵

教师的法律地位即指教师以其权利能力和行为能力在法律关系中所具有的一种法律主体资格。中小学教师法律地位主要涉及中小学教师群体的法律身份、教师与相关主体的法律关系,以及法律中的教师权利义务等问题。③值得注意的是,教师的法律地位不同于教师的社会地位、人格地位。社会地位表明社会成员的社会分层状况,社会分层状况常常表明社会成员社会地位的高低,通过经济地位、政治地位、职业地位和社会声望等综合体现。④人格尊严不受侵犯是宪法赋予公民的基本权利,教师在人格上与其他公民一样受到法律的平等保护。教师作为一种特殊职业群体,其法律地位则必须是法律专门确认的,其性质为依法取得教师资格、与学校签订聘任合同并专门从事教育教学活动的公民。

2. 从"专业人员"到"公职人员"

在计划经济时代,中小学教师具有国家干部身份,与政府之间是内部行政法律关系。改革开放后,中央进行人事制度改革,教育领域开始引入教师聘任制。1994 年

① 参见政府行政执法研究会编:《教育纠纷典型案例评析全集》上册,延边人民出版社 2005 年版,第 469—472 页。
② 陈鹏、李莹:《国家特殊公职人员:公办中小学教师法律地位的新定位》,载《教育研究》2020 年第 12 期。
③ 余雅风、王祈然:《教师的法律地位研究》,载《华东师范大学学报(教育科学版)》2021 年第 1 期。
④ 劳凯声、郑新蓉等:《规矩方圆:教育管理与法律》,中国铁道出版社 1997 年版,第 244 页。

施行的《教师法》第 3 条规定"教师是履行教育教学职责的专业人员",通过专业人员、聘任制、工资待遇等规定,将教师与公务员剥离,确立了教师事业单位专业人员的身份及其权利义务。然而,由于公共财政一体性保障的缺乏,中小学教师福利待遇难以落实。在此背景下,学界开启对《教师法》确立的教师法律地位的质疑,以及对相关问题的讨论。2018 年 1 月,《中共中央、国务院关于全面深化新时代教师队伍建设改革的意见》(以下简称《教师改革意见》),确立了教师在承担国家使命和公共教育服务中的重要作用,提出"确立公办中小学教师作为国家公职人员特殊的法律地位"。

(二) 公办中小学教师的法律地位

公办中小学教师显著的公务要素决定其与国家公职人员身份属性的契合。公办中小学教师不同于普通的国家公职人员,相较之下,前者具备一般公职人员不具备的自由性、道德性等特质。

1. 国家公职人员

2018 年发布的《教师改革意见》明确了公办中小学教师"国家特殊公职人员"的法律地位;2021 年 11 月,教育部发布的《教师法(修订草案)(征求意见稿)》第 13 条关于"公办中小学教师是国家公职人员,依据规范公职人员的相关法律规定,享有相应权利,履行相应义务。各级人民政府及其有关部门应当依法加强对公办中小学教师的保障和管理"的规定再次明确了公办中小学教师国家特殊公职人员的身份定位。我国公办中小学教师作为国家公职人员具备合理性,因为其身份获得具备公务要素。公办中小学教师的资格准入、编制核定、工资发放等方面,均体现出浓郁的公务性质。

2. 公办中小学教师的法律地位的特殊性

首先,公办中小学教师的职业自由度较强。《教师法》规定教师是履行教育教学职责的专业人员,意味着公办中小学教师具备公务性与专业性的双重属性,二者相互交融、不可分割。这在逻辑上要求教师的专业性与专业发展应当获得充分的尊重,并由立法来严格保护。同时,公办中小学教师的教学活动具有较大的自由度,很多情况下教师需要自主地展开价值判断。[①]这与国家公职人员自由裁量权较少的事实形成了鲜明对比。

其次,公办中小学教师须承担道德性责任义务。公办中小学教师面对的对象是心智尚未成熟的未成年人,教师的一举一动都对学生具有强烈的影响力和示范性,这

---

① 劳凯声、蒋建华主编:《教育政策与法律概论》,北京师范大学出版社 2015 年版,第 323 页。

要求教师必须"学高为师、身正为范",发挥好示范效应,用正确的思想与言行来正确引导学生,以高度的道德自觉性正确启发学生。

最后,公办中小学教师纠纷具备行政可诉性。普通国家公职人员与其单位之间的纠纷是不具备行政可诉性的,这源于内部行政行为不可诉的理论逻辑。但公办中小学教师与学校之间的关系并不是纯粹的行政隶属法律关系。我国事业单位人事制度改革遵循了"政事分开、政企分开"的原则,公办中小学教师所在的学校是事业单位而非政府部门,所以,公办中小学教师是事业单位而非行政机关的公职人员。《行政诉讼法》并未将事业单位的内部管理行为排除在行政诉讼的受案范围之外。因此,公办中小学教师国家公职人员的身份定位并不影响其享有作为行政诉讼原告的资格。

(三)民办中小学教师的法律地位

民办中小学教师的法律地位较为复杂,其法律表达与实践并不一致。从立法上看,其法律地位应与公办中小学教师相同,但学界对此有所质疑。

1. 法律表达与学界讨论

《民办教育促进法》第 28 条规定:"民办学校的教师、受教育者与公办学校的教师、受教育者具有同等的法律地位。"第 32 条规定:"民办学校教职工在业务培训、职务聘任、教龄和工龄计算、表彰奖励、社会活动等方面依法享有与公办学校教职工同等权利。"所以,既然公办中小学教师的法律地位已是国家特殊公职人员,那么,按照上述"具有同等法律地位"的立法要求,民办中小学教师的法律地位也应当被定位为国家特殊公职人员。

有学者认为,民办中小学教师的工资主要由民办学校自己支出,更偏向于市场化的管理,因而其教师的法律地位为"民办非企业职员"。[1]也有学者持相似意见,认为民办中小学教师属于"学校雇员"。因为民办学校是利用非国家财政性经费,面向社会举办的学校,具有民事法人的性质。虽然营利民办学校与非营利民办学校存有公共性差异,但其教师都与民办学校形成了事实上的劳动关系,故而民办学校的教师为学校雇员。[2]

2. 民办与公办学校教师同等法律地位之思

有学者认为,《民办教育促进法》所规定的民办与公办学校教师同等法律地位的

---

[1] 李廷洲等:《我国公办、民办中小学教师流动的主要特征、趋势与政策分析》,载《教育发展研究》2020 年第 12 期。

[2] 余雅风、王祈然:《教师的法律地位研究》,载《华东师范大学学报(教育科学版)》2021 年第 1 期。

表述,有将法律地位用作人格地位之嫌。无论是在法律身份、法定权益还是与相关主体的法律关系上,民办学校教师都具有特殊性。①此外,法律地位的等同仅仅是一种由立法保障的形式公正,但结果上两类教师的地位能否真正等同,则不仅取决于立法的规定,还取决于社会的认同。实践中,民办中小学教师的法律地位与公办中小学教师的法律地位往往并不一样,相关立法的规定往往难以落实,民办中小学教师的权益因而得不到保障。甚至在很多人眼中,民办中小学教师就是比公办中小学教师"地位低",这是亟需扭转的不良看法。

当前,我国民办教育的发展重点正在从过去的数量扩张转变到当下的质量提升,这对于强调民办中小学教师的社会地位而言是一个良好的契机。一方面,民办中小学应充分正视自身与公办中小学之间的差异和差距,形成本校在教育教学方面的特色,确保教师权益得到有力保障,使学校发展具有扎实的后盾保障;另一方面,政府有关部门必须为民办中小学的发展营造良好的政策与社会环境,完善相关法规建设,尤其是引导社会正确地审视民办教育,消除社会中的偏见,为民办教育的发展构造理性、客观、友善的生存空间。

六、未成年学生监护人的法律地位

2017年,学生冯某某(17岁)向同学李某某(15岁)借款8220元,届期只偿还部分借款,尚欠6500元。李某某追讨未果,遂与其母罗某于2018年向法院提起诉讼。在审理过程中,依法追加冯某某的母亲陈某作为被告。法院认为,冯某某借款数额较大,与其年龄、智力不相适应,且其父对借款行为不予追认,因此,借款行为应属无效;同时,根据《民法典》第157条之规定,结合被告实际情况,由冯某某父母负责返还借款。②

《民法典》第145条第1款规定:"限制民事行为能力人实施的纯获利益的民事法律行为或者与其年龄、智力、精神健康状况相适应的民事法律行为有效;实施的其他民事法律行为经法定代理人同意或者追认后有效。"本案中,被告冯某某借款数额较

---

① 余雅风、王祈然:《教师的法律地位研究》,载《华东师范大学学报(教育科学版)》2021年第1期。
② 李某某诉冯某某民间借贷纠纷案,广东省郁南县人民法院(2018)粤5322民初87号民事判决书。

大,与其年龄、智力不相适应,且其父对借款行为不予追认,借款行为应属无效,借款应由其负责返还,因其尚未满十八周岁,未有证据证实其有经济生活来源,故借款由冯某某的父母负责返还。

（一）未成年学生监护人的界定

未成年学生监护人是教育法律关系中的重要主体。界定"未成年学生监护人"的概念,明晰其法律地位,需先对"学生""未成年人""监护人"等概念逐一考察。

1. 未成年学生的概念界定

在教育法学中,学生身份的取得需满足两项条件:一是学生应在依法设立、具备教学资质的学校或教育机构完成登记注册;二是在学校或教育机构能够查询到学生的学业档案。①《学前教育法（草案）》（2023 年）第 2 条规定:"本法所称学前教育,指由幼儿园等学前教育机构对三周岁到入小学前的儿童（以下称学前儿童）实施的保育和教育。"据此可知,未成年学生的年龄下限为三周岁。因而法学视角下的"未成年学生"指年满三周岁、不满十八周岁,满足学校等正规教育机构设定的入学资格,并取得相应学籍的受教育对象。

2. 未成年学生监护人的概念与主体性

"未成年学生监护人"是近年来教育法学研究中提出的概念。此前,在法学、教育学研究中多使用"父母""父母或其他监护人""监护人""家长""家庭"等概念。其中,"父母""监护人""父母或其他监护人"多在法学领域使用,其概念相对精确,指特定的自然人或法人。上述概念在《儿童权利公约》《宪法》《民法典》《教育法》《义务教育法》等法律规范中均有规定。而"家长""家庭"则多在教育学和相关教育政策文件中使用,其对象范围相对模糊。

依据《民法典》第 27 条、第 28 条、第 29 条和第 31 条的规定,可以取得监护人身份的主体包括:被监护人的父母、祖父母、外祖父母、兄姐、其他愿意担任监护人的个人或组织、民政部门、被监护人住所地的居民委员会和村民委员会,以及委托监护人或遗嘱监护人。

因此,未成年学生监护人的范围主要包括负责监护年满三周岁、不满十八周岁,依法取得学籍,在幼儿园、小学、中学或大学接受教育的学生的父母、祖父母、外祖父母、兄姐、其他愿意担任监护人的个人或组织、民政部门、未成年学生住所地的居民委

---

① 参见张维平、石连海主编:《教育法学》,人民教育出版社 2008 年版,第 239 页。

员会和村民委员会以及委托监护人或遗嘱监护人。简言之,未成年学生监护人是三周岁至十七周岁在校接受教育的学生的父母及其他监护人的统称。[1]为论述方便,本书亦简称监护人。

未成年学生监护人在教育法律关系中具备主体地位,其主要原因有二。第一,未成年学生监护人在教育法律关系中是以自己的名义独立参与诉讼活动,不论是在民事、行政还是刑事诉讼或行政复议程序中,未成年学生监护人均是以未成年人的法定代理人的身份参与诉讼程序,是具有独立地位的诉讼参与人。第二,未成年学生监护人能够依据自己的自由意志作出影响未成年学生的各项决定。未成年学生监护人的行为能够引起教育法律关系的变动,如未成年学生监护人可以作出自主决定未成年学生就读公立学校还是私立学校,自主办理未成年学生的入学、住校手续等与学校建立教育法律关系的行为。

(二) 各类法律关系中监护人的法律地位

在涉及未成年学生教育的法律关系中,监护人是以未成年人的法定代理人身份出现的,是保障未成年学生受教育权最重要的主体。

1. 民事法律关系中的监护人法律地位

在教育合同法律关系中,未成年学生监护人是合同当事人或合同当事人的法定代理人。当未成年学生监护人在与寄宿制学校签订学生住宿合同或签订涉及为被监护人的教育提供相关服务的合同时,未成年学生监护人属于合同当事人,享有合同法当事人的权利与义务。当未成年学生作出法律行为时,应当区别对待:当未成年人是无民事行为能力人时,其所作出的法律行为无效,其民事法律行为应由其法定代理人代理;当未成年人是限制民事行为能力人时,限制民事行为能力人作出的与其年龄、智力、精神健康状况相适应的法律行为及使其纯获利益的法律行为应为有效,交付学费、课程费等由法定代理人预定使用目的的金钱给付行为在法律上有效,其余作出的民事法律行为须得到法定代理人代理或征得法定代理人同意或追认方为有效。[2]

在民事侵权损害赔偿法律关系中,当未成年学生是侵权案件的直接受害人时,未成年学生监护人可以作为直接受害人的法定代理人参与诉讼;当未成年学生是侵权案件的加害人时,由未成年学生法定代理人作为未成年学生的替代责任人承担侵权损害赔偿责任。

---

① 姚建龙、刘悦:《教育法视野中的未成年学生监护人》,载《华东师范大学学报(教育科学版)》2021 年第 1 期。
② 参见梁慧星:《民法总论(第 5 版)》,法律出版社 2017 年版,第 104 页。

2. 行政法律关系中的监护人法律地位

未成年学生监护人作为行政相对人的法定代理人参与行政法律关系时,可以代为申请行政复议,或在行政诉讼中代为诉讼。未成年学生监护人认为教育行政部门未履行保护未成年学生受教育权利的法定职责、侵犯学生的人身权及财产权等合法权益或是行政给付未履行的,可依法申请行政复议或者提起行政诉讼。

3. 刑事法律关系中的监护人法律地位

《刑事诉讼法》第 108 条第 3 款规定:"'法定代理人'是指被代理人的父母、养父母、监护人和负有保护责任的机关、团体的代表。"第 281 条第 1 款规定:"对于未成年人刑事案件,在讯问和审判的时候,应当通知未成年犯罪嫌疑人、被告人的法定代理人到场……到场的法定代理人可以代为行使未成年犯罪嫌疑人、被告人的诉讼权利。"当未成年学生成为刑事诉讼中的"被害人"或"加害人"时,监护人即以未成年学生的法定代理人的身份参与诉讼程序,其为具有独立地位的诉讼参与人。

(三) 未成年学生监护人教育权的双重属性

监护权具有权利、义务二重属性,作为监护权重要组成部分的教育权,同样具有权利与义务的双重属性,并且这种二重性已被《民法典》第 1068 条所确认:"父母有教育、保护未成年子女的权利和义务。"

1. 未成年学生监护人教育权的权利属性

未成年学生监护人有权通过家庭教育的方式,直接对未成年学生进行教育、引导和产生积极影响。实践中,监护人教育未成年子女的权利主要是通过间接行使教育权,即通过学校教育、国家教育来实现的。换言之,监护人可以共享学校教育权和国家教育权。具体而言,一方面,未成年学生监护人享有对学校教育的选择权、知情权和管理参与权等权利。譬如《教育法》第 30 条第 4 款规定学校及其他教育机构应当"以适当方式为受教育者及其监护人了解受教育者的学业成绩及其他有关情况提供便利",又如《中小学幼儿园安全管理办法》第 24 条规定"学校应当建立学生安全信息通报制度",及时将学生异常情况告知其监护人。另一方面,对于国家教育而言,未成年学生监护人也享有知情权、建议权等权利。国家教育主要是通过颁布教育法律、制定基本教育制度、建立教育行政部门和机构,以及监管、规制学校教育等方式实现。在此过程中,未成年学生监护人对于与其权利相关的事项享有知悉权和发表建议的权利。

2. 未成年学生监护人教育权的义务属性

尽管监护人教育未成年子女具有权利属性,但从法律规定来看,其更具有义务属性。在保障未成年学生受教育权的责任方面,监护人具有不可替代甚至是首要的地位。监护人教育权的设定也是为了更好地保障未成年学生的受教育权。从未成年学生监护人教育权的发展来看,其具有从权利属性为主向义务属性为主转变的特点。有学者认为,在我国现行教育法中,监护人对于未成年子女的教育主要是以"义务"而非"权利"的属性存在。①《教育法》《义务教育法》《未成年人保护法》《民法典》等法律,均对监护人保障未成年学生受教育权的责任作出了明确规定。根据这些法律规定,监护人教育权的义务属性主要体现在三个方面:一是监护人有送适龄儿童入学接受义务教育的义务;二是监护人有为未成年学生受教育提供必要条件的义务;三是监护人有配合学校对未成年学生进行教育、管理和保护的义务。

七、本 章 小 结

近年来,基础教育法学研究逐渐深化,跨学科交叉研究、实证研究与域外经验研究方兴未艾,学界在中小学校园治理和教育惩戒的探索实践、未成年人权益保护与犯罪预防的综合治理等领域产出大量成果。同时,学界辨明了公办中小学学校的民事法律地位、教育惩戒的基本内涵、公办中小学教师的法律地位,对此类问题达成了较为一致的意见。但值得注意的是,在基础教育法律建设与法学研究中,仍有大量悬而未决的重要问题。譬如对于不能独立承担责任的公办中小学而言,其民事权利义务有待立法明确,且其诉讼主体地位也不够清晰。中小学的行政法律地位仍需进一步明晰,指导学校管理师生的规范性文件较为散乱,在未来的教育立法中需进一步整合。另有学者指出,《民办教育促进法》所规定的民办与公办学校教师同等法律地位的表述,有将法律地位用作人格地位之嫌②,在今后的研究中应注意民办学校教师的特殊性。展望未来,学界将持续关注《教师法》修订进展,研究新法的修改精神与具体制度;也将继续考察《义务教育法》《教师法》《未成年人保护法》《预防未成年人犯罪法》等教育单行法与教育法典的关系,探究其融入法典时的体例与内容安排。在方法上,学界应探索引入社会学、经济学等学科的理论,以司法经验反哺立法表达,译介域外发展基础教育法学的优秀经验,以期推进我国基础教育法治建设。

---

① 姚建龙、刘悦:《教育法视野中的未成年学生监护人》,载《华东师范大学学报(教育科学版)》2021年第1期。
② 余雅风、王祈然:《教师的法律地位研究》,载《华东师范大学学报(教育科学版)》2021年第1期。

第四章

高等教育法学

高等教育指在完成中等教育基础上实施的教育。高等教育既包括学历教育又包括非学历教育，高等学历教育分为专科教育、本科教育和研究生教育。高等教育的形式既包括全日制又包括非全日制，国家支持采用广播、电视、函授及其他远程教育方式实施高等教育。国家为了发展高等教育事业，实施科教兴国战略，促进社会主义物质文明和精神文明建设，根据《宪法》和《教育法》，制定《中华人民共和国高等教育法》（以下简称《高等教育法》）。高等教育法学是教育法学的分支学科，它以高等教育活动中的法律关系、法律规范、法律制度、法治意识等为研究对象。

一、前　言

高等教育法学的研究内容在不同的历史时期有不同的侧重点，大致可以分为以下三个方面。第一，关于高等教育法的基础理论研究。这些研究是高等教育法学的基础与核心，也是高等教育法律制度建设的理论指导。此方面研究聚焦高校法律地位、高校与政府的法律关系、高校与教师的法律关系、高校与学生的法律关系、高校自主权的法律属性以及高校法人治理结构的厘清等基本理论问题。第二，关于高等教育法的实施研究。这些研究主要涉及高等教育法律规范的制定、修订、解释与适用等问题。此方面从立法与司法适用的角度，考察高等教育法的运行。第三，关于高等教育法的比较与创新研究。这些研究主要涉及中外高等教育法律制度的比较研究，以及高等教育法律制度的创新和完善问题。

我国高等教育法学研究内容的发展趋势，大致可以分为以下三个阶段。

第一,萌芽阶段。1978年到1998年前后,高等教育法学的研究内容集中在高等教育法的概念、性质、功能、原则、体系、立法模式等基础理论问题上,主要以高等教育法与宪法、教育法、职业教育法、义务教育法等相关法律的关系和学术自由、学位制度、高校办学自主权等相关法律问题为重点。1980年颁布的《学位条例》与1998年颁布的《高等教育法》构成规范我国高等教育活动的两部法律。这两部法律的颁布实施,明确了高等教育的性质和任务,规定了高等教育的管理体制和运行机制,保障了高校和师生的合法权益,促进了高等教育的改革和发展。

第二,发展阶段。1998年到2018年前后,高等教育法学的研究更多关注高等教育法的实践运用和实施效果,尤其是高等教育法与社会主义市场经济、科技创新、国际交流合作、社会公平正义等现实问题之间的关系。在这一时期,《学位条例》和《高等教育法》的修订,分别对学位制度和高等教育管理制度进行了调整和完善,使其更适应经济社会发展和科技进步的需要,提升了高等教育的质量和水平。

第三,成熟阶段。2018年之后,高等教育法学的研究在适应新时代高等教育改革发展的需要下,开始探索高等教育法的新模式、新机制,尤其是高等教育法对国家治理体系、社会主义核心价值观、乡村振兴战略、生态文明建设、网络空间治理等重大战略问题的协调和促进作用。2019年全国人民代表大会常务委员会执法检查组发布了《关于检查〈中华人民共和国高等教育法〉实施情况的报告》,这是《高等教育法》颁布以来首次开展的执法检查。前述实践探索为《高等教育法》的修改指明了方向。高等教育的目标、内容、形式、标准、评估、监督等方面的进一步完善,适应了高等教育的多样化、开放化、国际化和信息化的趋势,推动了高等教育的创新和转型。

长期以来,我国高等教育法学研究的地位尚未凸显,法学界倾向于将高等教育法学研究作为行政法学的分支和参照领域,而缺乏对其独立性和特殊性的深刻认知。高等教育法学研究总体上滞后于高等教育领域法治的实践诉求。①因此,亟需进一步开展多维度的高等教育法学的理论研究和实践应用。

高等教育法学研究具有重要的意义和价值,主要表现在以下几个方面。第一,对于国家而言,高等教育法学研究有助于完善国家治理体系和能力,促进国家战略目标的实现,并保障国家安全和发展利益。第二,对于社会而言,高等教育法学研究有助于维护社会公平正义、增强社会文明和进步。第三,对于高校而言,高等教育法学研

---

① 参见姚荣:《当大学与法律相遇:高等教育法律研究的全球图景》,载《清华大学教育研究》2020年第1期。

究有助于厘清高校与国家、高校与教师、高校与学生之间的法律关系,进而有助于促进公立高等学校行政权力行使的法治化与规范化。第四,对于师生而言,高等教育法学研究有助于切实维护师生合法权益、促进师生专业发展。第五,对于法学研究而言,高等教育法学研究有助于拓展行政法学的研究领域,促进行政法学研究的精深化。①总之,学术界对高等教育法学的深入研究有助于推动我国高等教育体制改革,并为其提供方法论层面的指导。

二、高校与政府的法律关系

扩大与落实高校办学自主权,推动高等学校依法自主办学,是《高等教育法》的重要立法目的。当前,在高等教育领域"放管服"改革不断深入的背景下,高校办学自主权的法律保障逐渐增强。但是,相比于高校与政府关系法治化的理想状态,我国高校与政府之间的关系仍然存在诸多非法治化的特征。推动高等教育治理体系与治理能力的现代化,亟待明晰我国高校与政府之间的法律关系,以及厘清高校法人在公法与私法上的权利能力和责任。

以西北政法大学"申博案"为例来看政府与高校的法律关系。

2009年1月,教育部公布了2008年度高校新增博士学位授权点的审核结果。西北政法大学所申请的法学一级学科博士点未能通过。西北政法大学认为教育部的不予通过其博士点申请的行为违反了《高等教育法》和《行政复议法》的相关规定,侵犯了其合法权益,因此向教育部提出了行政复议申请。这是我国教育领域内第一例高等学校作为复议申请人的行政复议案件。在北京市第一中级人民法院召开多次调解庭进行调解之后,双方和解,并达成了以下共识:教育部同意在2011年度增加陕西省博士授权点指标,并优先考虑西北政法大学;西北政法大学同意撤回行政复议申请,并尊重教育部对博士授权点设置的审核决定;双方同意加强沟通和协作,共同促进我国高等教育事业的发展。

案例中,西北政法大学为争取维护自身合法权益作出了努力,也为教育改革的推

① 参见湛中乐等主编:《公立高等学校法律问题研究》,法律出版社2009年版,第4—5页。

进作出了贡献，体现了教育部对高等学校发展需求和诉求的关注和支持，展现了司法机关对教育行政争议的调解和化解的能力和水平。案例反映出我国公立高校与政府之间的法律关系开始由传统的服从型关系向现代的合作型关系转变的趋势。

（一）我国公立高校与政府法律关系的变迁

在我国，政府与高校之间的法律关系历经多次变化和发展。第一阶段是从中华人民共和国成立初期到改革开放前，我国实行了苏联模式下的高等教育管理体制，我国政府与高校的关系基于计划经济形成了政府办高校，并以行政指令来管理高校的教育管理体制，政府对高校进行严格的控制和干预，而高校作为公法人，只能服从政府的安排和指令。在这种体制下，高校没有办学自主权，也没有提出行政复议或诉讼的可能性。第二阶段是在改革开放后，随着社会主义市场经济体制的建立和高等教育事业的发展，我国开始对高等教育管理体制进行一系列的改革和创新。[①]1985年5月，第一次全国教育工作会议讨论通过了《中共中央关于教育体制改革的决定》，这标志着我国政府与高校之间的关系开始发生转变。《高等教育法》的颁布，不仅首次以法律的形式明确了政府管理部门的权限分工，并第一次从法律上明确规定了高等学校的七大自主权利，从而确立了高校作为独立法人面向社会自主办学的法律基础。第三阶段，我国开始尝试构建政府与高校新型关系，这一时期我国要推进政校分开、管办分离。这一阶段的总体方向为适应中国国情和时代要求，建设依法办学、自主管理、民主监督、社会参与的现代学校制度，构建政府、学校、社会之间的新型关系，同时，"'放管服'改革的思路被引入高等教育治理之中，放权、监管与服务相结合，成为保障高校专业设置与调整政府监督与大学自主实现动态平衡的重要机制"。[②]

有学者指出，在"放管服"改革的背景下，对公立高校自主权的行政监督正在从"显性"走向"隐性"，从"高权管制"模式走向"监管型治理"模式。[③]但是，这种转变依旧受到传统的行政化体制的束缚。所谓的"监管型治理"仍被嵌在"高权管制"的传统体制约束之中，具有"较强的行政化、科层化与非法治化的特征"。[④]2019年《高等教

[①] 参见湛中乐、高俊杰：《我国公立高校与政府法律关系的变迁》，载《陕西师范大学学报（哲学社会科学版）》2010年第6期。

[②] 李战国、姚荣：《"放管服"背景下我国高校专业设置与调整的行政规制逻辑——基于政策工具的分析视角》，载《教育发展研究》2018年第1期。

[③] 姚荣：《迈向监管型治理：西方公立高校与政府关系变革的法律透视》，载《重庆高教研究》2018年第4期。

[④] 姚荣：《从合法性走向最佳性：公立高校与政府分权的逻辑嬗变》，载《湖南师范大学教育科学学报》2020年第6期。

育法》执法检查报告指出："我国'放管服'改革尚未完全落地。"①尽管《高等教育法》赋予了高等学校依法自主办学的权利，但是经检查发现，有的地方政府"放不下"，有的高校"接不住"。地方政府"放不下"体现在服务意识不强，推进改革仅仅停留在出台文件层面上。高校"接不住"体现在依法自主办学的能力不强，存在行政化的惯性思维，对学术权力与行政权力的界限认识比较模糊，教师代表大会和学术委员会作用没有得到很好的发挥。深化"放管服"改革，基础在学校，关键在政府。各级政府应简政放权、放管结合、优化服务，做到该放的真正放下去、该管的真正管起来。我国公立高校与政府的法律关系调整方向应从教育行政规制的合宪性、合法性转变为教育行政规制的实效性。

（二）高校与政府的法律监督关系

根据《高等教育法》的相关规定，政府是高校的监督机关，与高校之间形成法律监督关系。政府对高校的法律监督关系主要包括以下几个方面：一是政府监督事务的范围要由法律来确定。政府只能对法律规定的事项实施监督，超出法律规定的范围实施的监督没有根据，政府不得为法律未授予政府监督权限的事项。二是政府的监督方式还需法律加以规范。政府对于高校未遵守法律规定或未履行法律义务的行为，是可以直接采取措施请求其纠正错误，还是需通过其他机关请求高校予以变更，需要法律予以具体明确。三是法律要求高校有些决策需要得到政府批准，而批准本身就属于监督范围，但是政府怎么批准，也在监督范围内，这就需要政府建立问责制，转变"管控"职能。②政府对高校进行法律监督的内容，在《高等教育法》中进行了明确规定，但是关于法律监督的具体方式，《高等教育法》暂时还没有涉及。

当前，我国《学位法（草案）》也为高等学校与政府之间行政法律关系的变革提供了契机。以学位授权审核为例，学位授权审核具有行政许可的法律属性，昭示着学位授权审核将遵循许可法定的原则展开。学位授权审核的法治化，表明高校与政府之间的行政法律关系正在逐渐突破特别权力关系的束缚。

（三）高校与政府的行政指导关系

行政指导是非强制行政管理方式之一。政府和大学的行政指导关系指政府为实

---

① 《全国人民代表大会常务委员会执法检查组关于检查〈中华人民共和国高等教育法〉实施情况的报告》，2019 年 10 月 21 日第十三届全国人民代表大会常务委员会第十四次会议发布。

② 参见张湘姝：《高校"去行政化"问题研究——基于高校与政府之间的关系重塑》，载《兰州学刊》2018 年第 2 期。

现高等教育目标而依法对高校可行使的管理或者监督权,在法律范围内,采用非强制引导、鼓励、忠告、规劝、劝说、教育和引导等手段加以治理,以使高校认同或主动采纳政府意见而使相关意见付诸实践的一种关系。《高等教育法》针对政府高等教育宏观指导者的地位作了进一步界定,表明政府和高校的行政指导关系逐步形成。

具体而言,政府对高校进行行政指导,首要目的在于维护公共利益,防止出现损害公共利益的现象。政府对高校进行行政指导的过程中,双方形成调整性的行政指导的关系。这种关系清楚地表明高校在法律范围之内拥有自主权,高校在接受政府管理与监督时拥有自由意志。

目前,实践中多存在过于强调行政指导而忽视政府应当承担责任的情形,因此《高等教育法》应当重视政府相关责任的承担,在法治轨道上进一步明确高校和政府的义务[1],避免行政指导成为空谈或滥用权力的工具。

三、高校与教师的法律关系

高校教师有广义和狭义之分。狭义的高校教师指在高等教育中专门从事教育教学及科学研究工作的专业人员,实践中被称为"专任教师"。广义的高校教师除专任教师外,还包括教学管理人员和教学辅助人员。在高校与教师之间法律争议案件持续增多且案情日趋复杂的背景下,如何明晰高校与教师之间的法律关系,受到学术界和实务界的广泛关注。

以"郭某诉江南大学人事争议案"为例来看高校与教师的法律关系。

原告郭某于 2011 年 8 月份博士毕业后经江南大学引进,双方签订了聘用协议书(以下简称协议),同意郭某在江南大学理学院任职,该校向郭某提供了相应的工作和生活条件。双方在协议书第 5 条中约定郭某若从入职第二年起四年内未升任副教授,则自入职第五年 1 月 1 日起将不再领取江南大学工资、津贴和补贴,并办理离校手续。郭某于 2015 年 9 月份参加江南大学举办的副教授评审未通过。后郭某申请劳动仲裁,并向法院起诉请求继续执行与江南大学的协议书。一审法院认为,郭某与

---

① 参见姚荣:《国家角色与大学形象:高等教育治理变革的国际比较研究》,载《华东师范大学学报(教育科学版)》2023 年第 5 期。

江南大学签订的协议书合法有效。根据协议书第 5 条约定,郭某至 2015 年 12 月 31 日未能晋升为副教授,协议约定的终止条件出现,江南大学依据协议约定提出终止与郭某的人事关系并无不妥。二审法院认为,协议书第 5 条系双方对协议履行期间作的约定,即从郭某入校第二年起算四年届满协议到期,此后双方是否继续履行聘用关系,取决于郭某是否符合江南大学的聘用条件,如果在新聘期到来时郭某没有评上副教授,江南大学可以不予续聘郭某。故郭某提出要求继续履行协议的上诉请求没有事实依据,不予支持。①

此案涉及的争议焦点是"非升即走"制度的合理性及合法性问题。

(一) 高校与教师的劳动法律关系

高校教师的劳动法律关系具有双重属性,教师是公立高校事业单位编制人员的,属于人事法律关系;教师是私立高校或公立学校编制总量外聘用人员的,则属于劳动合同关系。案例中,郭某作为江南大学教师,在入职前与该校签订了劳动合同,郭某与该校首先存在着劳动法律关系,高校与教师的劳动法律关系影响着教师能否为高校继续工作及求得相应的报酬。

高校与教师的劳动法律关系受《中华人民共和国劳动合同法》(以下简称《劳动合同法》)调整与保护。根据该法第 2 条规定可知,企业、个体经济组织等与劳动者建立劳动关系,订立、履行、变更、解除或者终止劳动合同,都适用该法;同时,国家机关、事业单位等进行上述活动时也适用该法。高校作为事业单位,尽管在招聘录用时需要公权力介入,但本质上,教师作为劳动者仍然需要与高校签订劳动合同,形成劳动法律关系。因此,教师的合法权益应受到《劳动合同法》的保护。

高校教师的劳动法律关系具有以下特点。首先,高校与教师的劳动法律关系具有意思自治的特性。②教师以提供教育教学服务为主要劳动力付出方式,高校对是否任用教师拥有完全自主选择权,这种合作模式高度契合了劳动合同的属性。教师完成教学任务后,有权向高校领取薪金报酬和享受高校的各项福利。同时,高校也要提供相应的教学设备来协助他们进行教学,确保教师能够在正常教学秩序下顺利进行教学和科学研究工作。其次,高校和教师的合作方式体现出强烈的从属性。尽管双

---

① 张朴田:《"非升即走"制度在高校聘用合同中的效力认定——以郭某诉江南大学人事争议案为例》,载《法律适用(司法案例)》2018 年第 10 期。

② 参见方成:《聘任制下公立高校与教师的法律关系——劳动合同属性实践趋势分析》,载《黑龙江高教研究》2015 年第 9 期。

方在缔结劳动合同时遵循的是双方平等自愿的原则,但从用人者对劳动者的管理职能来看,高校会对教师的授课时间、授课内容进行安排,教师申报的科研课题也需要通过高校的推荐和审批,高校在教师的教学、科研行为中,也行使了对教师的监督权和管理权。①最后,高校与教师具有科研合作关系。在这种关系中,教师作为科研人员,与学校或其他科研机构进行合作,共同开展科研项目。科研合作关系的具体形式和内容通常是通过合作协议来确定的,包括科研项目的目标、任务、成果分配、经费分配等信息。科研合作关系对于提高教师的学术水平和推动科研成果的转化而言具有重要作用。

此外,有关教师聘用合同中的违约金及服务期条款的法律效力也被广泛地讨论。关于违约金,以巢湖学院王某劳动争议案为例,安徽省合肥市中级人民法院认为,《劳动合同法》第25条规定,除本法第22条②和第23条③规定的情形外,用人单位不得与劳动者约定由劳动者承担违约金。巢湖学院与王某的聘用合同中,约定了未完成合同中规定的服务期限要赔偿违约金。本案中,巢湖学院未提供证据证明其为王某提供专项培训费用,或对王某进行专业技术培训,且王某在任职岗位上未涉及违反竞业限制条款,即违约金的约定不符合法定情形,违反了法律的强制性规定,应属无效条款。因此巢湖学院要求王某支付未满服务期限的违约金没有法律依据,应予返还。这个案例实际上将教师聘用合同以劳动合同的性质进行解释,因而在非特殊情形下,违约金的约定是不合法的。此外,本案涉及有关服务期的规定,《劳动合同法》第22条规定,只有在用人单位提供了专项培训费用,并且进行专业技术培训的情况下,才可以约定服务期。④上述案例中,巢湖学院并没有证据证明其提供了专项培训费用,对王某进行了专业技术培训,因此服务期的约定也并不合法。

近些年,高校教师聘用制改革已成为高校人事制度改革的基本共识。"一评不再定终身",让教职工"能上能下、能进能出",也让更多高校教师面临"非升即走"的考核压力。但从某种意义上而言,聘用制改革优化了教师队伍结构,提升了教师的学术投

① 参见王工厂:《论公立高校与教师的劳动关系》,载《学术论坛》2012年第6期。
② 《中华人民共和国劳动合同法》第22条第1款规定:"劳动者违反服务期约定的,应当按照约定向用人单位支付违约金。违约金的数额不得超过用人单位提供的培训费用。用人单位要求劳动者支付的违约金不得超过服务期尚未履行部分所应分摊的培训费用。"
③ 《中华人民共和国劳动合同法》第23条第2款规定:"劳动者违反竞业限制约定的,应当按照约定向用人单位支付违约金。"
④ 《中华人民共和国劳动合同法》第22条第1款规定:"用人单位为劳动者提供专项培训费用,对其进行专业技术培训的,可以与该劳动者订立协议,约定服务期。"

入度。案例中,郭某在没有完成"非升即走"任务时,违反了劳动合同中双方的约定,双方缔结劳动合同完全是出于双方的意思自治和契约自由,因而高校有权基于劳动合同与郭某解除劳动关系。

(二) 高校与教师的行政法律关系

根据《教师法》规定,教师与学校之间的关系要逐渐向聘任关系转变,明确双方的权利、义务和责任,同时也提高双方的自主性,使双方关系更加平等、公正、自主。《高等教育法》对于高校的发展及法律地位进行了专门的规定,教师与学校之间产生了新的法律关系和权利义务关系。高校教师与国家机关的公务人员不同,教师是一种事业单位编制下的人员。实践中,高校与教师的管理还是采用行政运作的方式。案例中,郭某签订合同后需要完成相应的科研任务,取得一定的职称,这代表着郭某与高校间存在着一定的行政法律关系。

《劳动合同法》规制平等主体之间的雇佣关系,由于劳动者实际上处于一定的弱势地位,因此法律对劳动者的权益多有保护。高等教育与社会公共利益相关联,高校教师的录用需要通过编制考试等。同时,公立高校作为事业单位,在教师聘用过程中,与教师形成了行政法律关系,高校与教师之间的法律关系受到《事业单位人事管理条例》的约束。

教师聘任合同订立以后,教师和高等学校之间就建立起人事关系,人事关系是行政管理关系,由此教师聘任合同具有行政合同的性质,教师聘任关系就是一种特殊的行政关系,这种关系不是教师与政府之间普通的行政关系,而是教师与高校之间所构成的一种特殊的行政关系。该行政关系既契合了教师聘任合同之特性,又契合了教师申诉、人事仲裁等教师权利救济特殊制度。

实际上,高校与教师的这种行政法律关系近些年来多受到市场化发展的挑战。当前,公法与私法的交融不可避免,高校教师的任免到底是适用劳动合同进行规范,还是受事业单位编制管理,在学术界尚存有争议,不过,司法实务中的一般原则是优先适用《事业单位人事管理条例》。[①]应该认识到,劳动、人事关系"并轨"的重点在于,保障公立高校教师享有劳动法所规定的劳动者所享有的一般权利,但并不应由此忽视甚至抹杀高校教师聘用合同的特殊性。相反,事业单位人事制度改革在促进劳动、人事关系"一体化"的同时,更应重视区分不同类型事业单位工作人员岗位职责和专

---

① 参见姚荣:《公立高校教师聘用合同的法律性质重审——基于控权论的立场》,载《复旦教育论坛》2020 年第 5 期。

业特点的差异性。

目前,高校"准聘——长聘"制改革侧重于"准聘"制,在高校自行设立的"非升即走"条款中,普遍存在重科研轻教学、唯量化指标论、量化指标不尽合理等问题。应全面考核青年教师"准聘"期内教学、科研、团队合作、社会服务等多方面的业绩,重视"准聘"考核评价主体的多元化。应建立"准聘"绩效考核结果申诉制度,允许青年教师对绩效考核程序及结果提出异议,尤其允许青年教师提供可以证明自己工作价值、进程及研究前景、潜力的证据,为从事原创性、应用性、长周期及冷门绝学研究的青年教师提供特殊支持,完善"长聘"制设计。

高校在招聘时应设置明确的招聘比例。在设置"非升即走"岗位时,应提前设计人员流动预案和明确的中期评价、转岗、告知、解聘流程,并在招聘时让青年教师充分知情,保障教师的知情权、参与权和监督权。同时应配属与岗位相应的、有竞争性的待遇。

(三) 高校教师师德行为的法律规制

目前关于高校教师师德行为的讨论较多,由某些高校教师的失德行为引发的行政争议也被深入研究,尤其在高校"放管服"改革背景下,高校教师的学术自主权在一定程度上被扩大,导致了其与学生的学术关系常常出现矛盾与裂痕。而此种现象的出现除了因为学术、学籍、学位等管理体制存在一定的缺陷外,也与高校教师的师德失范行为密不可分。同时有关个人道德的争议也逐渐增多,有关"性自主权"等争议的发生,提醒着教育发展与改革必须重视起高校教师的师德建设。

我国高校教师师德行为的法律规制起始于改革开放阶段。1993 年全国人大通过了《教师法》,1998 年全国人大通过了《教育法》,2005 年教育部出台了《关于进一步加强和改进师德建设的意见》,2011 年教育部、中国教科文卫体工会全国委员会联合发布了《高等学校教师职业道德规范》,2014 年教育部发布了《关于建立健全高校师德建设长效机制的意见》,2018 年教育部颁布了《新时代高校教师职业行为十项准则》,这些法律法规明确了新时代教师职业规范,并对新时代高校教师师德建设提出了具体要求。2019 年《高等教育法》执法检查报告对于师德建设也提出了相应要求,"注重师德师风考量,把提高教师思想政治素质和职业道德水平摆在首要位置",要"加大优秀教师典型宣传力度,坚守科研诚信和伦理底线,坚决查处师德失范、学术不端行为"。[①]

---

① 《全国人民代表大会常务委员会执法检查组关于检查〈中华人民共和国高等教育法〉实施情况的报告》,2019 年 10 月 21 日第十三届全国人民代表大会常务委员会第十四次会议发布。

对高校来说,依照相关法律进行师德建设十分必要。高校师德评价的法治化选择,意味着高校对教师违反职业规范行为的治理被纳入法治轨道之中,遵循法律保留原则、正当程序原则、不当联结禁止原则、比例原则等法治的基本原则和精神,保障高校教师的救济权。

案例中,"非升即走"虽然有利于优秀教师的选拔,但也容易导致青年教师过度追求论文发表,把大量时间消耗在课题申报上,不利于潜心科研和教学,不利于师德师风的建设。虽然教师师德建设属于道德建设的范畴,但将师德建设纳入法治轨道,有利于更好地养成教师师德。有学者指出:"借助法律的威严与法制的力量,以强化教师的规则意识,实现'法治'对高校师德建设的维护、支撑和保障,这既是依法治教的意义所在,也是运用'依法治国'理念破解高校师德建设实践困境的有力举措。"[1]而对于教师的行为是否违反师德,应该由高校依据法律法规自主判断,而不能被社会舆论等其他因素所左右[2],高校在与教师的法律关系中,享有宪法赋予的教师管理权。

法律是师德的底线,发挥道德与法律的相互促进作用,要从教师自我约束和外部监督两方面进行。从教师自我约束上讲,要更加突出道德的约束作用。教师在进行自我剖析、自我修正的同时,要遵守《教育法》《教师法》《高等教育法》等法律法规的规定。从外部监督上讲,必须以法律为底线,在国家法律统领下,建立以地方与部门法规为主导、其他制度为辅助的道德制度规范体系。对于违反师德的行为要按照规定程序及时处理,要保障教师的合法的程序性权利,不得为了过度追求实体性结果而忽视程序正义,不得作出侵害教师人权的行为,应保障教师的陈述、申诉、听证的权利。同时,对于教师的正向行为要及时给予奖励,在保障高校自主权、不影响高校教育教学的前提下,增加法律规制,强化师德建设。

四、高校与学生的法律关系

"高校学生泛指正在接受高等教育的大学生。学生这种资格非自然产生,而是依

---

① 雷华:《高校师德建设的现实困境与法治路径》,载《南通大学学报(社会科学版)》2016年第5期。
② 参见唐璘:《高校教师惩戒机制的法治迷失及其价值回归——以高校教师师德失范行为的"网络舆论审判"事件为例》,载《教育发展研究》2019年第7期。

法取得的"。①从学校类型上讲,高校学生包括普通高等学校、成人高等学校、民办高等学校的学生。从学历上讲,高校学生包括专科生、本科生、研究生。传统上,高等学校与学生之间的关系被界定为一种特别权力关系。学生难以通过司法途径实现其权利救济。20 世纪 90 年代以来,伴随着"田永案"判决的作出,司法审查介入高校自主的范围及强度,成为教育法学理论界和实务界普遍关注的重要议题。

以"黄某诉中山大学退学处理决定案"为例来看高校与学生的法律关系。

黄某清原是中山大学生命科学院的博士研究生,在 2013 年 12 月 16 日的中期考核中,考核结果为不合格。2014 年 3 月 7 日,中山大学生命科学院及研究生院听取了黄某清的陈述和申辩。根据《中山大学研究生中期考核办法》规定,"中期考核不合格者不能继续作为博士生培养,应终止攻读博士学位",2014 年 8 月 18 日,中山大学作出给予黄某清退学处理的决定。黄某清不服,于 8 月 25 日向中山大学学生申诉处理委员会提起申诉。同年 9 月 12 日,中山大学维持原处理决定。黄某清向广东省教育厅提出申诉。11 月 17 日,广东省教育厅作出《广东省教育厅学生申诉决定书》,决定驳回申诉人黄某清的申诉请求,维持中山大学给予黄某清退学处理的决定。黄某清进而向教育部申请行政复议。2015 年 3 月 31 日,教育部作出《行政复议决定书》,认为被申请人作出的《广东省教育厅学生申诉决定书》认定事实清楚,适用法律正确,不存在违法,并维持被申请人作出的《广东省教育厅学生申诉决定书》。黄某清又向广州市中级人民法院提起行政诉讼。

案例中,中山大学的处理决定严重侵犯了黄某清的权利与义务②,也凸显出高校在对学生的学籍学位管理上拥有相当大的职权。实践中,学生维权过程较为困难,无论是行政复议还是行政诉讼过程中,学校的处理决定多会得到支持。

(一) 高校学生学籍管理

根据《教育法》的相关规定,学校的招生权、学籍管理权、处分权等,明显具有单方意志性和强制性,符合行政权力的主要特点。从司法实践来看,1998 年"田某诉北京科技大学案"明确了法院对高校行政主体资格的肯定,且该思路在之后的"刘某诉北京大学案"等多个典型案例中得到进一步贯彻。

高校不是行政机关,行政主体具有的法律地位也只能反映在高校行使行政管理

---

① 任海涛:《论学生的法律地位》,载《东方法学》2020 年第 1 期。

② 参见孔繁华:《多元纠纷解决机制下我国高校学生申诉制度之定位与完善——黄某清诉中山大学退学处理决定案引发的思考》,载《行政法论丛》2018 年第 22 卷。

职权这一具体行为中,通常情况下,此类行为与学生受教育权有关。学校作出的学籍管理、纪律处分,或者其他与学历、学位证书颁发有关的决定,均应视为行政行为。也就是说,在这种行为所形成的行政法律关系中,高校的合法身份是"行政主体",学生的合法身份则是"行政相对人"。与此同时,学生并不是"完全的被管理者",因为他们对高校而言既具有被管理性又具有受教育性,所以他们的法律地位因这一特征而显得尤为特殊。①

案例中,中山大学对黄某清的学籍学位作出的决定,其性质被认定为行政行为,高校与学生是行政主体和行政相对人的法律关系。因此,学生对高校的行政行为不服,可以提起行政复议或行政诉讼。在高等教育的实践中,应按照法定程序原则或正当程序原则对学生的学籍学位进行管理,畅通救济机制,保护学生的合法权益,使整个过程变得更加公开、公正、透明。在"田某诉复旦大学开除学籍案"中②,一审法院及二审法院都认为复旦大学作出被诉处分决定前未经告知上诉人拟作出开除学籍决定的事实、理由及听取上诉人陈述申辩等法定程序,不符合《普通高等学校学生管理规定》第55条的规定,也就是说,作出判决的主要依据都是"复旦大学存在程序不合法"。从以上案例来看,对于学生的学术不端行为高校应当加强管理与规制,减少学位授予中出现的法律争议。

(二) 高校学生学位管理

根据《教育法》《高等教育法》的相关规定,我国采用学位制度。学士学位、硕士学位和博士学位都是由国务院批准的高等学校或者科学研究机构颁发的。这就明确了高校是法律授权的行政主体。

司法介入高校授予学位的限度与强度既是教育司法实践的重要议题,又在一定程度上影响着学位立法的完善与实施。案例中,黄某清与中山大学的学位纠纷集中呈现了司法介入高校授予学位的实践图景,揭示了学位授予纠纷司法审查所面临的现实困境。

在"龚某诉上海大学拒绝授予博士学位案"中③,被告上海大学作为学位授予单位,应按照科学严谨的态度和方式审慎地处理原告博士学位的申请。在对学生作出不利于其重大权益的决定时,需要向学生说明相关事实理由,并听取学生陈述和申辩

---

① 参见张磊:《论我国教育法律责任制度的完善》,载《西南民族大学学报(人文社科版)》2018年第6期。
② 田某诉复旦大学开除学籍案,上海市第三中级人民法院(2022)沪03行终525号行政判决书。
③ 龚某诉上海大学拒绝授予博士学位案,上海市浦东新区人民法院(2022)沪0115行初818号行政判决书。

意见。在决定程序中告知拒绝授予博士学位的理由,既可体现学校客观和理性的考量,又可防止学生对已作决定是否具有正当理由产生猜测或质疑。本案中,学位评定分会虽将表决的方式和结果告知了龚某,却仅简单地以程序性的表决结果作为不同意授予博士学位的理由,未能体现其审查职责之所在,亦未能充分保障学生享有的陈述和申辩的权利,其行为显然违反正当程序原则,对学生切身权益造成损害。案例体现了正当程序在学位管理中的重要性。因此,学位管理这一行政关系的发展方向应当紧贴程序正义。

学位立法是我国教育法治建设及学位制度发展的重要内容,为高等教育事业的创新发展提供了关键的制度保障。1980 年全国人大常委会制定的《学位条例》,为培养社会主义现代化建设急需的高层次人才提供了坚强的保障,为高等教育事业发展作出了举足轻重的重要贡献,成为我国教育立法体系的重要组成部分。

为建设高质量教育体系、提高高等教育质量和深化教育改革的总体目标,《学位条例》被赋予了新的使命。2023 年 6 月 16 日,国务院总理李强主持召开了国务院常务会议,会上讨论并通过了《中华人民共和国学位法(草案)》(以下简称《学位法(草案)》),并将草案提请全国人大常委会审议。该草案共 7 章 40 条,包括总则、学位管理体制、学位授予权的取得、学位授予条件、学位授予程序、学位质量保障与监督、附则等部分。

《学位法(草案)》体现出以下特点。第一,完善适应社会发展的学位管理体制。明确国务院学位委员会领导全国的学位工作,规范学位授予权审批行为,扩大学位授予单位自主权。第二,为保障学位授予质量,细化明确学位授予的条件及程序。对于学士学位、硕士学位、博士学位及名誉博士学位的授予规则和程序进行了细化,符合时代发展的要求。第三,在明确完善相关程序的前提下,规定了相关争议的解决途径,如向相关单位提出复核及向学术委员会提出复核、申诉以及举报等。①

同时,《学位法(草案)》紧跟社会热点,针对利用 AI 进行学位论文写作、利用 AI 完成相关实践等学术不端问题,以及近年来频繁发生的冒用、盗用他人身份顶替他人入学资格等问题,《学位法(草案)》提出了相关的处理规定,完善了责任承担机制。

(三)高校学生纪律处分

"教育惩戒"是一种特殊的"行政惩戒"②,在概念上具体指"学校或教师为了达到

---

① 张璁:《完善学位管理体制 确保学位授予质量》,载《人民日报》2023 年 8 月 29 日第 4 版。
② 任海涛:《"教育惩戒"的概念界定》,载《华东师范大学学报(教育科学版)》2019 年第 4 期。

教育目的、避免失范行为再次发生,依法对学生违法违规的失范行为进行否定性评价的一种辅助教育手段"①。教育惩戒包括纪律处分和学术处分,纪律处分指学校或教师为了维持实施正常教育所必要之纪律或秩序,对违反校规义务或破坏学校班级之纪律的学生所施加的惩戒。基于实施主体的不同,又可将广义上的"纪律性处分"进一步划分为教师实施的处分和学校实施的处分。狭义上的学校实行的纪律处分,针对的是那些性质比较恶劣的严重违纪行为,如警告、严重警告、记过、留校察看、开除学籍等。此类处分措施对学生产生的影响较大,必须由学校依照相应的法律及校规程序作出并实施。

总体而言,目前高校对学术处分行为的程序规范较为明确。案例中,中山大学对黄某清的处理行为实际上就是一种学术处分行为。但纪律性处分的概念尚不明确,如若不对"纪律性处分"这一惩戒制度之重要分支进行系统的梳理分析,则难以构建起一个完善的"教育惩戒"制度体系。值得一提的是,学校作为有权主体实施的"纪律性处分",具有一定的法律制度约束。例如,《普通高等学校学生管理规定》第51至第58条对高校实施纪律处分的具体措施、适用情形、适用程序等事项作出了一系列规定。

(四) 高校学生招生录取

招生录取行为的实质是行政许可权的行使,高等学校向学生出具的录取通知书是法律许可行为的文本载体。学生申请(表现为报考行为)进入高校获得大学生身份,是他们享受学习自由的先决条件之一。招生录取行为有一般授权行为的基本特征:一是根据当事人的申请进行,能否接受高等教育由公民自由选择,入读高等学校以学生申请为先决条件,如果没有学生申请,则学校不主动作出入学行为;二是将录取作为一种赋权性行为,公民在被高等学校录取后,即可以享受和利用国家给予的教育资源,并且有在学习期满后取得学业证书这一初始资格。

目前,我国尚未实现高等教育的普及化,根据《高等教育法》执法检查报告可知,考试招生制度改革还需加大力度,高等教育改革的整体性和协同性有待增强。②

---

① 任海涛:《"教育惩戒"的性质及其法律体系构建——以〈教育法〉〈教师法〉为核心》,载《湖南师范大学教育科学学报》2019 年第 5 期。

② 《全国人民代表大会常务委员会执法检查组关于检查〈中华人民共和国高等教育法〉实施情况的报告》2019 年 10 月 21 日第十三届全国人民代表大会常务委员会第十四次会议发布。

高等学校学生录取资格为附义务之授权。所附义务包含两个方面：一方面为程序性义务，即学生在取得学校录取通知之后应履行按时报到、按学期报名等义务，否则可被学校撤销入学或取消学籍资格；另一方面为实质性义务，也就是学生负有完成所要求学业的义务，如不能按规定修业年限完成学业任务，学校可向学生作出退学决定。

案例中，黄某清需要先报考中山大学的博士研究生并取得学籍后，才有获得学位的可能，而其未完成中期考核的事实，导致其不能继续学业，也就丧失了学籍，没有办法最终获得学位。

（五）高校学生信息公开

高校学生的个人权益内涵随着时代的发展而不断丰富[1]，其中作为人格权组成部分的个人信息越发引起社会关注。人格权是法律体系中的重要组成部分，学生的人格权也应该被法律所保护。[2]从实践角度看，随着科技的发展、法治观念的传播，以及社会关系的复杂化，更多有关学生人格权的冲突问题也开始进入人们的视野。例如，学校搜集信息与学生个人信息权、隐私权之间的冲突。高校学生在获得录取名额、取得学籍、进入高校学习的过程中，必然要向高校提交个人信息，在这样的过程中，高校应按照《个人信息保护法》规定的程序对学生的个人信息进行保管与使用。此时若发生学生个人信息泄露事件，则高校应承担相应的法律责任。

在教育法律关系中，学生享有依法支配个人信息并排除他人侵害的权利。该权利的目的在于维护学生的人格尊严与人格自由、保障学生的身心健康和自由发展，进而实现其教育利益。个人信息权利主体是学生，义务主体可以是学生在教育法律关系中的任何相对方，在高校中，高校要严格保护学生的个人信息，不得从事有损学生信息利益的行为。

（六）高校学生伤害事故

学生在高校生活学习期间发生的损害伤亡事故，高校要履行相应的义务，承担相应的法律责任。教育部颁发的《学生伤害事故处理办法》第2条规定："在学校实施的教育教学活动或者学校组织的校外活动中，以及在学校负有管理责任的校舍、场地、

---

[1] 参见任海涛、孙冠豪：《完善高校学生权益保障机制研究——基于新修订的〈普通高等学校学生管理规定〉》，载《思想理论教育》2017年第5期。

[2] 参见任海涛：《教育法典对学生人格权的体系化保护》，载《陕西师范大学学报（哲学社会科学版）》2023年第1期。

其他教育教学设施、生活设施内发生的,造成在校学生人身损害后果的事故的处理,适用本办法。"①

在校大学生伤害事故的界定包括了在校大学生自身受到的伤害,也包括大学生在校期间给他人造成的人身伤害,当然其中还包含教育机构主体给在校学生带来的安全问题,核心关键在于有损害的事实发生。法律对学校在学生伤害事故中的过错责任作了规定。学校主要承担学生受伤后果的过错责任,极特殊情况下才承担无过错责任或公平责任。同时,应当兼顾高校与学生之间特殊的民事与行政法律关系②,并且在这样复杂的法律关系中,应确定好相关归责原则。学校有教育、管理、保护等方面的义务,学校若没有尽到教育、管理与保护等方面的义务,存在过错,则应承担民事赔偿责任。

五、高校内部治理结构

习近平总书记在深化党和国家机构改革总结会议上强调:"完成组织架构重建、实现机构职能调整,只是解决了'面'上的问题,真正要发生'化学反应',还有大量工作要做。"③这为高校进一步完善内部治理结构指明了努力方向,并提供了重要遵循。健全高校内部治理结构,是构建现代高校制度之根本。

以"柴某诉上海大学不履行法定职责案"为例来看高校内部治理。

柴某是上海大学应用经济学专业的博士研究生,其于就读期间按规定修完全部课程并通过了全部学业考试,通过了博士论文答辩,并获得了毕业证书。2018年,柴某向上海大学邮寄了申请颁发博士学位的全部材料。但上海大学以柴某发表的核心期刊学术论文数量不符合规定为由,未组织学校评定委员会对柴某的博士学位申请进行审核评定。根据《上海大学学位授予工作实施细则》《上海大学攻读博士学位研

---

① 中华人民共和国教育部令第12号《学生伤害事故处理办法》,自2002年9月1日起施行。2010年12月13日最新修改。

② 参见王磊、李进付:《高校学生伤害事故引发的舆情危机研判及疏导研究》,载《思想教育研究》2016年第5期。

③ 《习近平出席深化党和国家机构改革总结会议并发表重要讲话》,载中华人民共和国中央人民政府网,https://www.gov.cn/xinwen/2019-07/05/content_5406606.htm,最后访问时间:2024年1月21日。

究生指导性培养方案》及《上海大学博士学位授予科研成果量化指标》的相关规定,博士研究生在国内外核心期刊或全国性学术会议上正式发表 2 篇与学位论文有关的学术论文,即符合博士学位的授予条件。但《上海大学经济学院研究生学位授予科研量化指标(2014 年版)》则要求,须在核心期刊上发表至少 3 篇论文。柴某在核心刊物上已发表 2 篇论文,符合校规要求,但不满足经济学院内部设定的科研指标,上海大学因此拒绝授予其博士学位。2019 年 3 月 18 日,柴某杰向上海市浦东新区法院提起行政诉讼,请求判令上海大学依法履行法定职责,组织学校的学位评定委员会对原告的博士学位申请进行审核评定,最终法院以学校行为符合有关学位授予规定且提供了内部救济途径为由驳回诉讼请求。①

该案实际上是现行高校内部权力运行过程的一个缩影,许多高校二级学院"规则"与高校校规校纪在适用上存在冲突,因此探讨高校内部治理结构与过程,就显得尤为重要。

(一) 党委领导下的校长负责制

党和国家高度重视高校内部治理结构完善的问题。2014 年 10 月 15 日,中共中央办公厅印发《关于坚持和完善普通高等学校党委领导下的校长负责制的实施意见》(以下简称《意见》),明确党委统一领导学校工作、校长主持学校行政工作,并要求健全党委与行政议事决策制度、完善协调运行机制。②2019 年《高等教育法》执法检查报告中指出:"法律确立的党委领导下的校长负责制(第 39 条)得到有效落实,加强党对高校的全面领导,确保了高校的事业发展、政治安全和校园稳定。"③实践表明,党委领导的校长负责制是高校改革、发展的强有力的体制和组织保证,有利于强化党对高等学校的领导,有助于坚持中国特色社会主义办学方向、提高高校办学治校能力水平、推动高校改革发展与稳定,符合国情与高等教育发展规律。④但实践中这一机制也存在着相应的问题,《高等教育法》执法检查报告指出,"有些高校基层党建存在逐级弱化、'上热中温下冷'现象,有的院系党组织职能定位不清晰,作用发挥不够"。⑤高等

---

① 任海涛:《高校二级学院"规则"的法律效力研究——从"柴丽杰诉上海高校不履行法定职责案"谈起》,载《教育发展研究》2020 年第 7 期。
② 参见杜康:《以高校党建引领高校内部治理结构创新》,载《广东技术师范学院学报》2019 年第 5 期。
③⑤《全国人民代表大会常务委员会执法检查组关于检查〈中华人民共和国高等教育法〉实施情况的报告》,2019 年 10 月 21 日第十三届全国人民代表大会常务委员会第十四次会议发布。
④ 参见管培俊:《关于坚持与完善高校党委领导下校长负责制的几点认识》,载《国家教育行政学院学报》2022 年第 4 期。

教育步入普及化的轨道,高校面临着诸多新形势和新课题,改革的任务艰巨,坚持并完善这一高校根本的领导管理体制是极为重要的。

在高校内部治理结构中,党委领导下的校长负责制并不是"党委领导"和"校长负责"的简单叠加,而是一个辩证统一、不可分割的有机整体。党委领导的校长负责制,其实质就是党委对学校各项工作的全面领导和对校长独立行使职责权力的支持。党委核心领导地位和校长作为重要角色互为条件。党委总揽全局、把握方向,对校长独立自主的工作要尊重支持,对行政事务要避免包办代替。校长对党委负责,在党委领导下依法行使职权。《高等教育法》分别对党委、校长权责作出规定。①《高等教育法》标志着我国在完善高校内部治理结构方面已基本完成制度设计,一是明确了高校内部治理结构的要素构成,二是明晰了高校内部治理结构的权力载体,三是指明了高校内部治理结构的内在关系。

在高校内部治理结构中,居于领导核心地位的是"学校党委",校长要在党委领导下开展工作,党委领导下的校长负责制是"中国共产党对国家举办的普通高等学校领导的根本制度",学术委员会、教职工代表大会、学生代表大会等处于协调运行机制层面,是对党委领导下的校长负责制这一领导体制的有益补充。

(二)学术委员会制度

高校学术委员会是学校最高学术机构,在学校党委的领导下,统筹行使学术事务的决策、审议、评定和咨询等职权,凡应经校学术委员会审议的议题必须经校学术委员会审议通过后,方可提交校长办公会或党委常委会讨论。校学术委员会开展工作时应以习近平新时代中国特色社会主义思想为指导,全面贯彻党的教育方针,落实立德树人的根本任务,遵守学术规律,坚持公正、公平的原则,营造学术自由和学术民主的优良环境。以推动学术进步为宗旨,倡导师生不断追求学术创新、坚守学术责任、恪守学术道德、维护学术声誉。

---

① 《中华人民共和国高等教育法》第 39 条中规定:"中国共产党高等学校基层委员会按照中国共产党章程和有关规定,统一领导学校工作,支持校长独立负责地行使职权,其领导职责主要是:执行中国共产党的路线、方针、政策,坚持社会主义办学方向,领导学校的思想政治工作和德育工作,讨论决定学校内部组织机构的设置和内部组织机构负责人的人选,讨论决定学校的改革、发展和基本管理制度等重大事项,保证以培养人才为中心的各项任务的完成。"第 41 条规定:"高等学校的校长全面负责本学校的教学、科学研究和其他行政管理工作,行使下列职权:(一)拟订发展规划,制定具体规章制度和年度工作计划并组织实施;(二)组织教学活动、科学研究和思想品德教育;(三)拟订内部组织机构的设置方案,推荐副校长人选,任免内部组织机构的负责人;(四)聘任与解聘教师以及内部其他工作人员,对学生进行学籍管理并实施奖励或者处分;(五)拟订和执行年度经费预算方案,保护和管理校产,维护学校的合法权益;(六)章程规定的其他职权。"

高校学术委员会的主要职责是：审议学校学术发展规划和重要学术研究计划，对学校整体战略发展规划提供咨询意见；对院系的设立、调整等重要事项提供咨询意见；评议学校设立的科研项目，评定学术成果和奖励，对外推荐科研成果奖项、学术人才人选和国内外重要学术组织任职人选；决定学校设立的科研项目和奖项等的学术评价规则；审议或决定学术类重要校级制度；审议或决定学术争议处理规则、学术道德规范等；调查认定学术不端、科研失信行为，裁决学术纠纷；对学校学科建设、人才培养、学术研究、教师队伍建设等方面工作提出咨询建议；处理学校需要提交审议的其他学术事务。案例中涉及的学术、学位等问题在高校内部治理中应得到重视。

根据《高等教育法》《高等学校学术委员会规程》的规定，高校普遍成立学术委员会并制定章程，以规范学术委员会的构建运作。①学术委员会在高校内部治理中与学术自由相关联，学术自由是高校内部治理的重中之重。"学术委员会制度作为学术权力组织化过程中的一种有效媒介，是改善高校内部治理的合理选择，是保证学术自由的重要途径以及实现'教授治学'目标的一种有效方式"。②

当前国内许多高校虽已按照法律规定成立学术委员会，但是基本都只行使某一方面单一学术权力，其他学术权力散见于以学校行政职能部门为基础成立的各类专门委员会中。简言之，学术委员的学术权力"统整性"缺失，且学术委员会制度"独立性"从根本上被弱化，从而影响着"以学术委员会为最高学术机构"重要政策目标的达成。为了充分发挥学术委员会制度对高校内部治理的积极影响，应从法规与制度两个层面加强学术权力"独立性"与"统整性"的建设，这样高校学术委员会才可能有效地发挥作用，学术委员会制度"有效性"才能得到保障。

（三）高校教职工代表大会制度

高校教职工代表大会是高等学校教师与其他学校相关工作人员参与决策学校重大事项的一种途径，也是维护教职工的权利和利益的重要渠道。高校教职工代表大会制度所规定的教职工对学校的各项重大政策和决定的知情权与参与权，既有利于激发教职工对于工作的热情，又极大程度地巩固了教职工的地位。随着我国教育制

---

① 参见谭光兴、王祖霖：《新时代我国高校学术委员会制度探讨》，载《江西师范高校学报（哲学社会科学版）》2019年第2期。

② 蔡国春：《论高校学术委员会制度的建构与重构——基于学术权力独立性与统整性的考量》，载《高等教育研究》2019年第1期。

度的日益发展,办学体制和各高校的教学制度也在逐步完善,此时各大高校的教职工所面临的问题就是怎样适应教学的新形势和新变化。

教职工代表大会代表由教职工直接选举产生,其构成既要有代表性,又要充分体现学校工作的特点,且教师代表一般不低于 60%。教职工代表大会行使下列职权:听取和讨论校长的工作报告,就学校的发展规划、年度工作计划、改革方案、教职工队伍建设等重大问题,提出意见和建议;讨论通过学校规章制度、教职工奖惩等事项,由校长颁布施行;支持校长及行政系统行使职权,评议、监督学校各级领导干部的工作,讨论决定教职工的住房分配、福利费管理和使用等事项。教职工代表大会以民主集中制为原则,学校工会为其工作机构,负责大会的筹备和会务工作,督促检查大会决议及提案的落实情况,完成大会交给的其他有关事项。高校教职工代表大会在制度上明确教职工在学校决策、管理和建设发展中的知情权和参与权,彰显了教职工的主人翁地位。[①]

(四) 高校理事会制度

高校理事会是学校内部的决策机构,负责制定学校的发展战略、监督学校的行政工作、支持学术事务发展、协调学校与社会的关系等。理事会一般由学校领导、教师代表、学生代表、校友代表和社会人士组成,其成员数量和组成根据学校规模和法律规定而有所不同。根据《普通高等学校理事会规程(试行)》的规定,高校理事会主要由四个方面的代表构成。一是高等学校举办者、政府主管部门、共建单位的代表。二是学校代表,包括学校相关负责人,学术委员会及相关学术组织负责人,以及教师、学生代表。三是社会合作方代表,包括支持学校办学与发展的地方政府、行业组织、企业事业单位,以及其他社会组织等。四是支持学校发展的个人代表,包括杰出校友、社会知名人士、国内外知名专家等。理事会组成人员一般不低于 21 人,各方面代表在理事会所占的比例应当相对均衡。

高校理事会主要参与决策咨询、推动社会合作、开展监督评估等工作。理事会可以就学校发展目标、战略规划、学科建设、专业设置、年度预决算报告、重大改革举措、章程拟定或修订等重大问题,开展决策咨询或参与审议讨论。高校开展社会合作、校企合作、协同创新的整体方案及重要协议等,可交由理事会提出咨询建议;理事会也可以研究学校面向社会筹措资金、整合资源的目标、规划等,监督筹

[①] 参见李文瑛、徐建军:《高校教职工代表大会制度的发展历程与创新思考》,载《宿州学院学报》2014 年第12 期。

措资金的使用。在高等教育飞速发展的今天,高校内部治理结构也在向现代化迈进①,高校理事会制度是顺应教育改革现代化发展的重要途径。高校理事会指依法对高校承担监管责任,作为高校最高权力决策机构的非行政常设机构。《普通高等学校理事会规程(试行)》规定了理事会是高等学校科学决策、民主监督、社会参与得以实现的一种重要组织形式与制度平台,同时明确了理事会的两种职能和两种权力。②

(五) 高校二级学院规则的法律效力

"高校自主设定二级学院规则是行使学术自主权的体现"。③高校二级学院运行机制的核心在于加强对学术权的保障,遵循学术自治的基本规律和内在规定。高校二级学院设定严于校规的学术标准,符合教育政策理念与教育科学规律,且合乎法理及司法实践。经高校授权、批准的二级学院的"学院规则"与"校规"具有同等效力,二者是"特别法"与"一般法"的关系。

案例中,高校二级学院规则的正当性和自治机制如下。

高校自主设定学位授予资格论文要求具有正当性。高校二级学院拥有一定的学术事务管理权力,包括学术评价、学术成果评价、学术交流等。二级学院可以组织学术交流活动,如学术会议、讲座、论坛等。同时,二级学院需要遵守国家法律法规和学校的学术事务管理规定,确保学术事务管理的合法性和规范性。与此同时,作为社会高水平人才培养摇篮的高校,必须抱着严谨而负责任的态度,高标准、高期望地提高学生特别是博士研究生的学术水平。

高校二级学院具有自治机制。高校自主设定论文合格指标有其必要性,这也为授予博士学位的资格提供了合法性,这是学术自治原则的体现。从健全高校治理结构政策理念出发,目前高校二级学院多数是通过"党委领导、校长分管、教授治学、民主管理"的学校层级管理体制来运行其决策机制。学界一般认为在这一运行机制中,"教授治学"乃最主要内核理念。

---

① 参见刘幸菡、朱丛琳:《我国公立高校理事会定位与功能的若干问题探究》,载《北京工业高校学报(社会科学版)》2018 年第 1 期。

② 两种职能分别为筹集办学资源,扩大社会合作,这应是高校基金会、校长以及负责开放办学的副校长的职能;两项权力是咨询权与监督权,这应是校内各种共同治理委员会、教职工代表大会与学生代表大会所发挥的作用。

③ 任海涛:《高校二级学院"规则"的法律效力研究——从"柴丽杰诉上海高校不履行法定职责案"谈起》,载《教育发展研究》2020 年第 7 期。

六、高校校规的法治化

高校校规是高校为保障教育教学活动正常进行而制定的一系列规章制度的总称。高校章程是高校内部的最高规则，是由高校的权力机构根据国家和地方政府的法律法规，按照一定程序制定的有关大学的组织性质和基本权利的治校总纲领。高校校规不是国家法律，但在高校内部具有一定的约束力、规范力与执行力。从司法适用的角度而言，高校校规具有一定的"法律性"或"准法律性"。从校规创制权的来源及高校校规的属性而言，高校校规可被划分为法源性规范与自治性规范两类。前者的创制符合法律授权逻辑，而后者的创制遵循学术自治逻辑；前者的权力来源是国家公权力，而后者受到社会的影响。

以"田某诉北京科技大学拒绝颁发毕业证学位证案"为例来看高校校规的法治化。

原告田某于1994年9月考入北京科技大学，取得本科生学籍。1996年2月29日，田某在电磁学课程的补考过程中，随身携带写有电磁学公式的纸条，上厕所时纸条掉出，被监考教师发现。监考教师虽未发现其有偷看纸条的行为，但还是按照考场纪律，当即停止了田某的考试。被告北京科技大学根据原国家教委关于严肃考场纪律的指示精神，曾于1994年制定校发(94)第068号《关于严格考试管理的紧急通知》，该通知规定，凡考试作弊的学生一律按退学处理，取消学籍。被告据此于1996年3月5日认定田某的行为属作弊行为，并作出了退学处理决定。同年4月10日，被告填发了学籍变动通知，但退学处理决定和变更学籍的通知未直接向田某宣布、送达，也未给田某办理退学手续，田某继续以该校大学生的身份参加正常学习及学校组织的各项活动。1998年6月，田某所在院系向被告报送田某所在班级授予学士学位表时，被告有关部门以田某已按退学处理、不具备北京科技大学学籍为由，拒绝为其颁发毕业证书，进而未向教育行政部门呈报田某的毕业派遣资格表。田某所在院系认为原告符合大学毕业和授予学士学位的条件，但由于当时原告因毕业问题正在与学校交涉，故暂时未在授予学位表中签字，待学籍问题解决后再签。被告因此未将原告列入授予学士学位资格的名单交该校学位评定委员会审核。对于此案，北京市海淀区人民法院作出如下判决：北京科技大学应向田某颁发大学本科毕业证书；北京科技大学应组织本校有关院、系及学位评定委员会对田某的学士学位资格进行审核；北京科技大学应履行向当地教育行政部门上报有关田某毕业派遣的有关手续的职责；驳回田某的其他诉讼请求。北京科技大学提出上诉，北京市第一中级人民法院作出了"驳回上诉，维持原判"的判决。

案例中，田某虽违反了北京科技大学学位授予的规定，但校方在作出相关决定时并未严格按照程序进行，导致了相关决定被认定"缺乏法律效力"。随着高校校规在高校治理过程中越来越重要，探究高校校规的合法性及法律效力，成为当代高等教育法学研究的新方向。

（一）高校校规的合法性

高校校规合法性的认定应从实体与程序两方面入手。实体上，应判断校规是否违反了法律、行政法规的强制性规定，是否损害了他人权益、加重了他人义务，以及其内容是否公平；程序上，应丰富协商形式、加强协商程序，同时按照程序执行，及时履行通知义务。①在"田某诉北京科技大学拒绝颁发毕业证学位证案"中，一审及二审法院的核心观点就是，高校有权制定相关校规校纪，但是不能与相关法律法规相抵触，而北京科技大学的行为实际上已经违反了上位法，因此在两审中法院都认为其行为违法。

有学者认为，高校制定校规校纪的权力来源于其本身，教育自主权决定了相关权力并不来源于国家授权；但也有学者认为，高校制定校规校纪的权力来源于国家授权。②这两种观点对权力来源的认知存在差异，实际上需要对不同权力来源下制定的校规进行合法性审查。只是前者认为在高校自治事项范围内，国家教育立法并不作为校规合法性审查时"必须遵守"的上位法依据，校规审查机关也不应再以法律优位原则来评价国家教育立法与高校校规的规范效力关系；后者认为高校校规不得逾越国家教育立法授权的范围而增设高校管理权、减少高校法定职责、限制师生权利、增加师生义务，从而应对学校的校规制定的自主权进行严格的限制。高校自主权作为解释合法性的依据，会导致国家监管的缺失，现实生活中也存在着相关案例，而若以国家授权为依据解释合法性，则会影响高校自主权的行使，这也是目前我国对高校校

---

① 参见田鹏慧、张杏钗：《高等学校校规的法律性质及效力判定》，载《高教探索》2004年第1期。
② 参见伏创宇：《高校校规合法性审查的逻辑与路径——以最高人民法院的两则指导案例为切入点》，载《法学家》2015年第6期。

规合法性审查的矛盾所在。

需要指出的是，我国目前高校校规合法性审查模式僵化的问题需要以"学术自治"为基础，法院过于"中和"的态度不仅不是对"学术自治"的尊重，相反还会损害司法尊严，从这样的角度上讲，合法性审查应以"学术自治"为基础毋庸置疑，但高校无法做到完全的客观自律。"学术自治"不是无限制的①，此时必须得到国家公权力的介入。②学术界和实务界应更加关注高校校规的制定程序，使得高校校规兼具合法性与合理性。

（二）高校校规的法律效力

"高校校规的法律效力问题不仅涉及高校学生管理行为的合法性问题，而且涉及学生合法权利的保障问题"。③高校校规在内容上既包括民事法律关系又包括行政法律关系，在适用主体上涵盖高校、教职工、学生等，并受到"学术自治""教育自治"等原则影响。若按照"自治"理念来看，校规并不具有强制性法律效力，只是作为内部管理体制而存在；若按照"国家授权"理念来看，校规规定的主体关系多为行政法律关系，且具有一定的强制效力，而关键就在于制定的权力须得到国家的有效授权，授权的内容、目的、范围必须明确。在司法实践中，高校在法律授权下制定的有关学籍学位管理的规定属于行政强制性规定，行政相对人若对相关决定不服，可以提起申诉、行政复议或行政诉讼，这一部分的内容属于"国家授权"下的合法性效力。其他类型的校规校纪，目前法律并无明确规定，即使是在"国家授权"下制定的有关学籍学位管理的规定也存在争议，"形式"与"实质"之争既体现在合法性判断方面，又贯穿于法律效力分析之中。

（三）高校校规法治化的具体路径

高校校规合法性为其法治化途径提供了思路，即在"学术自治"背景下，高校权力应适当限缩与扩张。"学术自治"代表的校规内部属性及"国家授权"代表的校规公法属性相互博弈，既造成对自由的限制，又削弱了司法尊严。因此，高校校规的合法性、公平性、科学性，都必须从以上两个属性着手。

首先，规范高校校规的制定权。在高校校规制定过程中，应该充分尊重师生的民主权利，切实保障其参与权和表达权。高校校规中有关于权利减损等内容的制定必

---

① 参见姚荣：《重申学术自由的内在与外在界限》，载《高校教育管理》2019 年第 2 期。
② 参见肖可：《高校校规合法性审查的实践考察与反思》，载《南海法学》2019 年第 5 期。
③ 黄厚明：《高校校规的法律效力研究：基于两种法学流派的考察》，载《江苏高教》2019 年第 6 期。

须得到法律的严格授权,明确授权的内容、目的、范围,还要限制授权管理内容,非必要内容不授权,以减少对"学术自治"的限制。在制定校规校纪时,对有关公共利益的条文应及时公示,听取公众意见,必要时邀请专家、教职工代表、学生代表等人提出建议和意见,做到校规制定过程民主。

其次,建立公正、透明的执行制度。校规执行应以事实为依据、以法律为准绳、以程序正义为原则。在校规执行过程中,高校应该尊重学生的合法权益,保障其获得公正、公平的待遇。在此基础上,高校还应构建一套完善的学生申诉制度,为学生遭受的不公平待遇提供行之有效的帮助和解决途径。高校在依据校规作出相关决定时,必须严格按照程序进行,避免程序错误,减少因程序问题带来的纠纷,保证程序正义的实现①,保障学生、教职工的合法权益,充分做到以教职工和学生的权益为中心。②

再次,健全高校校规的监督机制。高校应当及时公示违反校规的行为,听取校内公众的意见,建立完善信息公开机制,增强校内公众的参与度;高校应当建立完整的信息传达机制,使得学生及教职工有途径提出对高校校规的意见及建议,但也要加以规范,防止无效建议的提出;高校应当支持学生组织的参与,学生组织来源于学生群体,对于学生的利益诉求有更清晰的认知,对于校规校纪的建议也更有针对性,另外,也要发挥教职工代表大会的作用。

最后,完善权利救济体系。权利没有救济就不会存在保障,就是不完整的权利。③要完善听证制度,听取相对人的意见,确保程序合法,这是高校的义务所在,能够实现高校的自我管理,也能够对学生的权利提供保障。要注意听证程序,例如,听证人员构成要科学合理,避免听证程序流于形式。此外,应当完善校内申诉程序,申诉程序相较于复议程序更简便、快捷,在学生及教职工合法权益受到损害时,申诉的重要性不言而喻。

总之,高校校规的法治化必须以"学术自治"为根基,在高校能够自主决定的事项中,法律法规无须过度"插手"。但是,事关公共利益及学生、教职工的个人合法权益的事项,必须得到法律法规的明确授权,法治化途径要坚持"学术自治"与"国家授权"相结合。正如学者所言,"高校校规只有实现合法与合理,方能满足《行政诉讼法》修

① ③ 参见孙帅梅:《高校学生管理法治化探究》,载《思想理论教育》2012 年第 19 期。
② 参见郑宁:《我国学校校规建设:政策演变、总体现状以及对策建议》,载《华中师范大学学报(人文社会科学版)》2021 年第 2 期。

订之后的法治要求"①,而高校唯有加强校规的合法性与合理性建设,才能适应"法治中国"背景下"依法治校"的新要求。

七、本 章 小 结

高等教育关系着国家的未来,高等教育的现代化直接影响着国家综合实力的提升。高等教育现代化需要法治化作为后盾。近年来,高等教育呈现出新的特点,高等教育法治化越来越受到学术界和实务界的关注。我国高等教育法的发展立足本土实践,不断吸收其他国家的优秀经验,形成了具有中国特色的高等教育法治体系。2018 年《高等教育法》的修订,标志着高等教育法治发展迈向了新台阶。

（一）从依法治教到良法善治:高等教育法治的历史演进

高等教育在立法、执法、司法方面不断完善。在立法方面,我国已基本形成了以《宪法》《教育法》为基础、以《高等教育法》为核心,同时涵盖多部教育行政法规、部门规章及地方性教育法规和规章的高等教育法体系。在执法方面,依法行政已然成为我国高等教育行政领域中各项活动所必须严格贯彻遵循的基本原则,我国高等教育行政在管理体制上则呈现出由权力集中向多元共治变化的趋势。在司法方面,受"田某诉北京科技大学案"的影响,司法对高等教育行政行为的司法监督力度不断增强。

我国高等教育法治化凸显出以下几个特点。第一,更加贯彻"为人民服务"的中国特色社会主义教育事业的本质,将"社会责任感"的培养纳入高等教育,使高等教育与时代命运相结合。第二,取消了高校"不得以营利为目的"的规定,有利于高等教育发展的多样性。第三,更加注重利用决律手段,使教育回归高校本身,关注学术委员会、教职工代表大会等制度的出台与完善。

我国高等教育发展进度已经位居世界前列,高等教育立法体系已经建立,教育行政领域基本形成了多元参与的治理机制,教育司法实践在各项制度的保障下迅速发

---

① 段斌斌:《高校校规的合法与合理——从〈行政诉讼法〉的修订看高校校规的完善》,载《中国人民大学教育学刊》2015 年第 4 期。

展。在党的领导下,高等教育从"法制化"到"法治化",我们已经摸索出了属于自己的发展道路。①

（二）高等教育法学研究中存在的问题与面临的困境

我国学者对高等教育法的研究尚存在不足之处。一是研究主题较为分散。虽然研究视角多元化,但在一些关键问题上,如高等教育法的基本理论、制度设计等,现有研究尚未形成共识。二是研究深度不够。部分研究停留在现象描述和制度分析层面,对问题本质的挖掘和理论深度的探究尚有待提高。三是研究成果的转化和应用不足。研究者们对现实问题的关注度较高,但在将研究成果转化为政策建议和实践指导方面仍有待加强。

当前,高等教育法研究还面临着困境。首先,我国还未建立起完整的高等教育法研究体系,开设有关高等教育法课程的学校相对较少。其次,高等教育领域的法治实践研究成果不足,研究成果转化率不高。最后,高等教育法研究成果实践性不强。2018年《高等教育法》修改中强调的"学术委员会"制度在高校实践中的作用并不明显,"学术自治"经常受到挑战。

（三）对高等教育法研究的未来展望

随着经济、政治、文化的日益发展,高等教育法的研究也出现了一系列的新变化。

第一,数字化法学研究与高等教育越来越成为主流。"MOOC""ChatGPT"的诞生为高等教育法的研究发展提供了新路径。这有利于"强化前瞻性基础研究,注重颠覆性技术引领,改革高校科研评价激励制度,激发高校科研人员创新活力,在关键核心技术领域加快实现原创成果重大突破"②。相信在不久的将来,通过大数据学者可以更好地研究和发展高等教育法学。相应的,人工智能时代下的高等教育法学研究也将面临诸多新的议题。诸如,利用人工智能代写论文的法律规制问题等。

第二,高等教育法与职业教育法的衔接和融合研究将更加丰富。《高等教育法》执法检查报告指出:"服务支撑经济社会发展能力还不够强……高职院校吸引力相对偏弱,社会认可度较低,考生报考高职院校的积极性不足……不同程度存在重文化基础测试、轻职业技能测试的现象。"③因此,发展职业教育有利于缓解此种困境。发展职业教育有利于聚焦国家需求,提升服务支撑能力。《职业教育法》于2022年进行了

---

① 参见任海涛、张玉涛:《新中国70年教育法治的回顾与前瞻》,载《教育发展研究》2019年第17期。
②③ 《全国人民代表大会常务委员会执法检查组关于检查〈中华人民共和国高等教育法〉实施情况的报告》,2019年10月21日第十三届全国人民代表大会常务委员会第十四次会议发布。

修改,这标志着我国职业教育的发展迈入教育治理现代化的新阶段。对高等教育法来说,如何抓住契机,对职业教育领域的发展提供帮助与建议,是高等教育法自我革新、充分与职业教育法相衔接的重要途径。

第三,高等教育法典化研究不断推进。需以明确教育法典的编纂主线为出发点,整合教育法各项制度和规范,并保持逻辑一致和内容统一,尽可能地避免司法实践中同案异判的情形。高等教育法律规范的体系化乃至法典化,是教育法典编纂的重要内容。如何区分学校法制与高等教育法制的逻辑起点及其规范体系,如何明晰高等教育法作为横跨公私法域的领域法的学科属性和地位,是教育法典编纂时必须考虑的基础性议题。

第四,高等教育法的人权保障机制进一步完善。目前我国法律针对校园欺凌、学生权益保护、教职工权益保护、学术自由等方面已出台相关的规定,立法体例、立法精神都体现出对相关主体的保护。①高等教育法的研究也要强调人权与社会责任的实现,更加贯彻人权保障理念,从实体与程序上保障相关主体的合法权益。推进高等教育领域的良法善治,亟待教育法学研究范式从形式法治转向实质法治,以更好地保障高校及师生的合法权益。

---

① 参见任海涛、孙冠豪:《完善高校学生权益保障机制研究——基于新修订的〈普通高等学校学生管理规定〉》,载《思想理论教育》2017 年第 5 期。

第五章

职业教育法学

　　职业教育是中国特色社会主义教育事业的重要组成部分,旨在培养高素质技术技能人才,使受教育者具备从事某种职业或者实现职业发展所需要的职业道德、科学文化与专业知识、技术技能等职业综合素质和行动能力。我国高度重视职业教育的法治化发展。自改革开放以来,我国的职业教育法治进步显著,立法成果丰硕,相关的法学研究蓬勃开展,为实现我国职业教育的高速成长、推动社会主义现代化建设、促进就业创业,以及建设教育强国、人力资源强国和技能型社会发挥了巨大的作用。

一、前　　言

　　中国现代的职业教育及其法治化进程始于 1985 年。1985 年 5 月,《中共中央关于教育体制改革的决定》(以下简称《决定》)提出"社会主义现代化建设……迫切需要千百万受过良好职业技术教育的中、初级技术人员、管理人员、技工和其他受过良好职业培训的城乡劳动者"。《决定》同时规定,"有关部门应该制定法规",逐步开展正规化的职业教育。此后,秉持《决定》所确立的方针,我国开展了制定职业教育法律的尝试。经过 7 年的编纂工作,1996 年 5 月 15 日,《职业教育法》正式颁布,并自同年 9 月 1 日起实施。1996 年《职业教育法》的颁布,对于我国职业教育法治而言具有里程碑式的意义。当时,该法分为五章,共 40 条,对我国职业教育体系、职业教育的实施和职业教育的保障条件进行了规定。此后二十余年,这部法律都是我国职业教育的基准法,为推动我国职业教育的长足进步发挥了巨大的积极作用。

　　但是,随着 21 世纪中国经济的腾飞,社会与科学技术发展日新月异,中国已形成世界上规模最大的职业教育体系,年均向社会输送 1000 万毕业生。这种情况下,原有《职业教育法》的规范渐显单薄,不再能够满足新型职业教育发展的调整需要。因此,2008 年,修订《职业教育法》被提到全国人大立法日程中。2011 年,教育部提出《职业教育法(修订草案)》,提交国务院审议,但因为修改幅度较大,社会各界对此争议众多,该草案最终未被提交全国人大审议,而相关的学术争鸣和理论探讨仍在不断深入进行。2019 年 1 月 24 日,国务院发布《国家职业教育改革实施方案》,成为《职业教育法》修订的重要政策指引。以此为背景,教育部在分析研究各种意见的基础上,于 2020 年提交《职业教育法修订草案(征求意见稿)》。2022 年 4 月 20 日,全国人大常委会高票通过了新《职业教育法》,该法自同年 5 月 1 日起正式实施。

新《职业教育法》的颁布不仅标志着历时 14 年的《职业教育法》修订历程的完结,也意味着我国职业教育法治取得了历史性的新进步,从而开启了我国职业教育发展的全新篇章。新《职业教育法》较之旧法,内容上大为丰富,篇幅增至万余字,同时全面提升了法律体系结构,建构了比较清晰的立法精神,确立了立体多向度的规范体系。在完善体系性建构的同时,也提升了法律的可操作性与针对性,彰显了我国职业教育发展理念与制度的重大创新。因此,本章对我国职业教育法的研究和探讨,以新《职业教育法》的规定为基准。具体而言,先从立法精神和规范体系两个维度展开分析,再总结出职业教育法的属性和品格。这样的研究路径,基本上可以对我国职业教育法产生一个涵盖法律理念层面与法律规范层面、兼及基础细节与宏观格局的清晰认识。

二、《职业教育法》的立法精神

新《职业教育法》的颁布确立了主旨精神,在价值层面上确立了重要原则,从而奠定了职业教育法律所必须遵循的基本方针。

(一) 遵从政府统筹,鼓励社会参与

兴办职业教育,要先确立办学的主导性力量和办学主体,确立基本的办学格局。新《职业教育法》第 6 条对此进行了明确规定:"职业教育实行政府统筹、分级管理、地方为主、行业指导、校企合作、社会参与。"这意味着新《职业教育法》确立了一种由政

府进行统筹管理,鼓励企业和社会力量深度参与的多元办学格局,具体而言包括两个层面。

一方面,职业教育的发展要遵从政府统筹。其一,政府对职业教育的发展起主导作用。政府的多个职能部门具体对接职业教育的管理事务。其中教育行政部门负有对职业教育统筹规划、协调的基本职责;人力资源社会保障部门及其他有关部门也将承负相应管理工作。根据新《职业教育法》可知,公办职业学校实行基层党组织领导的校长负责制,发挥党组织在职业教育发展中的领导作用。其二,由国务院统筹、协调全国职业教育工作,以显示国家对职业教育的高度重视。在国务院之下,省、自治区、直辖市政府,以及设区的市、县级政府均有对本行政区域内职业教育进行统筹、管理、协调、督导的职责,由此建立起从中央政府直至地方基层政府的职业教育管理体系。其三,新法还理顺了政府各职能部门之间针对职业教育的职责关系。长期以来,职业教育中,职业学校由教育行政部门管理,而技工院校和职业培训由人力资源社会保障部门管理,由此导致职业学校、技工院校和职业培训三者缺乏统筹协调,乃至技工教育和职业培训受到冷遇。新法将职业教育的统筹协调职权提升到由国务院行使,必将有利于上述矛盾的解决。

另一方面,职业教育的发展还必须依赖社会力量的参与。由于国家财力有限,职业教育需要家庭、社会组织等多途径来源作为补充。当前,建立政府投入为主、家庭合理分担、其他多种渠道筹措教育经费的投入体制是国际职业教育发展的基本样态。[①]对于中国而言,需要鼓励社会力量配合政府,加大对职业教育的投资。在这一点上,新《职业教育法》进行了明确规范,确定群团组织、企业、事业单位在符合相关条件后,均可广泛、平等参与职业教育事业。新法强调企业是重要的办学主体,力求推动企业,尤其是上市公司、行业龙头企业深度参与职业教育办学、投资相关基建,甚至规定"企业开展职业教育的情况应当纳入企业社会责任报告"(第24条),并"鼓励行业组织、企业等参与职业教育专业教材开发"(第31条)。此外,也鼓励职业学校发挥主观能动性,主动与企业等社会力量联结,开展补贴性培训及市场化社会培训,各职业教育实施主体都应自觉实行校企合作,以求获取更多的发展资源。总而言之,以政府管理统筹为基准,鼓励多元主体办学,为职业教育向着综合性立体发展模式演进奠定了基础。

---

① 马雷军、周文娟、王许人:《〈职业教育法〉修订要处理好九大关系》,载《职业技术教育》2021年第12期。

（二）确立普职平等，提升职教地位

新《职业教育法》第53条规定："职业学校学生在升学、就业、职业发展等方面与同层次普通学校学生享有平等机会。"这一规定从立法层面明确阐述了普通教育与职业教育之间的平等关系，树立了"普职平等"的理念。鉴于现实中职业教育遭遇的各种歧视和偏见，新规定将对职业教育产生深远的影响。

新《职业教育法》对于普职平等的界定，可以总结为以下几个要点。首先，新《职业教育法》所阐述的普职平等，明确了职业教育在我国教育体系中是一种独立的教育类型。普通教育偏重传统知识教育，职业教育主导技术与技能教育，两者只有类型上的不同，没有层次上的高低之分，是同质的学历教育。职业教育与普通教育在法律地位上同等重要，但各自形成体系，在分轨的基础上融合发展，是形成我国高质量教育体系的"一体两翼"。其次，新法倡导的普职平等是有诸多法律保障的平等。新法规定，"用人单位不得设置妨碍职业学校毕业生平等就业、公平竞争的报考、录用、聘用条件"，这说明，立法者认识到职业教育遭遇歧视和偏见的主要原因，并力图在立法层面加以矫正。再次，职业教育与普通教育的平等，是立体、多层次的平等，既意味着两者在法律地位和学生发展机会上的平等，又意味着两者应得到同等重视、同等投入、同等保障。

职业教育之所以要与普通教育平等，两者之所以需要协调发展，是因为如此方能创造更多的教育多样性，而教育的多样性是教育对人的发展差异性的尊重和适应。①其两者都是我国国民教育体系和人力资源开发不可或缺的组成部分，并统一于全民终身学习体系建设的历史进程中。

（三）构建完整体系，保障升学衔接

在确立普职平等的教育格局基础上，新《职业教育法》对职业教育内部体系进行了全面的完善。其一，构建更加完整的职业教育体系；其二，建立起职业教育内部的升学机制及其与普通教育的衔接机制。

既有立法已经初步建立职业教育的体系，但新法根据三十余年中国职业教育的实践，对之进行了全面的补充，丰富了以职业学校教育和职业培训为主干，兼及各类特殊职业教育形式的职业教育体系。相比于体系化建构，新《职业教育法》更为突出的特点是明确了职业教育的升学渠道及普职衔接机制。

---

① 刘复兴：《教育政策的价值分析》，教育科学出版社2003年版，第129页。

一方面,职业教育的升学体系地位极其重要,新《职业教育法》对此进行了回应。第15条"高等职业学校教育由专科、本科及以上教育层次的高等职业学校和普通高等学校实施"的规定,以及第53条"高等职业学校和实施职业教育的普通高等学校应当在招生计划中确定相应比例或者采取单独考试办法,专门招收职业学校毕业生"的规定,都昭示新法在立法层面上打通了职业教育中升高、专升本和获取学位的通道,职业教育的学生是可以不断升学深造,接受高层级职业教育乃至本科及以上层次的高等普通教育的。这不仅完善了对职业教育学生权益的立体保护,亦将极大激发职业教育学生的学习热情。2021年,中共中央办公厅、国务院办公厅印发的《关于推动现代职业教育高质量发展的意见》强调,到2025年,"职业本科教育招生规模不低于高等职业教育招生规模的10%"。由此说明,国家将着力发展高层次职业教育,其导向意义对未来职业教育的发展而言有着不可估量的推动作用。

另一方面,新《职业教育法》进一步加强了不同类型职业教育之间,以及职业教育和普通教育之间学分、资历和其他学习成果的认证、积累和转换机制,以增强其制度联通及彼此认可程度,还特别规定了"职业教育国家学分银行"等制度。新法以"统筹推进职业教育与普通教育协调发展"代替了旧有的"实施以初中后为重点的不同阶段的教育分流"表述,就是要强调普职融通的理念。在新法构建的体系化教育框架下,在普通高等学校设置本科职业教育专业及在专科层次的职业学校设置本科职业教育专业都将变为可能,中等职业学校与普通高中、高等职业学校及应用型大学之间实现课程互选、学分互认或将变为现实,由此将最终达成我国普职教育完全衔接、教育体系完整构建的发展愿景。

(四)鼓励产教融合,服务就业民生

职业教育以技术和技能教育为本,其特点就是面向市场、立足就业、服务民生,助力产业发展。关于如何弘扬职业教育这一特质,1996年《职业教育法》提出了"产教结合"的理念。但随着我国经济社会与职业教育的迅猛发展,如前所述,这一理念逐渐不再能适应时代的需求。为了更好激发企业与职业教育的双向联动,赋能校企合作与产教互促,新法提出了"产教融合"的新理念。虽然与旧有的"产教结合"只有一字之差,但其代表的立法精神别有深意。"融合"意味着企业和职业教育不再仅有机械上的联系,而是要"融"为一体。对此,新法有较多具体的制度规定,不仅涉及国家对企业办学主体资格的认可及相关鼓励、支持,还涉及"产教融合型企业""职业教育实习实训基地""职业教育专业教材开发"等诸方面,从而描绘了一个较为立体的产教

融合新业态。

正如学者所言,产教融合、校企合作是职业教育的本质要求和基本特征。[1]在产教融合的语境下,企业在学校建设、施教方案筹划、人才培养等各个方面全面介入职业教育,这必然使职业教育的教学成果更加面向市场,相关人才培养更加贴合就业与创业的需求,强化定向式技能培训供给以赋能低收入群体增收[2],继而更有利于我国民生事业及技能型社会的发展。

此外需要指出的是,职业教育的发展还与新兴产业发展紧密对接。国家根据产业布局大力发展新兴专业,在这一过程中,以技能型教育为基础,体现就业引导功能的职业教育将发挥不可替代的作用。国家可以凭借新《职业教育法》产教融合的路径指引,率先发展、打造一批具有新兴行业示范意义的产教融合型企业,同时积极培育市场导向,使校企各方在供需匹配、服务精准、运作规范等方面深度合作,共同助力相关新兴产业的成长。这对于国家新一轮产业升级、拉动就业、服务民生而言都有着重要的意义,对于职业教育本身的发展也极具饶益。

三、职业教育法的体系建构

新《职业教育法》在确立、阐扬立法精神的同时,还从规范层面充实了职业教育法自身的体系构建,从而将职业教育法的体系化水平提升到了全新的高度。具体而言,新《职业教育法》奠定了以下六大规范体系。

(一)职业教育的基础结构体系

新《职业教育法》强调职业教育的使命是培养"高素质的技术技能人才",涵盖综合素养(包括职业道德及科学文化知识)与行动能力(以技术技能为基础)两大范畴。以此为基础,新《职业教育法》构建了职业教育的基础结构体系,该体系由学校教育、职业培训及特殊职业教育三类型组成,每一类型又下分若干种类,具体如下表所示。

以上职业教育的结构体系还有两大特点需要特别阐明。

---

① 葛道凯:《中国职业教育二十年政策走向》,载《课程·教材·教法》2015年第12期。
② 瞿连贵、邵建东:《新时代职业教育赋能共同富裕的现实困境与推进策略》,载《高校教育管理》2022年第5期。

表 1　职业教育基础结构

职业教育	学校教育	中等职业学校教育	由高级中等教育层次的中等职业学校(含技工院校)实施
		高等职业学校教育	由专科、本科及以上教育层次的高等职业学校和普通高等学校实施(符合条件的技工院校纳入高等职业学校序列)
	职业培训	就业前培训	由相应的职业培训机构、职业学校实施
		在职培训	
		再就业培训	
		其他职业性培训	
	特殊职业教育	军队职业技能	相关等级纳入国家职业资格认证和职业技能等级评价体系
		残疾人职业教育	由残疾人教育机构、职业学校和职业培训机构实施

其一,如前所述,新《职业教育法》力求建立职业教育之间及职业教育和普通教育之间的贯通、衔接渠道。职业教育的学生完成学业,参加并通过考核,即可以获得相应学历证书及其他学业证书、培训证书、职业资格证书和职业技能等级证书(第51条);同时,确认职业培训学分、资历及其他学习成果能够得到教育体系中其他类型教育的承认,并可以进行转换(第17条)。因此,该体系能够较好地协调和平衡职业教育内部与外部的关系,是纵向贯通和横向融通兼备的"立体交叉"式现代职业教育体系。

其二,职业教育体系是一个开放的体系。新《职业教育法》在多个地方对相关问题作了灵活、开放的规定。如在职业教育学校的确定上,立法称其他学校、教育机构或者符合条件的企业、行业组织"可以实施相应层次的职业学校教育或者提供纳入人才培养方案的学分课程"(第15条),这显然为在实践中创设、开发符合现实需要的其他新兴职业教育学校或课程打开了制度上的窗口。类似情况在职业培训中亦有规定。这说明,新《职业教育法》灵活运用授权性规则,力图保持职业教育体系安定性与稳定性的动态平衡,在保证体系中新旧制度衔接与协调的同时,为教育法治现代化的改革实践留足空间。①

(二) 职业教育的法律关系体系

根据新《职业教育法》的规定,能够梳理出比较完整的职业教育法律关系体系。

---

① 周洪宇、方晶:《学习习近平法治思想　加快编纂教育法典》,载《国家教育行政学院学报》2021 年第 3 期。

职业教育法律关系本质上属于教育法律关系的一种,因此其亦呈现出公私法交融的普遍化倾向。[1]但是,因为立法强调在职业教育发展中由国家主导、统筹,以及鼓励社会力量办学和产教融合,所以职业教育法律关系相比其他教育法律关系而言更为复杂。经过梳理,职业教育法律关系大致分为两大类,分别是职业教育行政主管法律关系与职业教育实施法律关系,前者主要涉及职业教育行政管理中的权力与责任,后者主要调整职业教育实施中的权利与义务。两大类法律关系下又包含若干具体法律关系,涉及的主体有各级政府及教育行政部门、职业学校、职业培训机构、各种社会办学组织、职业教育教师和学生等,这充分说明职业教育多元主体参与、法律诉求及利益多样化的生态。申言之,政府与教育机构严格依法履行教育职责,教师具备相应教学资格与技能,企业等社会组织与职业教育有机衔接,受教育者的合法权益被依法保障。职业教育法中复杂的法律关系可以梳理如下。

表 2　职业教育法律关系的体系构成

法律关系基本类型	所含具体法律关系	法律关系的性质与内容
职业教育行政主管法律关系	各级政府及教育行政部门对职业教育进行统筹、分级管理形成的相互之间的法律关系	体现公法关系,界定权力与责任
	政府及教育行政部门与职业教育机构(职业学校、职业培训机构)的法律关系	
	政府及教育行政部门与职业教育教师的法律关系	
	政府及教育行政部门与职业教育学生的法律关系	
	政府及教育行政部门与职业教育相关社会组织的法律关系	
职业教育实施法律关系	职业教育机构与职业教育学生的法律关系	兼有公法和私法的特点,既有教育实施相关的权力因素,又有私法意义上的权利义务关系
	职业教育机构与职业教育教师的法律关系	
	职业教育教师与职业教育学生的法律关系	
	职业教育机构之间的法律关系	
	职业教育机构与其他教育实施主体的法律关系	
	职业教育机构与相关社会组织的法律关系	

需要指出的是,如上法律关系中(如师生法律关系等),其他教育法律也有涉及和调整,而与《职业教育法》有着特别密切联系的法律关系主要有政府与职业教育机构

---

[1]　任海涛:《论教育法法典化的实践需求与实现路径》,载《政治与法律》2021 年第 11 期。

的法律关系、职业教育机构与以企业为代表的社会办学组织之间的法律关系、职业教育机构之间的法律关系，以及职业教育机构与其他教育实施主体（如普通教育的学校）之间的关系等，可以统称为"职业教育核心法律关系"。①这其中又以职业教育机构与以企业为代表的社会办学组织之间的法律关系为典型，这种法律关系可以简称为"产教关系"，是新《职业教育法》所重点界定、规范和调整的法律关系，最能彰显《职业教育法》的基本精神。"产教融合"等理念正是需要合法、合理且富有生力的产教关系才能更好加以呈现。

（三）职业教育的人才培养体系

新《职业教育法》构建了较为完整的职业教育人才培养体系，其涵盖的职业教育类型全面，同时，体系内不同层次的职业教育还相互融通与衔接，特点如下。

首先，覆盖了职业教育人才从道德品质到技术技能的全方面培养。职业教育兼具外显的服务经济、文化和生态建设等社会功能与内隐的育人功能。②因此，新《职业教育法》明确规定，"职业教育必须坚持中国共产党的领导"，"坚持立德树人"，增加了"应当弘扬社会主义核心价值观，对受教育者进行思想政治教育和职业道德教育"的规定（第 4 条），形成尊重公共秩序、遵守社会公德的法治思维③，从而夯实职业教育的思想政治与道德基础。此外，依据"产业布局和行业发展需要"提升职业教育，立足培养高素质技术技能人才，紧密对接我国产业升级与技术变革，构建技能型社会，契合我国经济社会高质量发展需要的能工巧匠、大国工匠等人才培养的情境与制度设计。④综上而论，新《职业教育法》确立的人才培养体系是德技兼修的，着力于品格与能力协调培育的人才培养体系。

其次，含括了尽可能多的类型，联通了诸多体系。从宏观上说，职业教育包含职业学校教育和职业培训两大类，而前者又有中等与高等之别。高等职业教育以职业需求为导向，兼顾专业知识和实践技能教学，培养具有专业学位研究能力的应用型人才⑤，涵盖了专科、本科、硕士、博士四个层次，本科以上各层次亦设置了相关的学位。此外，如前所述，按照新《职业教育法》的精神，中等与高等职业教育都有各自的深造

---

① 李新生：《关于〈中华人民共和国职业教育法〉修订内容的理性反思》，载《现代教育管理》2021 年第 9 期。

② 彭洪莉、朱德全：《职业教育服务乡村振兴：多维演进与未来图景》，载《教育发展研究》2022 年第 19 期。

③ 邬定伟：《民法典视野下高校法治教育新论》，载《青少年犯罪问题》2022 年第 2 期。

④ 彭凌龄、路宝利：《职业生涯教育逻辑阐解：基于新修订职业教育法》，载《江苏高职教育》2022 年第 2 期。

⑤ 卢少华：《新时期高等职业教育的内在逻辑与发展要求——评〈高等职业教育的改革与发展〉》，载《科技管理研究》2021 年第 23 期。

渠道,不同层次的职业教育有效贯通,职业教育与普通教育两大体系亦相互融通,由此形成了全面、立体、动态的人才培养体系。

最后,设置了诸多可以继续进行深化、建构的职业教育方向。根据新《职业教育法》,国家针对不同地域、人群以及产业、职业的需要,为多元多类型的职业教育预设了发展的空间。未来,国家可以依据《职业教育法》的规定,结合中国乡土社会和多民族国家的基本国情①,按需发展面向农村的职业教育,革命老区、民族地区、边远地区、欠发达地区的职业教育,转岗、再就业、失业人员职业教育,以及残疾人等特殊人群的职业教育,等等。此外,新法还规定了"中国特色学徒制"等特色培养机制,由此,建构起多层次、多分支、多元并存的职业教育人才培养体系。

(四) 职业教育的实施保障体系

新《职业教育法》确立了更加全面的职业教育保障制度,从各个方面确保职业教育能够蓬勃发展。其既设定了职业教育内部的治理结构,又规范了职业教育发展所必需的资源供给。就治理结构而言,新法强调政府及其职能部门在职业教育发展中的统筹功能,但更重要的是,新法规定了职业学校校长负责制(第35条)及"依据章程自主管理"(第36条),并对其设立条件、活动范围及监督机制进行了界定,这也就意味着国家保障职业教育机构的主体性与自主性。同时,立法还鼓励、倡导多元办学主体,坚实职业教育的办学根基。

在此基础上,新《职业教育法》以专章的形式对职业教育的经费支持及各种保障措施进行了规定。就经费而言,立法秉持的精神依然是政府进行统筹,同时鼓励通过社会力量等多种渠道为职业教育的发展筹集资金。具体而言,一方面,政府"按照事权和支出责任相适应的原则"落实职业教育经费,保障国家教育经费适度向职业教育倾斜。新法补充完善了教育经费的内容、使用规则,扶持与捐赠路径,规定了职业教育享受的相关资金政策优惠。另一方面,政府大力鼓励企业、事业单位、社会组织、公民个人对职业教育的资金投入与金融支持,倡导社会组织和多元主体对职业教育的捐资助学。而对于实现"产教融合"而言至关重要的企业,新法明确对其进行金融、财政、土地等方面的支持,给予相应的税费优惠,以最大程度地鼓励企业更多参与职业教育的发展,尤其是加大资金方面的投入。

经费之外,新《职业教育法》还规定以科研与教材、教资开发为着力点,推进职业

---

① 陈·巴特尔:《新修订的〈中华人民共和国职业教育法〉的亮点与新意》,载《职业教育研究》2022 年第 7 期。

教育资源的共建共享，以深化职业教育在不同区域、行业和部门中的影响力，汲取更多优化资源，保障教育的实施。立法还倡导为职业教育建立健全信息统计和管理体系、职业教育服务和保障体系，加大职业教育的公益宣传等，以求为职业教育的发展建构全面系统的支持和保障。

（五）职业教育的法律责任体系

新《职业教育法》健全了职业教育的法律责任体系，依次明确了与职业教育相关的企业、职业学校与职业培训机构，以及相关国家机关的法律责任。此外，第63条规定又以准用性规则对在相关责任追究领域中适用《教育法》与《劳动法》的规范作出指引。这两部法律着力调整教师与学生之间的教育法律关系，以及学校或其他用人单位与受雇教师之间的劳动法律关系，并设有相关的责任条款。因此，新《职业教育法》建构的追责体系基本涵盖了职业教育所涉及的各类主体及其法律关系。这意味着，新法在赋予各主体充分的权力、权利和自由的同时，也以法律责任的规范明晰了权力与权利的边界，更加确定了各主体的法定义务。

新《职业教育法》责任体系的核心是强化政府、学校以及企业对于职业教育的办学责任。尤其是针对职业学校，新法第36条规定赋予其专业设置、教材选编、学制设定、教师选聘等方面的诸多自由，因此其也承负最主要的法律责任，需要做到信息公开，并且校务、校长工作及办学成果要接受党和政府及社会的督导、监督与评估。

从责任的属性上说，新法界定的法律责任主要是行政责任，大概是因为"《职业教育法》的价值取向偏向于教育法公法的强制性规范"。[1]法律责任具体包括对企业与学校的行政处罚，如责令改正、吊销办学许可证、责令停止办学、没收违法所得、罚款等；也包括对国家机关工作人员的行政处分。此外，立法还通过准用性规则引入了刑事责任、教育和劳动法律责任等，进一步健全了职业教育相关的法律责任体系，从而有利于法律责任"全面覆盖""问责有力"的实现。

（六）职业教育外部衔接的法律体系

如上述，新《职业教育法》构建了一个庞大的职业教育法律体系，从人才培养，到保障措施，再到法律责任，其所涉及的法律关系远远超过了《职业教育法》本身，与许多外部法律都建立起衔接关系，而这些衔接关系也形成了一个体系。该体系从联系紧密程度上看，主要分为教育法律和非教育法律两个板块。

---

[1] 黄亚宇、李小球、雷久相：《〈职业教育法〉修订的演进历程、法理基础与价值取向》，载《职业技术教育》2021年第27期。

各种教育法律与职业教育法之间的联系是直接且密切的。除了作为教育一般法的《教育法》对《职业教育法》有着统领性影响外，《高等教育法》和《民办教育促进法》与《职业教育法》之间的衔接最为显著。如前述，新《职业教育法》建构的职业教育与普通高等教育之间互认融通的"立交桥"，使职业教育学生能够理直气壮地行使《高等教育法》规定的学位获取等诸多权利，并产生相应法律后果。此外，依据新法，普通高等学校本身就是高等职业学校教育的实施主体之一，这使得职业教育与《高等教育法》之间的联系更为紧密。

另外，新法倡导发展多层次、多类型的职业教育，鼓励多元办学，尤其强调企业等社会力量参与职业教育的兴办，以推动职业教育治理架构优化、治理机制完善与治理效能的提升。[1]而依据《民办教育促进法》第2条的规定，"社会组织或者个人，利用非国家财政性经费，面向社会举办学校及其他教育机构的活动"皆受《民办教育促进法》调整；此外，新《职业教育法》也确认了"民办职业学校"的存在，因此职业教育与《民办教育促进法》之间也产生了直接的衔接。职业教育与国家经济发展趋势、产业结构调整方向的联系更为紧密[2]，这为企业更多参与职业教育留下巨大空间，而"产教融合"理念的确立，更为企业办学提供了坚实保障。民办教育在丰富教育体系、扩大办学资源、培养多层次人才方面有着巨大价值[3]，职业教育与民办教育的结合或能促成双赢，此外，《教师法》《学位条例》《教育督导条例》《教育行政处罚暂行实施办法》等，也是教育法律中与《职业教育法》产生外部衔接的法律。

因为《职业教育法》运用准用性规则，且其自身法律关系具有复杂性，也有诸多非教育法律与《职业教育法》之间产生衔接关系，如《劳动法》《刑法》及相关行政法律等。这些法律与职业教育的对接，形成了《职业教育法》的规则支持体系。

四、职业教育法的实践属性

职业教育担负着巨大的社会使命，要为国家战略和社会发展培养人才。发

---

[1]　陈越、蒋家琼：《高等职业教育多元共治的架构、机制与效能研究——基于江苏省高等职业教育国际化政策的分析》，载《高校教育管理》2022年第3期。

[2]　任怡平：《新时期我国职业教育改革的应然转变与发展指向——基于〈国家职业教育改革实施方案〉的背景》，载《成人教育》2020年第10期。

[3]　王思杰：《教育法典中民办教育法编的内容安排》，载《青少年犯罪问题》2021年第6期。

展职业教育,方能达致多元化的经济社会发展目标。如让传统产业转型升级,发展高新技术,根据国家布局和行业发展需要,大力开发先进制造等新兴专业;加快培养托育、护理、康养、家政等方面技术技能人才,建设技能型社会;振兴农村的职业教育,培养高素质乡村振兴人才,等等。这些目标昭示着职业教育相较于其他教育而言具有鲜明的实践品格。职业教育因实践而兴、为实践而存、以实践而发展,因此,职业教育法也具有实践属性,该部分得到了媒体与学界的充分关注和探讨。

(一)职业教育的实践品格

习近平总书记指出,要"扎根中国大地办教育",回答好"中国之问、世界之问、人民之问、时代之问"。这就说明,中国的实践教育,必须立足中国实际,彰显实践性。这种实践性,既体现在职业教育参与者的个体生活中,又体现在职业教育本身的发展中。首先,职业教育对于个人来说,有着极为重要的实践意义。接受职业教育的很多学生往往还没毕业就被企业"预订"了,就是因为职业教育学生有着较高的实践能力。高就业率的背后,是专业设置与产业需求的同频共振。如专家所言,"职业教育的目的,不仅是为经济社会发展提供人力资源,更应帮助每个人探索兴趣与潜能,享受出彩的人生"[①]。其次,实践是职业教育立足与发展的根本,也是其在新时代背景下取得不断进步的进路。一方面,职业教育适应中国社会主义市场经济和社会发展需要,为全面建设社会主义现代化国家提供有力的人才和技能支撑。另一方面,职业教育随着中国国家战略的开展,在世界上产生实践性影响。尤其是随着共建"一带一路"的深入推进,越来越多职业教育合作项目在沿线国家落地。中国和"一带一路"沿线国家通过校企合作办学、中外院校共建、设立培训中心等方式,在培养多样化人才、传承技术技能、促进就业创业等方面取得显著成效,为当地经济社会发展提供了人力保障和智力支撑。[②]最后,中国与东盟国家也有相关的职业教育合作。通过强化联动、促进企业参与及资源带动等方式,中国—东盟职业教育在跨域治理方面已形成初步探索。[③]

未来,职业教育要进一步发展和进步,也需要紧紧抓住实践性这一职业教育关键特点,将教育工作与产业发展、实践操作和技术创新高度融合,既要构建高质量"双

---

① 丁雅诵:《让职业教育成就更多精彩人生》,载《人民日报》2022年5月17日第10版。
② 赵益普等:《加强职业教育交流 促进经济社会发展》,载《人民日报》2022年2月25日第3版。
③ 张菊霞、任洁华:《中国—东盟职业教育跨域治理的探索、挑战与机制》,载《中国高教研究》2022年第5期。

师"型教师创新团队,继续推进校企合作,开发新形态教材等重要教育资源,又要推动多维空间、线上线下、做学合一的教学方法改革。①

(二) 职业教育法在实践中发展

基于职业教育的实践性,新修订的《职业教育法》体现出非常强烈的实践属性。新法规定,国家大力发展职业教育,推进职业教育改革发展,提高职业教育质量,增强职业教育适应性,建立健全、符合技术技能人才成长规律的职业教育制度体系,与产业发展紧密对接,将教育链和生产链更紧密连结起来,使受教育者把知识和技术直接应用于生产实践,以上都充分说明了职业教育法鲜明的实践特征。为实现以上愿景,新《职业教育法》许多条款都规定了实习实训,要求建设高水平、专业化、开放共享的产教融合实习实训基地,明确职业教育受教育者有参加实习的义务,并保障其实习期间的合法权益等,以着力提高职业教育学生的动手操作能力。此外,新法强调市场导向,发展面向市场的就业教育,也是职业教育法实践性的体现。

虽然新《职业教育法》取得了较高的立法水平,社会反响很大,但职业教育法本身的发展并不会止步于此。未来,中国职业教育法将向着更加细化、深入的方向继续完善。而这种完善,也必须紧扣实践、服务于实践。例如,在巩固脱贫攻坚成果和实现乡村振兴的背景下,职业教育地方立法的需求尤其迫切。尤其是在西部地区、民族地区,职业教育地方立法应当明确其功能定位,做好立法前期调研工作,促进不同治理体系有效协作,实现全面推进,力求能够改变相关地区职业教育地方立法长期缺失及"以政代法"等问题。②再如,根据学者对司法裁判文书的实证研究,我国《职业教育法》的司法适用性有待提高。在司法实践中,《职业教育法》存在诸如法律条文援引规则不统一、与其他法律条文相比地位相对较低等问题。因此在未来的职业教育法律实践中,应规范条文援引规则,处理好与其他法律的关系,构建与职业教育发展相适应的法律体系。③总而言之,实践性是职业教育和职业教育法的根本品格,职业教育法的原则设立、制度设计与体系建构都应以实践为中心而展开。

---

① 邹宏秋、许嘉扬:《数字化时代职业教育"三教"改革的政策理路与实践进路》,载《中国高教研究》2022 年第 6 期。
② 郑春晶、郝文武:《西部民族地区职业教育地方立法现状与前瞻——以青海省职业教育实践为分析对象》,载《青海民族大学学报(社会科学版)》2022 年第 2 期。
③ 陶夏、李胜:《〈职业教育法〉司法适用的实践特征、现实困顿与发展纾解——以"中国裁判文书网"中的 183 份裁判文书为例》,载《中国职业技术教育》2022 年第 9 期。

五、本 章 小 结

自 2012 年以来,中国学界对职业教育法治的研究持续升温,成果多元缤纷,因而可以认为,职业教育法的相关研究已成为我国教育法学研究的一个重要着力点,其体现了以下特点。

首先,研究的成果众多。尤其是 2022 年新《职业教育法》颁布后,围绕着新《职业教育法》,学界有很多优秀的研究成果在核心期刊发表,从而形成了非常可观的研究资料库。目前,职业教育法治已经获得了较高的学术关注度。相较于其他研究方向的教育法,职业教育法的研究成果体量较大。

其次,研究的具体内容多样。职业教育法的研究涉及的面向非常广泛。研究涵盖职业教育法的方方面面,从立法背景、基础理论到制度规范的实证分析,再到产教融合等实践中存在的问题,佳作迭出。既有关于中国职业教育法的研究,又有关于世界各国的职业教育法治研究。职业教育法的研究成果内容多元、视野广阔。

最后,研究中呈现的若干重要的学术聚焦,成为新时期职业教育法研究的共识和基础。这些共识很多是从新《职业教育法》的立法精神和制度设计中总结归纳而来的,如"普职平等""产教融合""技能型社会"等。也有一些是基于职业教育的实践总结而来的,职业教育所具有的鲜明的实践性品格,导致职业教育的相关理论研究中存在着明显的实践导向。未来的研究,将以这些共识作为基础,使职业教育法治的探讨持续深入。

当然,2012 年以来的研究也呈现出一些不足之处,犹待完善。

第一,研究集中于理论探讨,虽然有一定的职业教育实施方面的实证研究,但成果还不多。由于新《职业教育法》刚刚颁布,学术的关注尚集中于新法本身,相关的实践成果还很难显现。但我们应注意,如上所述,职业教育法具有鲜明的实践属性,关于职业教育实证方面的研究应当得到充分关注。

第二,研究总体而言还是关注比较宏观的主题,集中于职业教育法的体系、原则、立法精神、基础制度等方面。这也说明学界高度重视对新《职业教育法》立法层面的解读。但要推动职业教育法研究的充分发展,应当更加关注职业教育法中的具体制度,它们都需要学者进行更加微观和细致的研究。而目前,囿于研究条件,尤其是受到职业教育实践程度的限制,相关的成果还比较稀少。

第三,研究成果主要还是集中在教育学方面,而缺乏法学的视角。从某种意义上说,职业教育法治的研究,目前依然以"职业教育"为主导,而"法治"方向的高水平研究鲜少。申言之,除了对职业教育法的解读研究之外,目前职业教育法治领域缺乏法学学者从专业化的法治角度对职业教育法领域下的其他具体问题进行研究并产出高质量、建设性的研究成果。

基于以上分析,我们认为,自2012年以来,我国职业教育法治的研究取得了丰硕的成果,能够为将来更加深入的研究奠定坚实的基础。展望未来五到十年职业教育法治的发展趋势,职业教育法的研究总体上将向着"更加实证化、规范化和精细化"的方向发展。具体而言,研究的新议题或研究的新变化可能出现在以下几个方面。

首先,深入分析职业教育的实践效果,形成更多扎实的基于职业教育法之实施的实证分析成果。相关的实证分析,需要结合诉讼案例而展开。需要注意的是,我国司法机关适用《职业教育法》的案例总体上是偏少的。根据对"中国裁判文书网"的数据分析可知,从2011年有记载开始,至2021年11月1日,有关《职业教育法》的司法适用案例年均仅有15件左右,而与《教育法》有关的司法适用案例年均约为5065例。此外,近几年,《职业教育法》的司法适用案例年均数量呈下降趋势,大部分省份的司法适用案例低于5例。[1]这种情况的出现,应当与旧《职业教育法》规范疏漏和新时代职业教育发展日渐脱节有关。而随着新《职业教育法》的颁布,相信相关的司法判例将会呈现增长趋势。在此背景下,针对《职业教育法》的司法判例开展的实证研究将具有重要的学术价值。通过具体的、基于司法判例的实证研究,我们能够发现新《职业教育法》在实践中的新情况、"真问题",继而提出新的学术观点和解决方案,这应该是未来职业教育法研究的重要的新起点。

其次,充分研究新《职业教育法》中界定的具体制度,更加注重微观的、技术层面的研讨,从而奠定职业教育法更为扎实的研究基础。之前的研究更偏向丁理论层面的分析和原则性规范的探讨,而新《职业教育法》的颁布或将改变这一局面。因为新《职业教育法》规定了诸多实践性制度和制度实施的愿景,如"新学徒制度""学分银行","双师型"教师,全面落实办学自主权,以及"普职衔接""产教融合"的具体落实

---

① 陶夏、李胜:《〈职业教育法〉司法适用的实践特征、现实困顿与发展纾解——以"中国裁判文书网"中的183份裁判文书为例》,载《中国职业技术教育》2022年第9期。

等。这些规定将在未来引领我国职业教育的发展,同时成为我国职业教育法治的基础。目前此类研究还比较缺乏。未来,针对具体制度本身,评价和分析实际施行情况的研究将会成为相关领域研究的重点。当下在实务中,可以作为分析材料的职业教育法相关的新举措正不断涌现,如 2023 年 7 月 25 日,首个国家重大行业产教融合共同体暨国家轨道交通装备行业产教融合共同体在江苏常州成立,共同体成员单位覆盖全国 20 多个省份,包括 9 所普通高校、34 所职业院校、中国中车及其 49 家所属制造类子公司。①产教融合共同体是对新《职业教育法》第 4 条、第 23 条、第 27 条等规定的直接呼应。相关的实践举措刚刚落地,相应的学术研究亦将随之兴起。近似的研究或亦将成为中国职业教育法治研究的重要组成部分。

最后,职业教育法的对比研究继续拓展,为中国职业教育的发展护航引路。职业教育立法在世界各国各地区都有丰富的实践,各国相关的立法成果,能够为中国职业教育法治的进步提供充分的经验借鉴。其中,尤其以德国、英国、美国的成功经验最为显著,澳大利亚等国家的相关制度也颇具特色和启示意义。目前,我国学者已对之进行了基础的研究,未来,相关的译介一定会更加深入和充分。而以新《职业教育法》的制度规范为基准,相关的比较实证研究也将更为顺利地开展。此外,将教育学、社会学等学科的研究方法引入职业教育法治的研究领域,形成交叉学科的研究范式,也可以视为我国职业教育法治研究下一步发展的突破点。

---

① 闫伊乔:《首个国家重大行业产教融合共同体成立》,载人民网,http://jx. people. com. cn/GB/n2/2023/0726/c186330-40507459.html,最后访问时间:2023 年 7 月 28 日。

第六章

民办教育法学

民办教育指由国家机构以外的社会力量,利用非国家财政性经费,举办各类教育机构进行各种教育活动的统称。民办教育作为公立教育的重要有益补充,是社会资本力量与教育发展需求相结合的产物,在扩大教育机会、丰富教育内容和拓展教育形式等方面发挥了市场化功能。相应地,民办教育法学是在法学和教育学的交叉融合视角下,对民办教育领域法治问题的具体研究,属于教育法学的一个重要分支。

我国《民办教育促进法》第 2 条规定从办学主体和经费来源两个维度界定"民办教育",而联合国教科文组织则根据学校管理权划分出不同于公立教育的"私立教育"。"私立教育"的外延宽于"民办教育"①,但是一般二者可以通用。对于美国、日本等发达国家而言,民办教育是其教育事业的重要支柱,其民办教育相较于我国而言发展更成熟、规模更庞大。尽管各发达国家民办教育的发展基于其历史传统、政治制度、文化环境等因素呈现出一定的差异,但重视从法律制度上保障民办教育的发展是其共同选择。比如,日本早在 1899 年就制定了《私立学校令》,具体规定民办学校的设立和管理等事项;之后又以之为基础制定了《私立学校法》,并颁行了该法的施行令和施行规则;随后制定了《私立学校振兴助成法》,形成了比较完善的民办教育法律体系。

党的二十大报告明确办好人民满意的教育需要"引导规范民办教育发展",而民办教育法治是引导规范民办教育高质量发展的重要保障。在民办教育领域,教育发展公益性和社会资本营利性存在内在张力,民办教育法治必须平衡好这种张力,保障民办教育行稳致远。因此,有必要立足于我国民办教育现代化发展的现实需求,参考借鉴国外民办教育的政策法律和治理实践,形成具有中国特色的现代化民办教育法

---

① 王建:《规范民办义务教育发展的政府责任与政策导向》,载《教育研究》2022 年第 11 期。

学体系，引导和规范我国民办教育高质量发展。

一、前　　言

　　一般认为，我国的民办教育自改革开放以来，历经了复苏、成长、法制建设和新法新政四个时间阶段。①相应地，我国民办教育的法治化进程及民办教育法学研究的议题也随着民办教育政策变迁历经了从恢复建设到向深广发展的演变过程。

　　自改革开放至 2002 年《民办教育促进法》颁布前，我国法律制度建设较为滞后，民办教育只能在实践与制度的冲突中曲折前进。我国 1982 年《宪法》第 19 条明确规定国家鼓励社会力量依法举办各种教育事业，首次确立了民办教育的合法地位。1995 年制定的《教育法》第 25 条明确规定国家鼓励社会力量依法举办学校及其他教育机构，民办教育得到了教育基本法的进一步支持和肯定，从而蓬勃发展起来。但是，由于理论上和实践中对于民办教育的基本定位、办学模式、管理机制等问题存在较大分歧，民办教育立法推进缓慢，仅有 1997 年出台的《社会力量办学条例》作为最高法规予以指导。此阶段，民办教育法学的研究主要聚焦于民办教育立法的基本问题，包括民办教育的功能定位与法律地位、民办教育公益性与营利性的立法价值平衡、政府教育管理权力与举办者自主办学权利的法律关系调和等内容。

　　《民办教育促进法》的出台填补了民办教育专门法律的空白，昭示我国的民办教育事业正式进入法治化轨道，迈向依法治理、规范发展的进程。该法对国家促进民办教育发展的基本方针和原则、民办教育机构办学的扶持鼓励和监督管理等事项作了较为明确的规定，在延续《社会力量办学条例》中民办教育公益属性定位和非营利性制度设计的基础上，肯定了民办学校的合理回报制度。随后，《中华人民共和国民办教育促进法实施条例》（以下简称《实施条例》）以及《民办高等学校办学管理若干规定》《独立学院设置与管理办法》等具体规定的出台进一步细化了民办教育法律规范，基本形成了民办教育的法律体系。此阶段，民办教育法治呈现出实践倒逼立法的特

① 阙明坤、王华、王慧英：《改革开放 40 年我国民办教育发展历程与展望》，载《中国教育学刊》2019 年第 1 期。

征，然而《民办教育促进法》存在规定不健全与滞后的缺憾，民办教育乱象频仍，引起全国上下的关注。因应现实需要，民办教育法学的研究议题转为《民办教育促进法》实施过程中反映出的民办教育法律关系的本质与特点、民办学校合理回报的应然内涵，以及民办学校监督管理机制等内容。

2016 年我国修改《民办教育促进法》，着力解决民办教育在发展过程中面临的同等法律地位无法充分保障、差别化扶持的政策法律优惠未能兑现落实，以及民办学校法人治理结构难以有效建立等掣肘性问题。修订后的《民办教育促进法》正式从法律上规定分类管理制度，并颁布多个配套规定保障分类管理制度的顺利进行，由此开启了民办教育深化改革新时代。此后，我国民办教育法学研究便在民办学校分类管理的法律框架下，围绕举办者权利义务、民办学校自主办学权利、政府监督管理责任等内容展开。新时代，民办教育面临实现高质量发展的新挑战，民办教育立法需要因应教育法典编纂的新要求。如何厘清教育与资本的关系、推动公办与民办的协同[1]、提升民办教育法治化水平已经成为当下民办教育法学研究的核心议题。

当前，我国民办教育法学研究主要围绕规范民办教育高质量发展的主题展开。从研究的视野来看，大多数研究着眼于新时代我国民办教育高质量发展的制度构建、政策执行、法治保障、路径选择和策略优化等问题，也有研究着眼于域外民办教育规制的经验教训及其对我国民办教育高质量发展的启示。从研究的层面来看，既有关于民办教育政策执行、规范设置、制度创新等宏观层面问题的研究，又有关于民办义务教育、民办高等教育、民办职业教育等中观层面问题的研究，还有关于民办高校法人财产权保障、民办学校融资法律规制、民办教育税收优惠制度等微观层面问题的研究。从研究的对象来看，既有关注民办托育机构、民办高校、民办职业院校等民办教育相关主体权益法律保护的研究，又有关注民办教育分类管理、职业院校混合所有制办学、民办教育集团化办学等民办教育相关行为法律规制的研究。本章以中观层面中民办学前教育、民办义务教育、民办高等教育、民办职业教育、民办学校分类管理的法治完善领域为切入点，重点研究其中关于民办教育中的政府责任、办学规制、法律关系和分类管理的热点议题。

---

① 王烽、周玲：《新时代民办教育的创新发展与政策变革》，载《教育与经济》2020 年第 3 期。

二、民办学前教育普惠性发展的法治保障

近年来,在民办学前教育事业持续发展和新型经济模式不断涌现的背景下,由于现行法律中关于学前教育阶段民办学校的规定尚不明确,实务中出现了有关该阶段民办学校收费权质押与财产抵押行为之效力如何等问题的争议。如(2021)沪74民终1299号案件中,出租人某融资租赁公司与某民办幼儿园签订质押合同,约定以该幼儿园特定期间的收费权提供质押担保。后承租人违约,出租人起诉该幼儿园要求实现担保物权。法院认为,依据相关法律规定,尽管该幼儿园是法律所规定的民办非企业单位,但该幼儿园系民办非营利性学校,其作为事业单位不得对外提供担保;民办幼儿园的举办者不得获取办学收益,并且应将该幼儿园的办学结余全部用于幼儿园办学;该幼儿园将其学费收费权为承租人的债务提供质押担保有碍于其教育公益目的的实现,因此双方的质押合同无效。当然,类案裁判存在差异,民办学前教育阶段民办学校的法人属性、收费权质押和财产抵押的合法性等问题仍具有不确定性,民办学前教育的公益性目的往往无法被充分贯彻。民办学前教育在实现个体的全面健康发展和社会的可持续发展中发挥着基础性作用,深入开展上述问题的法学研究对坚持民办学前教育的公益性本质和普惠性发展而言具有重要意义。

(一)民办幼儿园普惠性非营利转向改革的法治化路径

随着国家政策积极鼓励支持民办学前教育事业发展,社会力量和资本迅速涌入学前教育领域举办民办幼儿园。虽然民办幼儿园在一定程度上弥补了学前教育资源短缺和投入不足的问题,缓解了"入园难"的问题,但是实践中政府对民办幼儿园的普惠性治理要求与民办幼儿园自身营利性的发展诉求之间存在较大张力,导致部分民办幼儿园逐利性明显,解决"入园贵"和"入园难"问题仍然需要更加有效和持续的解决方案。2018年《关于学前教育深化改革规范发展的若干意见》(以下简称《意见》)提出要"积极扶持民办园提供普惠性服务",明确了民办幼儿园普惠性非营利转向改革的政策导向,即引导社会力量举办更多普惠性幼儿园,实现民办学前教育朝增进公众福祉的目标转向和公益性的性质定位转变。然而,由于民办幼儿园分类管理过程中存在相关法律制度设计不完备和政策执行失真等因素,民办幼儿园在实践中

存在"普惠"与"营利"的二难困境,造成了民办幼儿园名实分离的困境。[①]当前,应当优化民办幼儿园的分类管理制度,在加强营利性民办幼儿园监管的同时,完善民办幼儿园普惠性非营利转向改革的支持制度和激励机制,发挥民办幼儿园对于学前教育优质均衡发展的重要补充性作用。

当前研究致力于探索民办幼儿园普惠性非营利转向改革的法治化路径,以期从法律制度设计和政策执行的层面发力破解民办幼儿园"普惠"与"营利"的二难困境。既有从静态意义上针对我国民办幼儿园的组织属性、价值取向、功能定位、城乡差异等有关其法律地位的研究;又有动态意义上针对我国社会经济背景下民办幼儿园普惠化发展和本土化转型过程中政府扶持、师资配置、办学模式、审核监管等内外驱动力的研究;还有从比较法上借鉴发达国家规制私立学前教育机构的有益经验,以优化完善有利于我国普惠性非营利转向改革的设立与组织、师资与办学、扶持与奖励、监督与管理等法律规则的研究。

(二)"幼小衔接"阶段民办学前教育的性质定位

20世纪以来,在世界范围内,学前教育逐渐突破私人行为和家庭活动的范畴,发展成为一种国家财政经费支持和社会公众力量兴办的社会公共事业,以使其更好地与小学教育相衔接。由于政治制度、社会结构、经济水平和教育规模存在差异,各国学前教育由私人性向公共性演变的进程有所不同,呈现出"纯粹私人物品——准公共物品——纯粹公共物品"的谱系特征。虽然法国等一些欧洲国家的学前教育已经基本被当作一种依靠国家财政投入的纯粹公共物品,但是仍然需要社会力量举办的民办幼儿园作为学前教育的重要补充。当前,我国的学前教育是一种仅满足受益非排他性而不满足获取非竞争性的准公共物品,由社会力量提供的非普惠、营利性的民办幼儿园仍然是一种质优价高的稀缺性学前教育资源。如此,学前教育尤其是其中的民办成分,呈现出与小学义务教育迥然不同的性质。由此导致即使同为民办的小学和幼儿园,其在价值定位、法律地位和供给模式上也存在明显差异,一定程度上造成了民办学前教育难以有效适应与义务教育阶段的小学教育顺畅衔接的需要。

在国家扶持民办幼儿园普惠化发展的政策导向下,处于教育法治边缘地带的"幼小衔接"阶段民办学前教育陷入了公益普惠抑或私益特惠、非营利还是营利的性质定

---

① 魏聪、王友缘、王海英:《民办幼儿园营非之选中缘何"名实分离"——基于全国范围的实证调研》,载《中国教育学刊》2021年第7期。

位迷茫,甚至出现了"小学化"的办学倾向。尽管《民办教育促进法》提供了民办幼儿园分类管理的治理框架,但实践中民办幼儿园的办园和办学模式复杂多元,立法上《学前教育法》及有关法规规章存在缺位,民办学前教育因其定位模糊仍然面临制度支撑不足、整体质量不高、持续发展乏力等问题。在教育学、政策学与法学的跨学科交叉融合视角下,高质量发展及其立法保障是学前教育政策研究的核心主题。[①]应当如何在法律规范层面确定民办学前教育的应然地位和实践路径,并基于此建立一整套契合"幼小衔接"阶段民办学前教育的注册审批、资产配置、组织管理、教师资格、扶持奖励及法律监管的制度,仍然有待更加深入的法学研究。

(三)公益性视角下民办学前教育发展的政府责任

学前教育作为终身教育的开端和基础,已经被诸多教育经济学研究证实为教育投入社会回报率最高的教育阶段,政府将学前教育纳入基本公共服务范畴和国家财政保障范围,并且比照甚至同等于义务教育进行制度设计,在国际上已经成为一种趋势。[②]《意见》明确了学前教育的公益普惠基本方向和政府主导、规范管理的基本原则,并以此为导向强调了民办学前教育发展的政府责任。一方面,政府应当从引导和支持的角度,完善普惠性民办幼儿园的认定标准、补助标准及扶持政策,制定民办幼儿园分类管理的实施办法;另一方面,政府也必须从监管和规制的角度,强化对民办幼儿园收费的价格监管,遏制其过度逐利行为,制定非营利性民办幼儿园收费的具体办法。虽然《意见》从宏观教育政策层面划定了政府责任的范围,但是高阶学前教育立法的缺失及具体操作层面的法律规范供给不足导致实践中政府责任在支持上缺位、在规制上错位、在监管上越位并存。例如,为实现《意见》中提出的普惠性幼儿园覆盖率达到80%的要求,部分地方政府对民办幼儿园实行一刀切式"关停转并"的方案或强制"民转公"的措施,不仅造成了师资流失、经费短缺、质量下滑等影响学前教育的整体发展水平的问题,也埋下了不利于民办学前教育普惠化、高质量发展的风险隐患。[③]因此,有必要加强规范民办学前教育发展的政府责任研究,明晰政府在增加财政支持、实施分类管理、完善办学监管等方面的责任,推动落实政府责任法律规范的制定和实施。

---

① 洪秀敏、朱文婷、张明珠:《我国学前教育政策研究的回眸与展望:价值取向、研究范式与核心主题》,载《学前教育研究》2020年第4期。

② 刘占兰:《学前教育必须保持教育性和公益性》,载《教育研究》2009年第5期。

③ 严仲连、邹志辉:《我国学前教育发展中的风险及防范》,载《中国教育学刊》2021年第12期。

三、民办义务教育均衡发展的法治保障

民办义务教育作为改革开放以后因教育思想解放而出现的新事物,为我国的义务教育发展创新作出了积极贡献。但是,一些地方义务教育阶段的民办学校办学模式不规范,尤其是"公参民"办学引发了较多不利于义务教育优质均衡发展的冲突和风险。所谓"公参民"学校,指在义务教育阶段,由公办学校单独举办或者参与举办的民办学校。①例如,在(2023)云行终 280 号案件中,2020 年,四海公司设立紫龙公司,以其作为举办者设立南开学校,并将该校登记为民办非企业法人。2021 年,南开学校与蒙自教投实验学校合作举办了义务教育阶段的蒙自教投实验学校南开区。2022 年,蒙自市政府发布《蒙自市规范"公参民"义务教育学校工作实施方案》,认定南开校区是"公参民"义务教育学校,并将其转设为公办学校。随后,蒙自市教体局通知四海公司后,强制接管了学校。南开学校、紫龙公司、四海公司对此提起行政诉讼,主张南开学校是由民营企业依法开办的民办学校,不属于"公参民"学校范围,政府的行政行为违反相关法律规定,严重损害其合法权利,程序严重不当,依法应予撤销。法院认为,市政府发布实施方案是指导行为、过程性行为,并非可诉的具体行政行为,裁定不予受理。这反映出学界应当深入研究民办义务教育转型升级的制度革新、政府责任,以及"公参民"学校法律治理等问题,以优化民办义务教育均衡发展的法治保障。

(一) 民办义务教育发展转型升级的制度革新

民办义务教育已经成为我国公办义务教育的重要补充,分析义务教育阶段民办学校存在的主要问题与改革发展逻辑,及研究规范民办义务教育优质均衡发展的法治之道具有重要意义。随着我国"双减"政策的深入推进和校外培训机构监管立法成为共识,规范民办义务教育发展的教育制度环境和价值取向发生了新的变化,民办义务教育发展转型升级的制度革新成为学界关注的热点问题。就其宏观路径而言,当

---

① "公参民"学校主要分为三类:第一类是公办学校单独举办的民办义务教育学校;第二类是公办学校与地方政府及相关机构合作举办的民办义务教育学校;第三类是公办学校与其他社会组织、个人合作举办的民办义务教育学校。

前研究聚焦于促进公办民办义务教育协调发展的供给侧结构性改革,制定可持续监管政策,实现办学模式的多样化、特色化,以及兼顾教育均衡与特色发展的双重目标等内容;从微观举措来看,学者主要关注如何保障义务教育阶段民办学校享有适当的招生权利、合法的收费权利,确定针对民办学校的财政支持机制、监督管理体制,规制民办学校掐尖招生、高昂收费等过度逐利乱象。新时代,民办义务教育应当通过引入社会力量和市场资本,实施能够满足多样化、差异化和个性化教育需求的教育活动。强化民办义务教育的公益性和公平性,推动民办教育转型升级和均衡发展,提高民办义务教育质量,已经成为规范民办义务教育发展的政策法律导向。

（二）规范民办义务教育发展的政府责任

基于义务教育的国家强制性、公民义务性和社会公益性等特征,该阶段的民办教育具有特殊的发展需求。然而,在快速发展过程中,民办义务教育出现了规模过度扩张的野蛮生长和追求利益最大化的背离公益性现象,在经费筹措、学位分配和模式转型等方面面临困境与挑战。这就需要政府全面正确履行规范民办教育发展的职责,引导和保障民办义务教育高质量发展。有观点认为,政府应当分类管理不同类型的民办义务教育学校,在继续推进义务教育阶段营利性民办学校转为公办学校的同时,加强对非营利性民办学校的办学监管和质量监督,以政府监督和指导为核心构建规范民办义务教育学校发展的多中心治理格局。①亦有观点主张,为确保义务教育的公益性、公平性和人民性,应当着重强化政府对民办义务教育的规划、管理和保障责任,营造良好的教育生态。②可见,兴办义务教育的国家事权性和开展义务教育的公权强制性决定了政府必须承担规范民办义务教育发展的责任,而如何确保政府责任充分实现还需要学界更加深入的精细化研究。

（三）"公参民"学校的法律治理

"公参民"学校作为应对我国义务教育免费后政府经费不足问题的政策产物,虽然在相当一段时期内有助于缓和有些地方义务教育投入不足的棘手难题,但是也引发和催化了"假民办""假公办""择校热""挂牌费"等一系列新问题,成为阻碍义务教育均衡发展的因素。对此,教育部等八部门于2021年发布了《关于规范公办学校举办或者参与举办民办义务教育学校的通知》(以下简称《通知》),界定了"公参民"学校

---

① 李镗、朱志勇:《教育高质量发展背景下教育公益的实现》,载《北京师范大学学报(社会科学版)》2022年第2期。
② 王建:《规范民办义务教育发展的政府责任与政策导向》,载《教育研究》2022年第11期。

的范围和类型,明确了"六独立"要求作为转制的标准,并就其治理问题提出了框架式、要点化的政策方案。

相应地,学界对此也多有研究,以期在该《通知》的政策指导下,形成能够步骤清晰、规范有序地开展精准治理"公参民"学校的法律机制。有学者提出,根据《通知》的宏观政策导向和各学校的微观具体校情,"公参民"学校存在三种可能的转制途径,即对于依托公共部门资源办学的转公办,对于"六独立"的私人部门参与办学的转为民办,其余的则可以采取政府购买公共服务的形式作为转制过渡方案。①有学者基于推动区域义务教育均衡发展的考量,主张采取统筹协调多部门制定综合治理方案、基于公平选择调整招生入学方案、依法处理教师资源流动问题等多种措施,积极应对"公参民"学校办学过程中存在的管理体制机制不顺、招生不规范、优质教师资源流失等风险。②"公参民"学校的法律治理关乎义务教育优质均衡发展的大局,需要学界进一步研究"公参民"学校法治化的转制途径和治理举措。

四、民办高等教育高质量发展的法治保障

民办高等教育在我国整个教育体系中呈现蓬勃发展之势,已经成为我国高等教育中必不可少的关键成分。从民办高校的数量来看,根据教育部发展规划司发布的《2022年全国教育事业发展基本情况》的统计数据可知,2022年我国已有民办高校764所,其在校学生已经超过920万人。在高等教育阶段,民办与公办的教育机构相得益彰,共同为我国科教兴国和人才强国战略的实施作出了突出的历史性贡献。但是,民办高等教育的市场化发展历程中,由于政策法律体系不健全、监管机制不严格,民办高校在进行办学和管理活动时,出现了一些违法甚至犯罪行为。例如,在"西安高新技术培训学院集资诈骗案"中,该校及其法定代表人未经有关部门批准,隐瞒学院营利状况,以创办民办高校的名义,以建设校舍、扩大招生规模等理由,非法向社会公众公开募集资金,并将其中大部分用于支付借款的高额利息和业务员提成,仅有少

---

① 杨烁星:《义务教育阶段"公参民"学校问题及其规制》,载《教学与管理》2022年第16期。
② 邓建中、尹浪等:《义务教育阶段"公参民"学校治理的风险及规避策略》,载《教育理论与实践》2022年第16期。

部分用于学院建设。这显然与我国民办高等教育高质量发展的目标追求背道而驰。时值教育大变革之际,民办高等教育要遵从高等教育从外延式到内涵式再到高质量的发展逻辑,走面向未来的优质特色发展之路。相较于公办高等教育,民办高等教育受体制、政策、经费等因素影响,其高质量发展面临更多挑战,任重而道远。为探索其高质量发展法治保障的具体路径,学界积极开展相关政策走向和制度构建的研究,且尤其注重以国际化视野为民办高等教育治理机制的现代化阐发学术见解。

(一)民办高等教育高质量发展的制度保障

在高等教育阶段,促进民办教育高质量发展对于完善我国的教育体系,推进其大众化进程,进而满足人民群众终身学习的追求和多样化的精神文化需求而言具有重要意义。我国的民办高等教育应当走具有中国特色的高质量发展之路,克服当前发展的主要困境,进一步缩小与发达国家在质量和水平上的差距,为国家富强和民族复兴提供人才支撑。有学者针对我国民办高等教育在当下实现高质量发展所面临的现实困境,提出了对接现代职业教育、提升教师发展能力、多渠道筹措办学经费等建议,以期实现民办高等教育的特色化发展。[①]我国民办高等教育的历史站位现在正处于"补充型"发展阶段,应当学习发达国家经验,努力朝着"中间型"和"普及型"阶段发展。

然而,当前我国省域民办高等教育的法律治理体制不健全且治理机制的效能较低,因此,有必要从制度设计着手提升教育主管部门的治理能力,优化民办高校分类管理的模式,破除民办高校自主办学和依法治校的体制性障碍,建立民办高等教育高质量发展的制度保障。有学者考察了日本进入 21 世纪以来调整优化私立高等教育结构的相关经验,认为其对我国的民办高等教育结构具有优化办学层次、完善就读形式、调整学科类型、扶持区域办学等方面的启示。[②]总体而言,我国民办高等教育高质量发展路径已有初步的理论构想,但是现实可行的路径尚需更具深度的阐释和更具可操作性的设计。

(二)民办高等教育治理机制的现代化

建立现代化的民办高等教育治理机制是学界长期关注且常谈常新的研究课题。

---

① 王孝武、王雅婷:《新时期我国民办高等教育高质量发展的现实困境与路径探析》,载《中国电化教育》2022 年第 9 期。
② 张玲、蒋家琼、丁文瑾:《21 世纪日本私立高等教育结构的调整优化及对我国的启示》,载《大学教育科学》2022 年第 5 期。

在高质量发展的时代吁求下,传统的民办高等教育治理理念需要更新换代,模式亦应当转型升级,走出一条具有特色的民办高等教育治理机制现代化之路,而实现民办高校治理机制现代化是该路径的主干内容。学界普遍认为,根据高等教育专业性、多样化和学术自由的特点,基于民办与公办高校在办学和管理体制方面的差异,国家应当给予民办高校更大的自治空间,并为其办学自主权提供更加充分的保障。以实现高等教育高质量发展为目标追求,民办高等教育治理机制现代化必须从两个维度协同发力。在内部维度,民办高校应当从治校理念、学科建设、管理模式、课程体系、师资培育等多个方面精准发力,建立现代化的学校法人治理结构,创新民办高校的民主管理和自主办学机制;在外部维度,政府需要完善分类管理制度,规范资本市场和社会力量进入高等教育的方式和限度,在为民办高校拓宽资金来源渠道、保障招生权利、加强师资队伍建设的同时,强化对其投融资和办学活动的监管,为民办高等教育营造良好的制度环境。

有研究聚焦民办高校的财产权问题,提出通过规范学校章程的相关内容、均衡内部权利结构、完善奖补机制、深化办学体制改革等方式规制举办者行为,实现高校与其举办者的人格及财产相互独立。[①]亦有研究比较借鉴世界部分国家出现的新型私立高校的经验,主张我国民办高校应当向着现代化方向革新办学的理念和模式,坚持"小而精"的规模和"少而专"的专业设置来办学。[②]虽然民办高校治理的研究成果多关注具体问题,但是总体上都是以高质量发展导向下的民办高等教育治理机制现代化为主题。

(三) 民办高校办学模式的法律规制

民办高校是在我国高等教育需求不断扩张和社会主义市场经济制度逐步确立的背景下发展而来的,是我国教育体制改革过程中引入市场机制办学的直接产物。在民办高等教育的起步阶段,各地基于本区域的经济实力和教育资源丰度,形成了公私合力、互助办学的上海模式和市场为主、政府扶持办学的温州模式等经验模式,为民办高校特色化、多样化办学奠定了基础。但是,由于转型期经济体制和教育体制改革存在偏差,民办高校以市场化方式进行融资活动缺乏有效监管,以及教育"产业化"思想下民办高校产生过度逐利化倾向等原因,我国民办高校出现了市场化属性过强而

① 黄洪兰:《规制举办者权益:非营利性民办高校法人财产权的保障策略》,载《教育与经济》2022年第3期。
② 王一涛、侯琮、毛立伟:《新型高水平民办高校建设:国际经验与中国路径》,载《高等工程教育研究》2022年第6期。

公益属性弱化的现象,造成了高等教育领域恶性竞争、监督管理层面政府责任缺位、举办者方面决策权过度集中等问题。因此,学界对民办高校办学的模式选择及其法律规制展开讨论,以期通过规范民办高校办学活动消除阻碍民办高等教育高质量发展的因素。

有学者以民办高校的举办者办学动机及政府在其中扮演的角色为标准,将其发展模式划分为从市场化模式到社会企业化模式再到纯福利模式的经济目标渐强、社会目标渐弱的谱系化类型,并由此主张我国民办高校发展的市场化模式难以为继,应当转向社会企业化模式继续发展。①根据《民办教育促进法》及其实施条例,民办高校可以在符合分类管理体制的前提下,选择社会资本独立办学、基金会办学、公私合作办学等多种模式,充分利用市场要素和社会力量开展高等教育活动,以调和社会主义市场经济目标和社会公益目标的实现。相应地,在民办高校多样化办学模式下,加强对不同模式的法律关系的研究,明确民办高校的性质定位、教育目标、招生制度、监管手段,进而完善对民办高校办学模式的法律规制对民办高等教育高质量发展而言十分必要。

五、民办职业教育多元化发展的法治保障

改革开放以来,我国已经建成从初级到高级,基本与行业发展需求相适应的全球规模最大的职业教育体系,而民办职业教育是其中不可或缺的部分。截至 2022 年,我国民办的中职和高职学校分别有 2073 所和 350 所,民办本科层次职业学校也达到了 22 所。民办职业教育为培养多样化的高素质技术技能人才、建设教育强国和技能型社会发挥了重要作用。然而,长期以来,职业教育多元化发展的制度需求在政策法律层面未能得到与普通教育同等的重视,其中的民办成分更是被淡然置之。由于政策引导不足、制度规范不当,民办职业教育面临政策支持不足、管理体制不健全、办学自主权受限、经费来源单一、招生与教学活动不规范等问题。在"杨某诉天津市服装技术学校不履行法定职责案"中,杨某在涉案学校毕业后,该校并未向其发放毕业证,

---

① 查明辉:《民办高等教育发展模式转型的必要性:市场化到社会企业化》,载《湖北社会科学》2014 年第 1 期。

仅在其要求下开具了一份"毕业证明"。杨某诉请该校履行发放毕业证义务后,该校辩称学校已经为杨某办理了毕业证,但是根据学校的企业办学性质,毕业生将在企业内统一分配,所以毕业证交到对应企业的人事处,待杨某分配到企业后领取。但是,杨某毕业后未到企业报到领取毕业证。最终,法院判决该校向杨某颁发毕业证书。2022 年修订的《职业教育法》肯定了普职教育同等重要,明确了发展职业教育应当遵循校企合作、社会参与的原则,并且两次直接提及"民办职业学校"。随着国家对于职业教育越来越重视和民办职业教育事业不断发展,民办职业教育法治研究未来可期。当前学界以民办职业教育发展创新为问题导向,将民办职业本科教育高质量发展和民办职业学校办学作为关注重点,通过回顾民办职业教育发展历程和比较借鉴域外先进经验,找寻保障民办职业教育多元化发展的法治路径。

（一）民办职业教育体系改革的法治实践

为回应我国产业高速发展和经济迅猛增长对培养多元化技术技能人才的时代吁求,民办职业教育迅速发展。由此催生出明确民办职业教育法律地位、规范民办职业学校办学活动、建立民办职业教育扶持和监管机制的立法需求。1996 年出台的《职业教育法》在多个条文中分散、笼统地规定了民办职业教育的相关事项,如在第 17 条规定地方政府应当指导和扶持民办职业教育机构,在第 20 条规定企业可以单独或联合举办职业学院等相关教育机构,在第 35 条规定国家鼓励社会力量对职业教育捐资助学。但是,自《民办教育促进法》实施以来,长期未修订的《职业教育法》已经难以适应民办职业教育分类管理和多元化发展的要求,民办职业教育体系随着我国产业转型升级而发生变革的过程缺乏有力的制度支撑。民办职业学校办学模式创新面临法律属性不清、办学定位模糊、财产归属不明、内部管理制度不健全、办学自主权得不到保障等问题,民办职业教育实践不得不应对政策支持不充足、优惠措施难落实、监督管理不到位等挑战。这导致我国民办职业教育处于大而不强、全而不优、多而不精、杂而不博的低质量发展状态,亟需从制度层面推动民办职业教育体系改革,促进高质量发展。

2022 年我国修订《职业教育法》革新了职业教育立法的法律衔接、价值理念及具体内容。在法律衔接上,解决了该法修订前以教育法和劳动法为依据所引发的法律位阶问题,更加符合多元化、终身性、技能型的现代职业教育需要;在价值理念上,明确了职业教育是为了培养高素质技术技能人才,注重受教育者职业综合素质和行动能力的培育,契合推进改革、提升质量、增强适应性的职业教育制度体系建设目标;在具体内容上,专章增设了关于职业教育学校建设、教师学生权益、法律责任的规则,在产教融合、职业培训、教育层次、体系建设等方面有所突破。这为民办职业教育体系改革的法治实践提供了制度框架和规范依据。接下来,学界应当针对民办职业学校面临的问题,在学习型和技能型社会的时代变迁视角下,进一步深入研究民办职业教育体系改革的关键制度设计①,推动其法治实践有序展开。

(二)民办职业本科教育高质量发展的法治保障

在数字时代科技革命加速、产业结构升级和学历层次重心上行的背景下,国家不仅需要扩大民办高职专科的规模,还有必要通过延长学制和拔高学历层次提升民办职业教育的质量。2019 年,国务院印发了简称"职教 20 条"的《国家职业教育改革实施方案》,提出要开展职业本科教育试点,完善民办职业教育的准入、审批和退出机制。随后修订的《职业教育法》在第 9 条规定中明确鼓励企业举办高质量职业教育,并在第 33 条规定了实施本科层次职业教育的审批权限。虽然职业本科相较于普通本科而言具备技术技能水平更高的特点,相较于职业专科而言具有学制更长、学历更高的优势,但是起步晚、根基弱、范围小、政策散决定了其高质量发展必须克服在学科定位、专业规划、招生就业、师资建设、教学实施、质量评价方面的困难。有学者提出,应当全面实施"职教高考"制度,通过立法保证职业本科毕业生享受与普通本科同等的待遇,以规范教学实训和评价管理体系、调整教师专兼结构、明确学位授予的标准和程序等措施来推进多元化、高质量办学,不断完善职业本科制度体系建设。②有学者基于教育生态学视角提出,外部制度不健全与内在资源不充分导致民办职校举办本科职业教育的同质化倾向严重,应当利用民办职校举办者自主经营产生的危机发展意识、引入市场机制运行管理形塑的灵活办学模式、享有较多办学自主权形成的特色功能定位等独具的有利因素,从外优制度环境和精炼办学内功两个维度制定生态化发展对策。③总而言之,学界就民办职业本科教育高质量发展的法治保障提出了一些基本方案和制度构想,但是体系化且可操作的规范设计有待更加深入的教育法学研究。

(三)立法保障民办职业教育"双师型"师资建设

"双师型"师资建设是职业教育多元化发展的第一资源、人才保障和关键力量,对

---

① 匡瑛:《走出误区:深化我国现代职业教育体系建设改革的认识与行动》,载《南京师大学报(社会科学版)》2023 年第 3 期。
② 罗校清、李锡辉:《本科层次职业教育试点现状、困境及推进策略》,载《教育与职业》2022 年第 13 期。
③ 万瑶:《教育生态学视角下民办职业院校发展本科职业教育的现实诉求与路径突破》,载《教育与职业》2022 年第 5 期。

于校企联系更为紧密的民办职业教育而言更是如此。自20世纪90年代以来,兼具教师资格和其他专业技术职务的"双师型"教师队伍建设一直是我国职业教育改革的主要议题之一。在"职教20条"强调多举措打造"双师型"教师队伍的基础上,教育部等四部门联合出台《深化新时代职业教育"双师型"教师队伍建设改革实施方案》,提出"完善'固定岗＋流动岗'的教师资源配置新机制""建立校企人员双向交流协作共同体"等多种措施,以实现职业院校"双师型"师资建设水平的提升。新修订的《职业教育法》以专章的形式对职业教育教师的专业素质、工作经历、实践经验、培养培训、职称评聘等部分作了较为明确的规定,为"双师型"教师个体成长和教学团队建设相结合的师资建设提供了立法保障。但是,配套的法规和规章体系尚不健全,"双师型"教师认定的主体、对象、条件和程序还缺乏细致统一的规定,针对"双师型"教师的激励和保障政策仍需可操作性规范以保证实施。实践中,民办职业教育"双师型"师资建设还面临结构不合理、专业水平较低、校企流动不畅、教学团队短缺的困境。实证研究表明,推动"双师型"师资建设需要构建统一的认定标准,健全"双师"技能培训制度和福利激励保障。[1]当前,民办职业教育"双师型"师资建设的研究主要是基于试点实践提出具体的对策建议,其立法保障的理论基础和体系化研究尚需深入推进。

六、民办学校分类管理的法治完善

改革开放以来,作为我国公办学校重要补充的民办学校发展迅速,逐渐呈现办学层次和类型的多样化。长期以来,我国对民办学校特别是非营利学校的合法地位、出资者权益等方面关注较少,相关立法存在一些缺漏,未能有效厘清学校与举办者之间的法律关系,难以充分有效地规制民办学校的办学活动。在"佳华公司诉佳华学院股东知情权纠纷案"中,作为举办者的佳华公司认为享有知情权是其参与学院办学和管理活动的基础,要求佳华学院提供财务、董事会会议决议等材料。佳华学院则主张《民办教育促进法》及其实施条例仅规定举办者享有参与学院办学和管理活动的权

---

[1] 张红、王海英:《我国高职院校"双师型"教师认定标准建设及应用分析——基于全国23个省份153所高职院校的调查分析》,载《中国高教研究》2022年第7期。

利,并无关于举办者知情权的规定,无法得出举办者有权查阅财务、董事会会议决议等材料的结论。法院认为,国家保障民办学校举办者的合法权益,该合法权益应当包括知情权,但由于"合法权益"具有高度抽象性,非营利性民办学校举办者的知情权难以直接落实,鉴于民办学校举办者知情权与股东知情权的主要特征类似,可类推适用《公司法》的相关规定以支持佳华公司诉求。自2010年推进办学体制改革以来,基于《民办教育促进法》与《教育法》《公司法》等相关立法的衔接及我国民办学校的模式和类型,实践中逐步探索对民办学校依照其是否具有营利性进行分类管理,并取得了一系列法治成果。

(一)民办学校分类管理的法理基础

民办教育分类管理,指根据民办学校在法律属性上营利与否进行分类登记,并采取差异化管理措施和扶持政策的管理制度和管理活动的总和。从我国30多年来民办教育立法、修法的目标追求和主要过程来看,民办学校分类管理的法理基础建构在民办教育公益性与营利性的立法价值平衡、政府教育管理权力、民办学校自主办学权利与举办者参与管理权利的法律关系调和之上。从关注民办学校的营利性到明确民办教育的公益性,从提出出资人合理回报制度到完善营利性民办学校举办者取得办学收益的规则,确立民办学校分类管理制度是矫正其公益性严重弱化倾向,完善其现代化内部治理机制,解决其发展不充分、管理不规范问题的关键举措。就民办教育法制体系而言,分类管理事关民办学校的法律属性和办学模式等重要的顶层设计问题,只有坚持分类登记管理,才能实现教育法与民法、学校法与公司法的有效衔接,在平等保护的前提下实现针对不同类型民办学校的差异化的税收、学费、资助制度设计。实施分类管理制度并在法律上予以确认,是构建我国民办教育高质量发展制度保障的诉求。

(二)民办学校分类管理制度的发展历程

我国立法对民办教育能否以营利为目的及是否进行分类管理的态度经历了"否定——相对肯定——肯定"的转变,大致分为以下三个阶段:第一阶段,《民办教育促进法》出台前,1995年《教育法》和《社会力量办学条例》均明确了学校及其教育活动的非营利性,禁止社会力量开展任何形式的营利性办学活动;第二阶段,2002年《民办教育促进法》的出台标志着"合理回报"阶段的到来,关于民办学校出资人可以取得合理回报的规定实质上肯定了民办学校可以具备营利属性;第三阶段,2010年推进办学体制改革以来,分类管理制度逐步建立,并在2016年《民办教育促进法》修改时得到立法明确肯定。相应地,学界对民办学校分类管理的研究也经历了从讨论"能不能"到争论"要不要"再到关注"会不会"的演进,并在当下聚焦于分类管理"有没有"全面推进实施。[①]2016 年修订的《民办教育促进法》正式在立法层面上确定了民办学校分类管理制度,通过其具体条文及《实施条例》在土地、税收、收费等方面对不同性质的民办学校采取差别化的规范设计。《中国教育现代化 2035》进一步鼓励民办学校按照营利性、非营利性两种属性开展现代学校制度革新,民办学校分类管理的中国式法治道路研究也应当致力于民办学校权责合理配置的法理基础,促进民办学校的内部治理结构优化和关键监管制度完善。

(三) 民办学校与举办者的法律关系

民办学校的举办者是分类管理制度的核心利益者,也是推动民办学校治理机制完善的内部决定性因素和保障民办学校高质量发展的最关键力量。厘清民办学校与举办者之间的法律关系,确保民办学校相对于举办者的人格独立,并妥善处理举办者的合法的利益诉求,是鼓励社会力量兴办学校和实现民办学校现代化治理的重要保障。在分类管理制度实施前,旧《民办教育促进法》对举办者的法律地位及由此产生的权利义务缺少明确的规定,只是笼统地概括为"合理回报"和"合法权益"。这不仅导致举办者因为没有稳定的预期收益而缺乏办学积极性,还造成举办者基于逐利性本能从民办学校抽逃出资或利用办学名义非法集资的法律风险。修订后的《民办教育促进法》在第 19 条和第 20 条规定了举办者设立学校的自主选择权及参与学校办学和管理之权限的同时,也在第 36 条明确规定民办学校享有独立的法人财产权。当然,《民办教育促进法》第 62 条和第 64 条也分别规定了民办学校擅自变更举办者或举办者擅自举办民办学校的法律责任。根据《民办教育促进法》及其实施条例的制度设计,非营利性民办学校的性质为公益性法人,可享受财政、税收等方面的优惠政策,但因此不得向举办者分配办学结余;营利性民办学校则适用营利法人的一般规则,自负盈亏、不享受政府资助,办学结余可由举办者合法取得。无论是营利性还是非营利性民办学校,对不同类别下举办者的合法权益与应尽义务予以明确,才能调动不同情景下举办者的办学积极性。

---

① 杨程:《民办高校分类管理研究演进路径、不足与展望——基于学术史的考察》,载《国家教育行政学院学报》2023 年第 1 期。

七、本 章 小 结

  近年来,我国民办教育法学研究的主题从鼓励"增量"的野蛮生长转为优化"存量"的规范管理,从"高速度"增长的外延扩张转为"高质量"发展的转型升级,从无法可依到依法治理再到如今打开分类管理的新格局,我国民办教育法治化进程不断推进,民办教育法学取得了丰硕的成果。但不可否认,我国民办教育法学体系仍不完善,民办学校分类管理执行仍难以落实,民办教育领域办学不规范、质量参差不齐等现象仍有发生。未来,我国民办教育法学当借鉴域外经验并结合我国社会主义市场经济体制的特点,加强对师资队伍建设、法人治理制度等内容的研究,坚持以学生为中心、以公益性为导向,全面提高民办教育质量、深化民办教育内涵,走出一条具有中国特色的精品化、现代化、国际化民办教育法治之路,与公办教育共同服务于中国特色社会主义教育事业发展。

第七章

社会教育法学

社会教育作为与家庭教育和学校教育并列的现代三大教育体系之一，是我国教育事业的重要组成部分，为我国教育事业的整体发展作出重要贡献。社会教育法治化是法治中国建设在社会教育中的体现，对促进社会教育事业发展具有重要价值。学界对"社会教育""社会教育法治"内涵的认知，经历了复杂而深刻的转变。"社会教育"一度被定义为学校和家庭外的社会文化教育机构实施的教育。①这个定义显然无法反映我国当前教育发展的现实。随着我国社会和经济发展日益深入，社会教育的内涵也随之拓展，除社会文化教育机构所开展的教育外，民间组织开展的教育，各级各类教育机构及政府部门开展的社会培训，以及企事业单位开展的职工教育、社区教育、社会成人学历教育等都属于社会教育。②简言之，社会教育包括校外教育培训、终身教育、公共文化教育等内容。"社会教育法治"就是涉及社会教育的法律制度及其具体运行的总括。考虑到终身教育法的内容庞杂且在我国教育法律体系中居于重要地位，后文将专门介绍终身教育法的理论现况。本章重点关注社会教育法的理论范畴、校外培训监管、校外培训立法、社会教育与公共文化法、社会教育评估组织等热点问题，希冀促进我国社会教育事业的发展和繁荣。

一、前　　言

有必要回顾改革开放以来我国社会教育法治的研究成果，并对未来我国教育法

---

① 顾明远主编：《教育大辞典》，上海教育出版社 1990 年版，第 1353 页。
② 参见丁红玲、宋谱：《我国社会教育的历史演进》，载《中国成人教育》2018 年第 1 期。

治的发展趋势作总体展望。

之所以选取改革开放至今 40 余年作为研究时间段,是因为在中华人民共和国成立初期,我国虽然建立了少年宫等社会教育机构,并制定了《关于少年宫和少年之家工作的几项规定》等有关社会教育的文件,但这一时期的社会教育尚未形成完整建制,社会教育相关立法几乎空白,导致这一时期的社会教育法未能成为学术界关注领域。改革开放以来,在"摸着石头过河"的社会主义建设时期,我国对社会教育法治的探索持续深入,大致可以分为以下三个阶段。

(一)初步摸索阶段(1978—1994 年)

改革开放以来,国家将工作重点转移到经济建设上来,国家对人才建设怀揣迫切期待,仅靠学校教育不能满足经济建设需求,亟须培养大批专业技术人才。为解决这一矛盾,国家开始恢复和发展社会教育,并在校外教育与社会培训两个方面取得一定成就。在校外教育方面,1987 年施行的《少年宫(家)工作条例》提出校外教育是中国特色社会主义教育事业的重要组成部分,并明确了少年宫(家)是综合性的少年儿童校外教育机构。国家教委等部门联合发布《关于改进和加强少年儿童校外教育工作的意见》对发展校外教育事业作出一系列战略部署。在社会培训方面,1985 年发布的《中共中央关于教育体制改革的决定》首次规定了社会教育的法律地位。该文件要求学校教育和学校外、学校后的教育并举,并强调成人教育和广播电视教育是我国教育事业极为重要的组成部分。在此之后,各地陆续出现"业余学校""假日学校"等社会教育机构。

与社会教育法制建设相伴随,社会教育法的理论研究也在这一时期萌芽初现,既有对社会教育法的立法建议,如学者李晓燕认为社会教育法是关于社会教育的法规的总称,是我国教育法规体系的重要组成部分;[①]又有关于域外国家和地区社会教育立法例的引介,如学者们发表了《关于日本的教育法规》等文章。

整体看来,这一时期的教育法制建设及社会教育法研究虽然取得了诸多成就,但法制及法学的发展并非一蹴而就。一方面,这一时期社会教育法制建设仍然以中国共产党和各级政府的相关政策、文件为主要形式,缺乏法律、法规等高位阶的法律支撑。另一方面,尽管取得一定的科研成果,但彼时的理论成果远不足以支撑社会教育法之高楼大厦。

---

① 李晓燕:《我国教育法规体系构想》,载《华中师范大学学报(哲学社会科学版)》1993 年第 6 期。

（二）成长发展阶段（1995—2009 年）

1995 年出台的《教育法》是我国第一部教育基本法，在校外教育、成人教育、终身教育等方面规定了社会教育制度，社会教育法制开始进入成长发展阶段。在法律层面，2001 年颁布的《中华人民共和国国防教育法》（以下简称《国防教育法》）第 28 条规定了国防教育基地有显著的社会教育效果。在法规、规章层面，2006 年制定的《博物馆管理办法》明确了博物馆应当发挥社会教育功能。在中央的顶层设计下，各地相继制定适用于本地的社会教育法相关的地方立法，如 1997 年制定的《甘肃省临夏回族自治州教育条例》第 11 条规定要求自治州、县（市）人民政府各有关部门和群众团体为教育事业的发展创造良好的社会教育环境。

这一时期我国社会教育法制粗具规模，在理论研究上也得到前所未有的发展，无论在广度还是深度上都是前一时期无法比拟的。首先，学界对"社会教育"的内涵有了更深刻的认识。比如，学者王雷专门介绍了"社会教育"一词从域外传入中国的历程与演变。①其次，社会教育法的研究范围进一步扩大，公共文化服务立法也成为社会教育法学的研究对象。如学者蒋永福强调公共图书馆是保障公民"获得教育权利"的必要设施。②最后，有关域外社会教育立法研究的论文数量持续增多，涉及范围更加广泛，如美国、韩国、日本的社会教育立法都成为学界集中讨论的命题。

总体看来，在这一阶段，我国社会教育法制建设和理论研究已进入稳步发展期。一方面，学术成果逐渐丰富。从论文数据来看，据统计，这一时期以社会教育法为研究对象的论文有 500 余篇，并有多部与社会教育法相关的著作问世。③另一方面，研究方法日臻成熟。学界对社会教育法的比较研究不再局限于介绍特定国家或地区的知识经验，而是开始注重以中国的法律文本和实践为基础，建构自主性、本土化的社会教育法学知识体系。如吴遵民将域外国家和地区社会教育相关立法与我国福建省《终身教育促进条例》进行比较和评析。④

（三）制度完善阶段（2010 年至今）

2010 年中共中央、国务院印发《国家中长期教育改革和发展规划纲要（2010—

---

① 王雷：《"社会教育"传入中国考略》，载《河北师范大学学报（教育科学版）》2000 年第 4 期。
② 蒋永福：《公共图书馆与民主政治》，载《中国图书馆学报》2009 年第 3 期。
③ 比如，劳凯声、郑新蓉编写的《教育法学概论》专章介绍了成人教育制度。再比如，吴遵民撰写的《现代中国终身教育论 中国终身教育思想及其政策的形成和展开》提出将现代终身教育理念引入中国，建立终身教育体系。
④ 吴遵民等：《终身教育立法的国际比较与评析》，载《外国中小学教育》2008 年第 2 期。

2020年)》明确要求充分利用社会教育资源,开展各种课外及校外活动。校外教培市场也是在这一时期出现了井喷式发展。然而,校外教育培训机构发展带来的一系列法律问题引起社会各界的广泛关注。以2013年《教育部办公厅关于开展义务教育阶段学校"减负万里行"活动的通知》为标志,校外培训机构相关治理政策密集出台,涉及从业人员管理、培训材料管理、预收费监管等诸多热点领域,国家对校外教育培训机构的监管态度开始从宽松转向严格。

制度完善阶段的另一特征是高位阶立法密集出台。2015年制定的《博物馆条例》要求博物馆开展形式多样、生动活泼的社会教育和服务活动。2016年通过的《中华人民共和国公共文化服务保障法》(以下简称《公共文化服务保障法》)要求充分发挥公共文化服务的社会教育功能。2017年出台的《中华人民共和国公共图书馆法》(以下简称《公共图书馆法》)明确了公共图书馆是开展社会教育的公共文化设施。此外,《教育部2022年工作要点》提出:"推动校外教育培训监管立法。"可以预见,未来将出台专门的校外教育培训机构监管相关立法。

在这一阶段,与社会教育法治建设相同步的是,社会教育法治的理论研究到达一个新的高度。这些理论成果涵盖了校外教育培训机构监管、校外培训立法、社会教育立法、社会教育与《公共图书馆法》、日本《社会教育法》、韩国《社会教育法》等热点问题。特别是2021年"双减"政策出台后,有关校外教育培训立法与监管的理论研究呈现出繁荣景象。

二、社会教育法治基础理论

从法学视角研究社会教育,具有重要的理论与实践价值。特别是在2021年"双减"政策出台以来,社会教育法治的研究迅速升温。从理论认知而言,现有关于社会教育法治的理论成果数量虽逐年增长,但内容大多比较零散,并未形成体系。经过40余年的理论探索,学界至今仍然对社会教育法的主体、范围等问题存在较大分歧。本书将正本清源,就上述问题进行探讨和思考,希冀促进社会教育法治基础理论的发展与完善。

(一)社会教育主体

教育主体,又称教育法律关系主体,指的是教育活动中权利义务的承担者。从现行教育法规范来看,教育主体包括教育行政机关、学校和其他教育机构、教师和其他教育工作者、受教育者和其他社会主体。此处的"其他社会主体"包括社团、社区、企业、个人和其他社会组织。社会教育主体就是社会教育活动中权利义务的承担者。中华人民共和国建立以来,我国社会教育主体经历了从政府向社会的历史演进。中华人民共和国建立初期,我国实行高度集中的计划经济体制,国家以行政手段直接干预各项教育事业的发展。在社会教育领域,社会教育主体主要是政府建造的少年宫,类型单一。改革开放后,特别是 20 世纪末期国家推行教育领域"简政放权"改革以来,社会力量开始积极参与发展中国特色社会主义教育事业,其中又以社会教育最为典型。社会教育主体也由公立少年宫拓展到校外培训机构、公共文化设施、老年大学、社区等多元主体。比如,教育学界公认社区教育学是社会教育学的一门分支学科。①

社会教育的主体类型较为宽泛,既包括图书馆、博物馆等公共企事业单位,又包括社区等基层群众性自治组织,还包括校外教育培训机构等私人部门。考虑到社会教育主体类型的复杂性,只是简单列举社会教育中一些具体的主体类型,难免挂一漏万,无法回应实践中不断涌现的新型主体形式。采用"列举与排除"并用的方式可以保持社会教育主体结构的开放性。具体而言,现代教育作为一个整体系统,体现在家庭教育、社会教育和学校教育三大范畴。②通过反面列举可知,社会教育是除家庭教育、学校教育之外的教育范畴。家庭教育主体是父母、其他监护人等家庭成员,学校教育主体是学校及其他教育机构。故此,从广义上讲,社会教育主体指除学校和家庭之外的其他社会部门。然而,并非所有的社会部门都能成为社会教育的主体,典型如网吧、KTV 等娱乐场所就并未课予开展社会教育的义务。这就需要在反面排除的基础上采用正面列举的方式进一步确定社会教育主体的具体类型。通过正面列举,图书馆、科技馆、档案馆、博物馆、纪念馆、国防教育基地、动植物园、社区、老年大学、工人文化宫、青少年宫、群众艺术馆、妇女儿童教育活动中心、健身活动中心、广播站、电视台、校外教育培训机构等都是社会教育的常见主体。

(二) 社会教育法治的范围界定

社会教育法基础理论研究是一个荆棘丛生的领域,首要难题便是社会教育法

---

① 参见侯怀银、王耀伟:《社区教育学建设与社区治理》,载《武汉大学学报(哲学社会科学版)》2022 年第 1 期。

② 参见刘宁、吴思雅:《教育法典中〈家庭教育促进法〉的法典化问题》,载《华东师范大学学报(教育科学版)》2022 年第 5 期。

治的范围界定。由于社会教育概念具有开放性,加之社会教育政策频繁变动,社会教育法治的范围始终处于动态发展的状态。通过考察社会教育法相关理论,梳理现行社会教育法规范及政策,可以推导出当前社会教育法治的范围包括以下三个方面。

第一,公共文化教育法治化。公共文化教育并非严格的法律概念,而是一个学理概念,是图书馆、博物馆、档案馆、国防教育基地等公共文化设施开展社会教育的总称。如前所述,我国现行公共文化服务立法均赋予了公共文化设施开展社会教育的职责。但在实践中,由于政府不重视、制度不规范,公共文化教育面临诸多法治化困境。比如,公共文化教育中相关主体的权利义务问题,以及公共文化教育中的国家责任定位问题等。因而,公共文化教育法治化是一个值得密切关注和持续研究的新课题。

第二,校外教育培训法治化。校外教育培训,又称影子教育,是学校教育之外其他社会机构开展的教育活动。改革开放初期,因学校教育资源有限,难以满足公众日益增长的社会教育需求,校外教育培训行业得以迅速发展。这一时期,校外教育培训机构通常由社会力量举办并开展营利性教育服务,但由于法律规则未及时跟进,整体呈现出野蛮生长的态势。2013年以来,国家发布包括《关于开展义务教育阶段学校"减负万里行"活动的通知》在内的多项政策,以规范校外教育培训活动,校外教育培训行业开始进入"强监管"时代。2021年,"双减"政策的颁布标志着校外培训机构监管迈上法治化轨道。国家对校外教育培训机构的治理正从过去粗放化、运动化、政策化朝着精细化、常态化、法治化的方向转变。

第三,终身教育法治化。终身教育是以学校教育和家庭教育无法涵摄的社会教育为重点,涉及职工教育、农民教育、社区教育、老年教育等形式的成人教育培训活动。终身教育法治化就是与终身教育相关的法律制度及其具体运行的总括。终身教育理论在我国的导入始于20世纪90年代。1993年,国务院印发《中国教育改革和发展纲要》首次强调成人教育的重要性,明确了成人教育是传统学校教育向终身教育发展的一种新型教育制度。1995年颁布的《教育法》明确提出建立和完善终身教育体系,并要求国家为公民接受终身教育创造条件。在此之后,终身教育被正式纳入法制化轨道,成为教育改革的重要内容。2004年,国务院提出教育领域"五修四立"的立法计划,将制定《终身教育法》提上立法规划。"十二五"期间,国家确定了教育领域"六修五立"的立法任务,再次强调制定有关终身学习的法律。然而,时至今日,距离首次提出终身教育立法已逾20年,相关立法却迟迟未能出台。与终身教育中央立法"难产"不同,一些地方积极探索终身教育法制道路,如上海制定了《上海市终身教育促进条例》。总之,终身教育法治化是一个复杂的议题,包括职工教育、农民教育、社区教育、老年教育等多项内容。该议题的具体内容将留待其他章节专门介绍。

三、校外教育培训机构监管

2023年8月4日,某视频博主在社交媒体上发布新东方开展暑期补课的视频,并将其举报至杭州市拱墅区教育局。截至8月11日,杭州拱墅区教育局已同相关部门成立联合调查组,正介入调查举证。①

"新东方被举报停课"事件并非个例。

(一) 校外培训监管主体

学界普遍认同对校外培训机构采用政府监管、行业自律、社会参与等利益相关者合作治理模式。系统治理校外培训机构的逻辑起点在于尽可能协调各方利益、追求公共利益最大化。校外培训监管主体大致包括两类。

第一,政府。根据《民办教育促进法》《关于规范校外培训机构发展的意见》的规定以及属地管理原则,校外教育培训机构实行国务院领导、省地(市)统筹、以县为主的管理体制。国务院教育行政部门负责全国校外教育培训机构监督管理工作。国务院有关部门在各自职责范围内负责与校外教育培训机构有关的监督管理工作。县级以上地方人民政府教育行政部门具体负责本行政区域的校外教育培训机构的监督管理工作。县级以上地方人民政府其他有关部门在各自职责范围内负责校外教育培训机构的监督管理工作。再者,依据元治理理论也可以推导出校外培训监管中的政府责任。

第二,社会主体。合作治理的主体既包括政府部门的行政规制,又包括公众的社会规制,还包括社会团体、培训机构的自我规制。有学者提出要对教育系统再行规制,让社会多元代表参与高校自治规范的制定和相关决定的作出,并配置相应的监

---

① 《遭网红举报,杭州新东方被曝全面停课》,载21经济网,https://www.21jingji.com/article/20230810/herald/dbbd6d2490b85fc2e98e21ade6a27849.html,最后访问时间:2023年8月15日。

督、公开和救济规则。①就行业自律而言,民办教育协会是典型的规范校外培训机构的行业性团体。民办教育协会运用社会公权力,通过自律公约、社团章程等形式,对内部成员进行制裁,如成都市民办教育协会发布行业自律公约,从依法亮证办学、不违规设立教学点或者分校等方面规范校外培训机构的办学行为。总之,校外培训机构法治化监管有赖于教育行政机关、机构自身、社会等多元主体共同参与。

(二)校外培训机构分类监管

学界普遍认同校外培训机构包括学科类培训机构和非学科类培训机构,应对其实施分类监管。学科类培训机构的设立应获教育行政部门许可,艺术、体育、综合实践活动等非学科类培训机构的设立应获相应行政主管部门许可。此外,有学者提出培训机构类型化应采用"二元三要素"的两阶分析法,即在学科类和非学科类二元基础上,区分教育培训机构时需要再考虑三个因素,即规模大小、教育阶段和是否线上培训。②综上,校外培训分类监管已经是学界普遍达成的共识。

(三)校外培训机构监管工具

校外培训机构监管效能低下、程度不高。校外教育培训机构的监管应当以法治化为基本方向,探索符合教育培训市场规律的监管工具,形成科学合理的监管谱系。

第一,信息监管工具。信息监管工具指运用信息工具实现监管目的的途径,主要包括信息公开与披露制度。信息公开与信息披露并不相同,前者要求行政机关公开在履行行政管理职能过程中获取或制作的政府信息。该做法的实质是通过信息公开对违法机构实施声誉罚。后者指作为市场主体的校外培训机构主动向消费者提供信息的义务,如校外培训机构公开营业执照、培训费用、教师资质等信息。

第二,预收费监管。教育部等六部门发布《关于加强校外培训机构预收费监管工作的通知》,要求"预收费监管全覆盖",可"采取银行托管、风险保证金"两种方式,并规定了健全预收费的监管机制。

第三,在联合执法与行刑衔接的基础之上,校外培训机构监管涉及教育、网信、体育文化旅游、卫生健康、市场监管、消防等多个部门,执法碎片化是现阶段校外培训机构监管面临的主要问题。除此之外,学界还提出将教育专项督导、人工智能、清单管理模式等工具应用于校外培训监管。总体来看,在提升校外培训监管能力方面,创新

---

① 张青波、曹雨:《教育系统自我规制的再规制:社会理论视野下"双减"政策的程序法治》,载《新文科教育研究》2022年第1期。
② 朱军:《校外教育培训的法治化监管》,载《湖南师范大学教育科学学报》2022年第5期。

监管工具并利用好监管工具是当下学界亟须解决并重点关注的问题之一。

（四）校外培训监管涉及的行政行为

校外教育培训机构监管权的依法设定之"法"并不相同，涉及《行政处罚法》《行政许可法》《行政强制法》等行政法律。因而，校外培训监管涉及多种行政行为类型，是校外培训法治化研究中不可忽视的话题。对校外培训监管中的行政处罚行为展开研究，应当建立在合法性考量和最佳性考量互动循环的基础上。[①]比如，长期以来，我国对校外教育培训机构主要采取事前监管的模式，也就是以行政许可作为主要规制工具，通过设置较高准入门槛和增加审批事项，间接提高申请成本，从而将大多数被许可人限制在市场之外。然而，一方面，此举会增加被许可人申请行政许可的经济负担；另一方面，不仅在事前准入阶段，校外教育培训活动在事中和事后阶段也有潜在风险。对此，应遵循全过程监管原则，将行政处罚、行政许可、行政检查等多种行政行为纳入校外培训监管体系。总之，校外培训监管涉及多种行政行为，有待学界进一步挖掘。

四、校外培训立法

2021 年 7 月起，我国校外培训机构相关的治理政策密集出台，涉及从业人员管理、培训材料管理、预收费监管等诸多热点领域，国家对校外教育培训机构的监管态度开始从宽松转向严格。各项治理政策虽起到规范校外教育培训机构的积极效果，但也应看到，我国校外教育培训机构监管主要是通过制定专项治理政策、运动式执法等超常规措施进行的。这些措施虽能在短期内实现治理目标，却也因缺乏法治化的约束而造成监管权力边界模糊、监管目标偏离等消极后果。《教育部 2022 年工作要点》提出："推动校外教育培训监管立法。"2022 年 9 月 23 日，教育部在《对十二届全国人大五次会议第 5161 号建议的答复》中表示，目前已起草校外培训监督管理条例初稿，正在加快推进。2023 年 7 月，教育部部务会议审议通过《校外培训行政处罚暂行办法》，自 2023 年 10 月 15 日起正式施行。该规章分为"总则""实施机关、管辖和

---

① 申素平、吴楠：《合法性与最佳性：行政处罚在校外培训监管中的基本依循》，载《探索与争鸣》2022 年第 9 期。

适用""违法行为和法律责任""处罚程序和执行""执法监督""附则"等六章,计44条。为加强校外培训监管,规范校外培训行政处罚行为,保护自然人、法人和其他组织的合法权益提供了法律保障。与对校外培训机构治理的热烈讨论相比,学界对校外教育培训机构监管立法的关注严重不足。当前研究以校外教育培训监管立法为研究对象,通过借鉴域外成功经验,提出我国校外培训立法的必要性和可行性,并对我国校外培训立法的命名、总则和分则等框架内容进行探究。

(一) 域外校外培训立法

迄今为止,已经出台校外培训相关法律的域外国家和地区主要有美国、日本、韩国等。美国《不让一个孩子掉队法》规定学校要向连续三年在学业成绩方面没有取得适当进步的、低收入家庭的学生提供教育补习服务。另外,《加强和改进中小学》《早期学习机会》《STEM培训补助计划》《学生的作业或交通》《社区发展培训和研究金计划》等法案亦为校外培训活动的运作奠定了法律基础,并充分赋予各州组织和举办课外活动的权利。日本以法律的形式确立了校地联动的课后服务体制机制,通过《社会教育法》《地方教育行政组织及运营法》《学习指导纲要》等法律法规,明确了课后服务的主体及其权利与义务,以及课后服务的内容、途径、场所、评价体系、经费保障等。韩国颁布的《私立教育机构设立、经营与校外培训法》对校外培训立法作出全面规定,即监管主体为政府,监管范围除综合性校外培训机构外,还延伸到规模较小的校外培训场所。

总体来看,世界各国关于校外培训立法的名称不尽相同,但其体现出的基本共识是一致的,即校外培训不得干扰学校教育发展,不得扰乱市场秩序或损害学生和家长的权益。

(二) 我国校外培训立法的必要性与可行性

立足国家对中国特色社会主义教育事业的整体要求和校外教育培训行业的发展现状,我国校外教育培训机构监管立法是必要且可行的。

就必要性而言,第一,监管立法是规范校外教育培训市场秩序的必然要求。我国校外教育培训市场体量庞大,据统计,2021年我国教育培训行业市场规模为16140亿元。①随着教育培训行业的繁荣发展,合同纠纷、虚假宣传、预付式消费风

---

① 中商行业研究院:《2021年"十四五"中国教育培训行业市场前景及投资研究报告》,载中商情报网,https://baijiahao.baidu.com/s?id=17105040349471892628&wfr=spider&for=pc,最后访问时间:2023年7月31日。

险、教师资质等问题层出不穷。校外教育培训市场的治理离不开教育立法和教育执法。科学立法是全面依法治国的前提,专门立法可以为规范校外教育培训市场秩序提供法律依据和法治保障。第二,监管立法是推进依法行政和依法治教的内在动力。无论是依法行政原理产生的历史背景,还是依法行政的自身要求,都强调法律和政策的良性互动,反对一味地依政策办事。我国的依法治教,尤其是校外教育培训的治理长期存在政策替代法律的现象。政策调整教育培训法律关系仅是一种权宜之计,将政策上升为立法才能实现校外教育培训机构的长久之治。

就可行性而言,第一,国家对校外培训机构治理十分重视。国家的重视是推进校外教育培训机构监管立法的政治前提,2021 年出台的校外培训监管文件数量相当于以往十年的总和,直接推动了校外教育培训机构监管立法工作的进行。第二,校外教育培训机构监管具有坚实的立法基础。我国已出台相关教育法律、几十项校外培训监管政策及大量的地方立法文件。这些法律文件为校外教育培训机构监管的立法奠定了坚实基础,立法时机已然成熟。总体来看,学者就尽快推进校外培训立法达成共识,但学界目前针对校外培训立法必要性和可行性的研究多从域外经验、市场秩序或者宏观的依法治国需要等层面展开证成,缺乏对校外培训立法的法理基础,特别是基本权利保护方面的讨论。这是未来理论与实践工作中亟须思考和研究的重要问题。

(三) 我国校外培训立法框架内容

校外教育培训监管立法是一项系统性工程。立法体例是立法的基石性范畴,包括厘清校外教育培训监管立法的名称、定义、调整对象及与其他教育法律的关系等。

第一,立法名称。有学者建议尽快制定《校外教育培训管理条例》。[1]有学者主张应命名为“校外教育培训机构监督管理条例”,理由在于校外培训立法可以考虑先从国务院行政法规开始,故采用“条例”命名。使用“监督管理”一词体现了管理型立法特征。[2]有学者认为应制定《中华人民共和国校外培训法》,与《民办教育促进法》及《职业教育法》等单行法在立法地位上应属于平行关系,在内容上应具有互补属性。[3]总体来看,学者们普遍支持制定校外培训专项立法,但对于采用法律还是行政

---

① 《全国人大常委委员周洪宇:建议出台国家层面非学科类培训管理规范尽快制定〈校外教育培训管理条例〉》,载 21 世纪经济报道,https://baijiahao.baidu.com/s?id=1726959794508830651&wfr=spider&for=pc,最后访问时间:2023 年 1 月 2 日。

② 刘宁、任海涛:《如何立法监管校外教育培训机构》,载《湖南师范大学教育科学学报》2022 年第 5 期。

③ 吴遵民等:《关于我国校外培训立法的几点思考——基于“双减”政策落实与校外培训治理》,载《现代远程教育研究》2022 年第 5 期。

法规的形式尚有争议。

第二，调整对象。调整对象是校外教育培训机构监管立法之初必须正视的因素。一方面，调整对象不包括非学历高等教育机构、婴幼儿托育机构、职业技能培训机构及特殊行业或相关主管部门有特定准入规定的培训机构。另一方面，立法调整校外教育培训经营行为及其监管行为。但同时，校外教育培训机构作为行政相对人，监管权的不当行使会对其权利与义务产生实际影响，故立法也应调整监管行为，对教育行政权予以适度限制和约束，以保障相对人的合法权益。

第三，基本原则与内容。校外教育培训机构监管立法作为教育法律体系的组成部分，应当遵循教育法的诸项基本原则。校外培训立法应确立倾斜保护原则、属地管理原则、全过程监管原则和合作治理原则等立法原则。在此基础上，从总则部分的构成要素、变更与终止规则、监管工具、法律责任条款、监管权力规制体系等方面构建完整且严密的校外培训机构监管法律体系。

总之，学者们普遍注意到校外培训立法应坚持教育公益性原则，并从不同角度勾勒出校外教育培训机构监管立法的体系面貌。但目前学界对本课题的研究仍然相当薄弱，有诸多未竟之处有待深入。例如，虽然学界已经对校外培训立法达成一致，但我国目前针对校外培训立法的必要性和可行性的研究，多从域外经验、市场秩序或者宏观的依法治国需要进行证成，缺乏对法理基础，特别是基本权利保护方面的讨论。未来校外培训立法工作应重点从以下方面展开。一是立法前论证。校外培训立法前需要进行立法调研，确定立法利益、需求及信息，以确定立法文本，可以说立法质量的高低很大程度上取决于立法信息的获取。二是立法参与。立法过程中的公众参与可以提升法的科学性和民主性，最大限度地获得公众对立法文本的理解和支持。校外教育培训机构监管立法应尽可能吸收专家、学生家长、教师等不同利益主体参与立法，并及时向社会公布法律草案征求意见。三是立法协调。任何立法都不可能对监管事项进行事无巨细的规定，未来立法形成时还应通过制定配套立法、修改已有立法、开展立法清理等方式完善校外培训机构监管法律制度。四是立法后评估。在校外教育培训机构监管立法颁布实施一段时间后，应当对立法取得的成效和存在的问题进行评估，以便为后续立法的修改与完善提供指引。

五、社会教育与公共文化法

2020 年 6 月,湖北农民工吴某临别东莞时到东莞图书馆办理退证手续,留下一段 100 多字的真挚感人的留言。留言内容是:"我来东莞十七年,其中来图书馆看书有十二年,书能明理,对人百益无一害的唯书也,今年疫情让好多产业倒闭,农民工也无事可做了,选择了回乡,想起这些年的生活,最好的地方就是图书馆了,虽万般不舍,然生活所迫。余生永不忘你东莞图书馆,愿你越办越兴旺,识惠东莞,识惠外来民工。"①

"湖北农民工留言东莞图书馆"事件反映了公共文化设施是社会教育的主要场所,在社会教育活动中发挥着重要作用。

社会教育是除学校和家庭之外的社会主体所开展的有目的、有组织、有计划的开放性教育活动。我国《公共图书馆法》《国防教育法》《公共文化服务保障法》《博物馆条例》等法律法规赋予了公共文化设施开展社会教育的职责。

近年来,关于公共文化设施开展社会教育的理论成果主要集中于教育学、管理学等学科,从法学视角所进行的研究相对薄弱,仅有寥寥数篇。这些法学文章侧重于针对公共图书馆开展社会教育的讨论,对博物馆、档案馆、国防教育基地等其他公共文化设施开展社会教育的研究相对薄弱。

(一)社会教育与《公共图书馆法》

《公共图书馆法》第 2 条明确规定了公共图书馆是开展社会教育的公共文化设施。早在 20 世纪 80 年代,就有学者专门探讨了公共图书馆的社会教育职能。②公共图书馆如何正确履行社会教育职能,是社会教育法治研究的重要课题。对《公共图书馆法》进行规范分析,厘清"公共图书馆"的概念内涵,在此基础上解读社会教育职能的来源、功能与定位,并运用实证分析法发现不同图书馆在开展社会教育工作时存在的不同问题,能够为优化公共图书馆的社会教育职能提供精准化路径。另外,从比较法的视角切入,对域外图书馆法文本规范分析,可以为我国图书馆立法完善提供有益

---

① 任继愈先生(原国家图书馆馆长)于 2004 年在东莞图书馆题字"知识惠东莞",后被简称为"识惠东莞"。

② 吴慰慈、邵巍:《图书馆学概论》,书目文献出版社 1985 年版,第 40 页。

借鉴和参考。比如，1963年韩国颁布《图书馆法》，其名称历经多次修改，于2016年复称《图书馆法》。韩国《图书馆法》将图书馆划分为国家图书馆、公共图书馆、大学图书馆、学校图书馆及专业图书馆等类型。不同类型图书馆承担的社会教育职责并不相同。

（二）社会教育与其他公共文化法

除了公共图书馆，档案馆、博物馆、国防教育基地，其他文化服务设施也承担着社会教育的职责。特别是党的十八大以来，习近平总书记高度重视爱国主义教育工作，公共文化设施所承担的爱国教育功能受到前所未有的关注。但不同教育主体之间规范联动不足，且爱国主义教育缺乏监督和责任机制，两者成为阻碍爱国教育工作开展的重要因素。除了爱国主义教育，法治教育和科普教育也是公共文化教育的重要内容。以法治教育为例，在不确定性时代，学校法治教育与社会法治教育本应相辅相成、同等重要。但长期以来，学校法治教育处于优先地位，社会法治教育的受关注度严重不足，如2016年《青少年法治教育大纲》从国家层面明确了"青少年法治教育"的定位，强调的主要是学校法治教育。①总之，与对校外培训治理的热烈研讨相比，目前学界对公共文化设施开展社会教育的关注严重不足，有必要在此方面作更大的努力。

六、社会教育评估法治化

教育评估法治化是推进教育评估实践科学化、规范化的重要保障，也是教育管理体制和督导制度的组成部分。2015年，教育部印发《关于深入推进教育管办评分离促进政府职能转变的若干意见》，提出支持专业机构和社会组织规范开展教育评价。如何推进社会组织开展教育评估工作是本节的核心议题。

（一）教育评估的内涵界定与制度变迁

教育评估是一种价值评估机制，与教育活动相伴而生。关于教育评估的内涵，我国教育评估制度的基本特征是搜集信息来证明教育目标的实现或完成程度。因而，

---

① 任海涛：《不确定性时代如何形塑确定性的法治思维——基于法治教育的视角》，载《探索与争鸣》2022年第10期。

教育评估就是在系统、科学、全面的搜集、整理、处理和分析教育信息的基础上,对教育的价值作出判断的过程,旨在促进教育改革、提高教育质量。①

改革开放以来,我国教育评估体制的发展与完善呈现出明显的阶段性特征,可以分为四个阶段。1978 年到 1989 年,是我国教育评估制度的重建发展期。特别是 1985 年中共中央印发的《中共中央关于教育体制改革的决定》,标志着我国教育评估制度恢复正常。1990 年到 2009 年,是我国教育评估的法制化时期。1990 年国家教育委员会发布《普通高等学校教育评估暂行规定》。1995 年出台的《教育法》第 24 条明确规定了国家实行教育督导制度和学校及其他教育机构教育评估制度,标志着教育评估制度正式被写入法律文本。2010 年至今,是我国教育评估制度的深化改革期。2010 年出台的《国家中长期教育改革和发展规划纲要(2010—2020 年)》拉开了新时期我国教育评估体制改革的序幕。在此之后,一系列教育政策出台,我国教育评估体制逐步成熟,表现之一为评估主体的多元化,标志着社会组织亦成为教育评估的主体。

(二) 社会教育评估组织的类型划分与权力来源

教育评估体系包括政府评、社会评、学校评等形式。政府评是由教育行政机关负责评估教育质量。学校评是由学校自评或互评教育质量。社会评则是由社会组织参与评估教育治理。传统教育评估任务主要依赖政府评和学校评完成,但这两种评估模式并不符合教育管办评分离的改革背景,因此社会评的作用日益凸显。

根据评估组织的隶属关系,教育评估组织可以分为以下两类。一是事业性教育评估组织。这类组织往往是附属于教育行政部门的半官方评估组织,如上海市教育评估院、无锡市教育评估院等。虽然事业性教育评估组织仍有政府监管色彩,但还是具有第三方评估性质和功能的。②二是社会教育评估组织,包括民营企业、社会团体、市场中介机构等主体,如上海市教育评估协会、江苏高擎教育评估有限公司等。这类组织脱离于政府之外,可称作独立的第三方评估机构。从行政法学视角来看,社会组织评估的权力来源包括授权与委托。二者的区分标准之一是有无法律、法规、规章明文授权。截至目前,我国教育法规范并未规定教育行政部门可以对教育评估权限进行授出。因而,教育行政部门主要是以行政合同的方式委托有资质的社会组织参与教育评估工作。

---

① 顾明远主编:《中国教育大百科全书》,上海教育出版社 2012 年版,第 841 页。
② 陈兴明等:《我国高等教育第三方评估组织发展现状研究》,载《黑龙江高教研究》2018 年第 7 期。

七、本 章 小 结

四十余年来我国社会教育法治研究取得了巨大成就,大致可以得出以下三点结论。

第一,研究成果丰硕。改革开放以来,特别是近十年来,社会教育法治研究在整体发文量、机构和作者合作情况、跨学科研究、基础理论研究等方面取得了相当丰硕的成果,初步形成一套较为完整的社会教育法治研究体系。首先,学术著作持续涌现。如劳凯声、郑新蓉的《教育法学概论》,李国新、段明莲的《国外公共图书馆法研究》,黄焕山、郑柱泉的《社区教育概论》等专著都有关于社会教育法律制度的介绍。其次,论文发表数量呈逐年增长的趋势。据不完全统计,1978年至今,刊载有关社会教育法治的论文已有上万篇,这些论文集中在《教育发展研究》《中国教育学刊》《湖南师范大学教育科学学报》等教育类期刊中,也有一些论文分布在《法学论坛》《政治与法律》等法学类期刊及《图书馆》《图书馆建设》等管理类期刊中,体现出社会教育法学的多学科交叉性。最后,多项课题获得立项。21世纪以来,在国家社会科学基金项目中,已有多项有关社会教育法治的课题立项,如嵇绍岭的《社会教育培训机构治理研究》获2010年国家社科基金青年项目立项,曲一帆的《"双减"背景下校外培训治理逻辑演进与路径优化研究》获2022年度国家社科基金教育学课题一般项目立项,余晖的《"双减"背景下学科类家教的治理路径研究》获2022年度国家社科基金教育学课题青年项目立项。

第二,研究方法多样化。社会教育法治的理论创新,不仅包括制度层面的建构,也包括方法论的更新。改革开放以来,学界已经从运用单一研究方法向多种研究方法并用转变,拓宽了理论研究的深度、广度和高度。目前,学界对社会教育法治的研究在方法上运用了比较分析法、案例分析法、规范分析法等多种研究方法。比如,部分学者对日本《社会教育法》和韩国《社会教育法》进行比较分析,提出中国社会教育法治的建构路径。再比如,部分学者运用规范分析法,对社会教育相关立法进行教义学分析。

第三,研究领域多元化。在改革开放初期,社会教育法治的研究领域相对狭窄,偏重于社会教育法的一般理论介绍。经过四十余年的发展,社会教育法的领域逐渐拓宽,呈现出百花齐放的态势。当前的社会教育法治的研究内容包括"校外教育培训""社区教育""社会教育与公共文化法""社会教育评估组织"等类别。特别是围绕"校外培训治理"形成了一系列丰硕成果,涵盖了校外培训机构法治化监管、校外培训立法等领域。

尽管如此,当前研究仍存在一些需要解决的问题。

第一,研究主题过度集中。社会教育包括公共文化机构所开展的教育、民间组织开展的教育、各级各类教育机构及政府部门开展的社会培训、企事业单位开展的职工教育、社区教育、社会成人学历教育等类型。但当前研究主要集中在社会培训治理,而公共文化设施开展社会教育等其他领域长期遭遇冷落,在学术话语权方面存在一定程度的失语问题。

第二,与其他教育法领域相比,社会教育法治的学术成果在数量和质量上仍有进一步提升的空间。以 2022 年为例,社会教育法治核心期刊论文仅有 30 余篇,并未出版相关著作,相较于其他教育法领域而言存在不小的差距。

第三,缺乏学科专题联动。教育法学热点影响下的选题较为单一,集中在"双减"、校外培训、公共文化设施与社会教育等特定领域,缺少与其他社会教育论题的结合。比如,虽有学者提出校外培训立法与《民办教育促进法》在内容上具有互补属性,但极少学者在对策中提及家校社联动的方法。再比如,学者王翩然在 2021 年出版的《学龄前儿童视角下的公共图书馆儿童服务》的专著引发学者讨论,说明结合公共图书馆等基础设施的转型讨论学前教育、终身教育、未成年人保护等教育法特定论题具有一定的研究意义,有待学者深入研究。

第四,我国社会教育法治的研究以教育学学者为主,法学学者关注度较低。从研究者的学科分布来看,在 1978—1997 年的二十年间,从事社会教育法治研究的学者主要是教育学的学者。而在近二十年间,法学学者陆续加入社会教育法治的理论研究,但是,整体看来,法学学者对社会教育法治的关注仍然不足。社会教育法治是法学和教育学的交叉领域,有赖于不同学科学者形成学术共同体,共同推动社会教育法治知识体系的革新。

展望未来,2022 年的学术成果是在"双减"政策实施与国家强化校外培训机构监管的时代背景下展开的,其研究必然具有承上启下、总结与展望相结合的特征。2023 年社会教育法治研究热点依然会围绕校外培训治理展开。但应注意,社会教育法治的研究范畴绝不限于此。一方面,现有学术著作虽有关于社会教育法的介绍,但缺乏一本专门研究社会教育法治的书籍,导致社会教育法治的研究缺乏体系性和系统性,期待更多学者参与到社会教育法治学术著作的编写工作中。另一方面,社会文化设施如何开展社会教育、社会组织如何参与教育评估工作等课题似乎成为社会教育法治研究的空白领域,希望更多学者参与其中,以更多视角、从不同层次强化这些课题的理论研究。

第八章

终身教育法学

　　终身教育指人一生中所受的各种教育的总和,包括家庭教育、学校教育、社会教育和其他各种形式的教育培训活动。终身教育理念的提出可以追溯到 20 世纪 60 年代关于"人人皆学、处处可学、时时能学"的主张。目前很多国家在终身教育理念的指导下,纷纷通过制定终身教育政策或立法来推进学习型社会的建设,《中国教育现代化 2035》也将"建成服务全民终身学习的现代教育体系"作为 2035 年主要发展目标,福建省、河北省、上海市、太原市等地方也相继制定终身教育促进条例,但国家层面的终身教育立法尚未制定出台。事实上,有关终身教育法学的研究主要围绕终身教育立法展开。这些研究不仅深化了有关终身教育立法的理论与实践认识,为我国终身教育立法贡献了智识,也为探索构建服务全民终身学习的现代教育法律体系提供了参考。

一、前　　言

　　相较于其他类型或阶段的教育立法而言,终身教育立法是相对晚近的概念。终身教育立法的启动得益于终身教育理念的提出和广为接受。1965 年,法国教育家保罗·郎格朗(Paul Lengrand)在联合国教科文组织召开的"第三届促进成人教育国际委员会"上作了题为"终身教育"的报告,随后在其所著的《终身教育导论》中,系统阐释了终身教育思想。[1]1972 年,联合国教科文组织发表了《学会生存——教育世界的今天和明天》的报告,强调终身教育是学习型社会的基石,建议各国将终身教育作为

---

[1]　兰岚:《我国终身教育立法困境探析》,载《现代远距离教育》2015 年第 6 期。

今后制定教育政策的主导思想。随着终身教育理念逐渐在世界范围内成为一种新的教育思潮，各国纷纷采取措施，将终身教育纳入本国教育发展规划，一些国家和地区甚至通过立法确立了终身教育在本国教育法律体系中的地位，实现了从"教育理念"到"法律制度"的转变。1976年，美国率先制定了世界上第一部终身教育法——《蒙代尔法》(Mondale Act)，随后日本、韩国、法国等国家也制定了本国的终身教育法，我国福建、上海、太原、河北、宁波、苏州等地亦制定了终身教育地方法规。

虽有域内外终身教育立法的探索和积累，但我国要制定一部高质量的终身教育国家立法仍面临理论和实践上的难题，学界对很多议题也尚未达成共识。事实上，在以教育类型和教育阶段为主体框架搭建的教育法律体系下，终身教育立法面临如何有序嵌入现有教育法律体系的难题，其调整对象、规制重点及其与单行教育法律之间的关系如何处理等方面亦不乏争议，甚至其本身就面临立法必要性的质疑。事实上，即便回溯域内外已经制定的终身教育立法也可以发现，其立法质量和实施效果并不理想，未能与其他教育法律实现有效融贯和衔接，以及操作性不强，成为其屡遭诟病之处。就此而言，我国终身教育国家立法迟未出台固然与立法决策有关，但其立法定位的不清晰与所遭遇的立法技术之难题皆阻滞了立法进程。

基于此，本章拟聚焦有关终身教育立法研究的热点和争点，介绍域内外终身教育立法的发展概况，阐述我国终身教育立法的价值基础与难点瓶颈，探讨我国终身教育立法的推进策略，拟定终身教育立法的主体框架与重点内容，以期让读者系统把握终身教育立法的研究概况，也希冀为推动我国终身教育立法贡献智识和绵薄之力。

二、中外终身教育立法的发展概况

他山之石，可以攻玉。系统梳理和分析域内外终身教育立法的成就和经验，可以为我国终身教育立法提供启发和借鉴。本部分拟选取域外三部代表性的终身教育立法进行译介，并评析我国已制定的6部终身教育地方法规。

（一）世界主要国家终身教育立法概况

1. 美国终身教育立法

1976年，美国率先制定了世界上第一部终身教育法案——《终身学习法》，也称《蒙代尔法》。该法确立了终身学习在美国的法律地位,明确了权利保障、多样性、推动国力发展、因地制宜、全面保障等法律原则,鼓励在全美开展终身学习,拓展联邦政府在教育规划与评估中的作用。该法采取分章形式,将法律分成三个部分,即终身学习的特点、范围和活动。第一章阐释了美国推行终身教育的意义和目标,第二章明确界定了终身学习活动的范围,第三章规定了相关主体的角色、任务与权责。然而,该法强调对学习权的保障,却缺乏明确规定和有力的刚性举措,把终身教育置于某一教育领域(尤其为高等职业教育领域)中加以推进,削弱了终身教育的内涵与范围,进而影响了公民终身学习权利的最终实现。不过,上述缺陷在随后的立法中逐渐得到弥补和完善。①

2. 日本终身教育立法

20 世纪 60 年代,终身教育理念开始传入日本并产生广泛影响。1969 年,日本依据终身教育思想全面修订了《职业训练法》。1990 年,日本制定了《关于振兴终身学习实施政策及完善推进体制的法律》(简称《终身学习振兴法》)。该法确立了终身教育在国民教育体系中的中心位置,明确了文部省与通产省全面负责及终身教育与国民经济直接挂钩的原则,较全面地规范了终身学习的诸项内容,框架体系较为完整。然而,该法具有浓厚的功利色彩和产业化倾向,对公民学习权的保障略显不足,且存在抽象规定居多、可操作性较弱等弊端。2002 年,日本国会对该法进行了修正,出台《关于完善终身学习振兴措施及推进体制的法律》(简称《终身学习完善法》)。尽管新法相较旧法有部分修正,但在内容上未有实质突破,主要体现在:一是该法在日本教育法体系中地位不明的状况未有根本改变,二是在立法目的上功利色彩仍然存在,三是主体内容基本未变,四是地方推进机制仍然不明,五是官民理念相悖的现状未有改观,六是未根本改变该法产业化色彩过浓的弊端。正如有学者所言,希冀通过发展终身学习来推进教育文化产业振兴的狭隘立法思路,违背了保障公民学习权的理念和宗旨。②

3. 韩国终身教育立法

20 世纪 80 年代末,韩国通过修宪将终身教育理念载入宪法,指出"国家要振兴终身教育"。1999 年,韩国制定了《终身教育法》,该法是在《社会教育促进法》的基础上修订完成的。该法明确了权利保障、自觉自愿、社会待遇等原则,主体框架分为五章,即总则、国家及地方自治团体的任务、终身教育士、终身教育设施和补充规则,重

---

① 黄欣:《终身教育立法:国际视野与本土行动》,载《教育发展研究》2010 年第 5 期。
② 吴遵民、黄健:《国外终身教育立法启示——基于美、日、韩法规文本的分析》,载《现代远程教育研究》2014 年第 1 期。

点规范了政府职责、师资培养、终身教育机构等事项，并规定了违规行为的处罚措施。总体而言，该法可操作性强，较好地整合了终身教育资源，将成人教育、继续教育、职业教育、休闲教育等纳入终身教育范畴，明确了终身教育机构的组成，尤其是其中终身教育振兴院等机构和学分银行等制度的设置有利于推动终身教育资源的整合，但亦存在过于强调政府管理和未重视基层社区作用等缺陷。①

（二）我国地方终身教育立法发展情况

1.《福建省终身教育促进条例》

2005 年 9 月，福建省人大常委会通过了《福建省终身教育促进条例》，它是我国首部终身教育地方性法规。该条例共 22 条规定，明确了政府推进终身教育的职责，在政府层面设立了促进终身教育的机构。条例调整范围限于国民教育体系之外的有组织的终身教育活动（如继续教育、职业培训、老年教育等），涵盖公务员、企事业单位人员、农民、城镇失业人员、农民工、社区居民、残疾人、老年人等主体（属于成人教育范畴），对其他地方探索制定终身教育立法不乏借鉴意义。然而，作为我国第一部终身教育地方性法规，《福建省终身教育促进条例》缺乏上位法授权，也无其他省市立法得以借鉴，在制定与实施过程中存在着不少问题。这些问题具体体现在：原则条款过多、实操条款较少；未设分章，结构过于笼统，逻辑层次不够分明；规制过于柔性，缺乏明晰的责任规定和救济条款，象征性和宣传价值大于实操意义。②

2.《上海市终身教育促进条例》

2006 年，上海市委、市政府颁布了《关于推进学习型社会建设的指导意见》，提出到 2010 年，上海要初步建成"人人皆学、时时能学、处处可学"的学习型社会。为实现此目标并为终身教育提供法律保障，2006 年上海市启动了《上海市终身教育促进条例（暂定名）》的制定工作，并于 2008 年将该条例列入上海市人大立法规划。③经过多年的探索与筹备，2011 年 1 月，上海市人大常委会正式通过了《上海市终身教育促进条例》，并于 2011 年 5 月 1 日起正式实施。该条例相较福建省制定的条例而言，在条文数量上有明显扩充，共计 35 条规定，涵盖内容也更加详尽，涉及立法思想、立法目的、调整对象、终身教育工作的方针、各级政府及组织在终身教育活动中的职能职责、

---

① 吴遵民、黄欣、蒋侯玲：《终身教育立法的国际比较与评析》，载《外国中小学教育》2008 年第 2 期。
② 沈光辉：《我国终身教育立法的主要问题与对策建议——福建省的实践探索与启示》，载《中国远程教育》2014 年第 12 期。
③ 何鹏程、吴遵民：《上海市终身教育地方立法的实践及其构想》，载《教育发展研究》2009 年第 Z1 期。

终身教育活动的经费使用与奖罚细则等内容。条例明确了终身教育工作的主管部门，确立了政府主导、多元参与的经费保障形式，并第一次提出了终身教育从业者的资质要求，这些规定对于满足学习主体终身学习需求、促进终身教育事业稳定发展具有重要意义。然而，该条例在调整对象上仍限于"国民教育体系外"的教育活动，窄化了终身教育的内涵和范围；资金保障不明确，学分积累与转换机制建设不足，对从事终身教育专业工作者的职称评聘标准仍有待完善。[①]

3.《太原市终身教育促进条例》

2012年8月，《太原市终身教育促进条例》经太原市第十三届人大常委会通过，并于同年12月1日起正式实施。该条例是我国第一部章节式的地方终身教育条例，分为总则、组织实施、保障措施、监督责任、法律责任、附则六章，共35条规定，层次清晰、条理清楚，这是立法形式上的一大进步。从内容上看，该条例对于政府和企业的终身教育经费支出提出了量化要求，明确了监督体系对于终身教育规范化的重要意义，有助于提升法律实效。但该条例仍存在违规情况说明不全面、学分银行制度相关规定较为僵化等问题，有待在实践中进一步优化。[②]

4.《河北省终身教育促进条例》

2014年5月，河北省第十二届人大常委会通过了《河北省终身教育促进条例》，并于同年7月1日起正式实施。该条例采用章节式立法形式，分为总则、组织实施、保障措施、监督管理、法律责任、附则等六章，共44条规定。该条例内容颇具亮点，主要体现在：一是首次将青少年校外培训纳入终身教育的任务范围，更好地阐释了终身教育贯穿人的一生的本质；二是规定了企业和其他组织开发的相关学习资源可由政府购买服务的方式纳入终身教育，拓宽了终身教育学习资源的获得途径；三是法律责任规定相对详尽，明晰了处罚程序与方式。但该条例仍存在一定局限，如缺少终身教育组织实施的制度规范引领，"按照相关规定"等引致条款较多，其操作性和实用性有待进一步提升。[③]

5.《宁波市终身教育促进条例》

2014年10月，宁波市第十四届人大常委会通过了《宁波市终身教育促进条例》，

---

① 黄欣、吴遵民、池晨颖：《终身教育立法的制订与完善——关于〈上海市终身教育促进条例〉的思考》，载《教育发展研究》2011年第7期。
② 王宏：《我国地方终身教育立法比较及对国家立法的启示》，载《开放教育研究》2014年第1期。
③ 刘奉越：《我国地方终身教育立法比较研究》，载《现代远距离教育》2017年第2期。

并于 2015 年 3 月 1 日起正式实施，共计 33 条规定。一方面，该条例对终身教育所包含的教育类型进行了更为详细的阐述，涵盖了社区教育、农村农民教育、在职教育、老年教育、残疾人教育、青少年校外教育及妇女与儿童的教育，对学分银行积累的内容与方式作了较为细致的规定，提出实行联席会议制度以增加各部门的协同性，明晰了终身教育工作的专职教师身份，对促进终身教育良性发展具有重要意义。另一方面，该条例未采用分章形式、可读性欠佳，条例中不少提法虽新颖但实操难度大。例如第 24 条规定提出建立跨地区跨行业的终身教育资源整合机制，但在国家立法尚未出台的背景下，此提法暂只能为一种美好的设想。[①]

6.《苏州市终身学习促进条例》

2022 年 12 月，苏州市第十七届人大常委会通过了《苏州市终身学习促进条例》，并于 2023 年 6 月 1 日起正式实施。该条例是我国第一部在名称上使用"终身学习"的地方性法规，采用章节式立法形式，设总则、学习权利、政府推进、社会参与、保障促进、附则六章，共 43 条规定。作为全国首部以"终身学习"命名的地方性法规，该条例强调以人为本，设专章确认市民终身学习的权利，主张通过政府推进与社会参与相结合的方式为学习主体提供多元便捷的资源和服务，对老年教育与社区教育等重难点领域的终身学习问题提出了详细要求并明确了责任主体。同时，积极响应国家号召，注重传统文化的学习传播和社会各主体教育资源的整合共享；创新评价监督方式，保障终身学习工作可持续发展。较过往地方立法而言，该条例更加关注学习主体的权利，对调整对象、鼓励措施、发展目标等方面的规定更为详尽、实操性更强，但其中未见违反条例的罚则规定，其保障与救济功能有待在实践中加以检验。

三、我国终身教育立法的价值基础与立法难点

（一）我国终身教育立法的价值基础

1. 学习权的内涵与特征

1985 年 3 月，联合国教科文组织在第四次国际成人教育会议上第一次提出了学

---

① 程功舜、李小霞：《我国地方终身教育立法的比较与省思》，载《教育发展研究》2018 年第 23 期。

习权的概念,认为学习权包含读书和写字、质疑与分析、研究自己本身的世界而撰写历史、想象与创造、获得教育资源,以及使每个人和每个集体的能力得到发展等系列权利。[1]《学习权宣言》明确了学习权是人生活不可或缺的要素,也是人的一项基本权利。可以看出,学习权的本质在于充分发挥个人的主动性,以实现自由地选择、探索和发展自身。但学习权也是一个难以定义的概念,它总是受到不同国家的历史文化传统及社会背景等各方面的影响。综合《学习权宣言》中对学习权的界定及学习权具有的针对个体终身学习的权利保障特性,本书认为学习权具有如下特征。

首先,学习权是一项基本人权。学习是人的本能之一,人与生俱来就有学习和模仿的能力。在当代社会,学习能力对个体的生存和发展而言至关重要。因此,学习权具有人权的特性。

其次,学习权具有普遍性。学习权的权利主体是任何个人,不论年龄、种族、肤色、性别、语言、宗教信仰或其他因素,任何人均享有学习权。

再次,学习权强调人的主体性和主动性。区别于"受教育权",学习权的概念彰显个体在教育过程中积极作为、自由选择、主动参与的主体地位。

另外,学习权具有社会权属性。学习的发生不仅要求个体自身发挥主观能动性,还需要各种学习资源和机会的提供。可以说,学习权的实现需要国家、社会、家庭等多元主体的积极作为,通过提供良好的学习环境、学习内容等保障性条件,促进个体自由、充分地发展。就此而言,学习权具有社会权属性。

最后,学习权是一项综合性权利。学习权是由学习自由权、学习条件保障权、个体发展权构成的统一体,是一项综合性权利,贯穿个体学习的整个过程。[2]

2. 保障学习权是终身教育立法的价值基础

《中国教育现代化2035》将"构建服务全民的终身学习体系,建设学习型社会"作为我国的战略任务。而建设学习型社会的终极目标就是满足每个公民的学习需求,保障每个人的学习权利,使每个人都得到适合自身的学习机会。无疑,学习型社会对公民主体地位的认可与重视颠覆了传统,我国教育立法的价值基础也发生了相应转变,即由过去关注"受教育权"到更为重视"学习的权利与自由",鼓励个体在学习中追求自我实现。[3]

---

① 龚向和:《教育法法典化进程中的终身学习权保障研究》,载《国家教育行政学院学报》2022年第1期。
② 陈恩伦:《从受教育权到学习权:终身学习社会的权利转型》,载《国家教育行政学院学报》2022年第1期。
③ 兰岚:《论我国终身教育的立法核心——公民学习权保障》,载《华东师范大学学报(教育科学版)》2019年第1期。

从个体角度而言,学习权是人充分实现自我、自由全面发展的要求。随着社会快速发展,人们逐渐意识到只有终身学习,才能实现个体的可持续发展。因此,只有充分保障公民的学习权,使每个人都得到良好的发展,才能为社会的可持续发展奠定坚实基础。基于此,学习型社会的教育立法必须以保障学习权为价值基础,以此促成政府、社会、学校等多元主体的积极参与,共同保障公民学习权的实现。①

从教育模式的变革而言,现代社会的学习要求公民在一生中的任何时间、各种地点、所有阶段都进行学习。这种学习超越了学校教育的范围,提升了学习者的自由度,充分肯定了学习过程中公民的主体地位和积极性。因此,作为一种超越"接受教育"的权利理念,学习权的价值就在于通过完善教育法律体系来保障所有公民通过适当途径获得学习机会,进而助力学习型社会的建设。②

(二) 我国终身教育立法的难点与瓶颈

借鉴域内外终身教育立法的经验和参考我国教育法律体系的现实基础可知,我国终身教育立法在调整对象、立法目标与立法技术等方面仍存较大分歧和瓶颈,由此制约了我国终身教育立法的推进进程。

1. "广义法"抑或"狭义法":调整对象的分歧

终身教育立法首先要明确的就是终身教育的概念界定,即明确什么是终身教育,哪些教育形式属于终身教育范畴。此问题关乎我国终身教育立法究竟采用"广义法"(或称"大教育法")还是"狭义法"(或称"小教育法")的定位问题,实质上涉及我国终身教育立法的调整对象与范围的问题。在学理讨论中,关于终身教育法的调整对象一直有"广义法"与"狭义法"的分歧和争论。从概念本源来看,终身教育所涉的调整对象极为宽泛,立法似应为包括所有教育类型、教育主体和教育活动的"广义法"。然而在实践之中这样的法律极为少见,我国现有的几部地方终身教育立法均采用"排除式"或"列举式"的规定将终身教育立法所调整的对象限于"国民教育体系之外"。例如,《福建省终身教育促进条例》第2条就列明:"本条例适用于本省行政区域内现代国民教育体系之外有组织的终身教育活动。"这种理想状态与实践层面的"脱臼"充分显现了我国终身教育领域"广义法"与"狭义法"的分歧。事实上,目前我国已制定了教育领域的基本法——《教育法》,也制定了囊括不同教育阶段的《义务教育法》《高等

---

① 尹力:《学习权保障:学习型社会教育法律与政策的价值基础》,载《北京师范大学学报(社会科学版)》2010年第3期。
② 祁占勇:《公民终身学习权保障的国家义务及实现路径》,载《国家教育行政学院学报》2022年第1期。

教育法》,同时《职业教育法》也调整了职后培训法律关系,各项法规之间纵横交错,终身教育立法势必面临与现有法律体系的冲突问题,因而有必要对终身教育立法进行恰当定位,明确调整对象,协调各法律之间的关系,做到不重不漏、相得益彰。相反,若不能较好地保证法律体系的协调与统一,我国终身教育立法必定难以推进。①

2. "教育法"抑或"学习法":立法目标的张力

立法目标的科学性和适切性是衡量立法质量的重要标准。近年来,究竟应围绕"终身教育"还是"终身学习"进行立法成为终身教育立法中的难点问题,这关系到究竟是制定《终身教育法》还是《终身学习法》的问题。

目前,以"终身教育"为核心词的域外立法有韩国的《终身教育法》与法国的《终身职业教育法》,美国的《终身学习法》与日本的《终身学习振兴法》则以"终身学习"为核心词进行命名。福建省作为我国第一个出台终身教育地方立法的省份,在制定之始亦遇到了名称选择上的争论,其最终选用终身教育是因为当时参与立法的多数专家和委员认为,"发展终身教育的事业有政府来抓比较有优势"②。事实上,目前这一问题仍然困扰着立法者,并体现在 2015 年修订的《教育法》文本中。其第 11 条规定"国家适应社会主义市场经济发展和社会进步的需要……完善现代国民教育体系,健全终身教育体系";第 20 条则指出"促进不同类型学习成果的互认和衔接,推动全民终身学习"。不难发现,我国教育基本法既提到了"健全终身教育体系",又涉及"推动全民终身学习"。前者以国家和政府为主要视角,旨在从供给侧加强终身教育资源的整合、法律制度的保障、师资队伍的培养;后者的立法重心则主要放于学习者自身,旨在满足个体自身的学习需求,侧重学习者自身的地位与权利。③当然,无论选择何者作为我国终身教育立法的主体概念都需对"教育法"抑或"学习法"作出清晰诠释,厘清各自利弊,突出规制重点。

3. "强制型"抑或"宣示型":立法技术的矛盾

除调整对象与立法目标存在分歧外,终身教育立法在"强制型"或"宣示型"的立法技术之间亦不乏张力。终身教育作为一种价值理念,其隐含的哲学内涵、价值追求、世界观等使其在立法过程中多少带有宣示性或抽象性,但若以原则性或倡导性的

---

① 兰岚:《终身教育立法研究之与现有法律体系的冲突与协调》,载《现代远距离教育》2017 年第 5 期。
② 杨晨:《我国终身教育立法三难》,载《教育发展研究》2009 年第 Z1 期。
③ 吴遵民、邓璐:《终身教育立法中应关注的几个问题——由"终身教育"还是"终身学习"的立法争议谈起》,载《教育发展研究》2022 年第 21 期。

条文对相关工作加以规制,则会使法律的规范性与可操作性大打折扣。①另外,从立法难度来说,若借鉴或直接移植政策表述亦可节省立法成本,但也不可避免地造成政策目标与法律规制之间的模糊,给法律施行带来困难。例如,在有关终身教育的经费投入上,仅有太原市在地方立法中明确规定了"县(市、区)人民政府应按照本行政区域内常住人口数每人每年不低于二元的标准安排社区(村)教育经费,列入本级教育经费预算"。而其他省市在经费保障方面虽有提及,但较为模糊和笼统,例如河北省仅作出要保障终身教育经费逐年增长的规定,这显然给法的实践推行留下了较大的操作空间。

除却经费保障,有关政府责任主体、罚则措施等诸多方面皆存在类似问题。若想更好发挥终身教育立法在实践中的指导作用,在立法中势必要减少笼统或模糊的"宣示型"表述,加强相关条款的简明性、可操作性,细化相关规定,增加立法的规范性和可执行性。然而,在我国社会经济状况下推行"强制型"立法,对经费保障、责任主体等作出统一细致的规定势必难以适应不同地区、不同人民的实际情况,缺乏灵活性的规范亦不符合终身教育关注个体需求的特性。由此可见,如何处理好"强制型"与"宣示型"之间的立法技术矛盾,完成制度文本的设计与构建,是研究者们亟须关注的问题。

四、我国终身教育立法的推进策略

虽然我国已有 6 个省市先后制定了终身教育地方法规,并为国家立法积累了经验,但终身教育外延的广袤性和以学校教育为基础搭建的教育法律体系之间的张力,决定了我国推进终身教育立法并非只有制定单行法这一途径。结合我国教育单行法的立法基础及国家的立法规划,我们认为推进终身教育立法主要有以下四条路径,即修订基本法、完善单行法、地方立法先行和法典化策略。

(一) 修订基本法

《教育法》是我国教育领域的基本法,终身教育法律制度要想落地须得到教育基

---

① 靳澜涛:《我国终身教育立法缘何"难产":瓶颈与出路》,载《中国远程教育》2021 年第 1 期。

本法的授权。当前,《教育法》中关于终身教育的表述虽有涉及但并不多,如第 11 条规定指出要"完善现代国民教育体系,健全终身教育体系",因而如何处理国民教育体系与终身教育体系两者间的关系是推进终身教育立法要考虑的重要议题,本质上涉及教育法与拟立的终身教育法两者间的关系问题。我国教育法律体系是以学校教育为主体框架搭建的,在立法规制重心上有将国民教育窄化为学校教育的倾向,《教育法》中亦包含大量学校教育的内容,具有明显的"学校教育法"色彩。在此情况下,如再立一部"终身教育法"未免会产生"终身教育法"上位于《教育法》之意。①比较理想的方案是依据终身教育理念对《教育法》进行全面修订,将终身教育基本法律制度纳入《教育法》进行调整,并通过下位法予以细化,以解决终身教育立法可能动摇教育基本法地位的问题,同时降低了立法成本。

具体而言,《教育法》在修订时应重点做好以下三方面工作。一是要突显终身教育的理念和价值,将"人人皆学、处处可学、时时能学"的理念贯穿和细化到教育法律制度中,强调个人生涯的整体发展、学习意识的养成和兴趣的培养。二是要明确学校教育仅是国民教育体系的一个部分,并平衡学校教育与国民教育各部分之间的关系,增加成人教育、校外培训、非正规教育等部分的内容。三是用终身教育理念升级国民教育体系,使国民教育与终身教育合二为一,构建理念先进、结构合理、内容协调、运行有效的现代教育法律体系。

(二) 完善单行法

单行法是基本法的具体化和重要支撑。为了保障教育法律体系的融贯性,并突显《教育法》的基本法定位,可以考虑制定和完善相关单行法来推进终身教育法律体系建设,而单行法完善的关键则在于针对学校教育前后两个阶段的法律补充。②

其一,学前教育作为终身教育体系中初启的重要教育形态,对于个体的全面终身发展与国民素质整体提升而言有重要作用。而当前我国学前教育仍存在地区发展不平衡、经费投入不足、师资队伍良莠不齐等问题,尽快对学前教育进行立法调整无疑是一个重要而紧迫的课题。当前,《学前教育法(草案)》正在审议,其中各项法律条款对解决当下学前教育中的问题而言具有重大作用,尤其是认为学前教育是终身教育的起始阶段的表述,为树立终身教育应贯彻人一生的理念奠定了重要的法律基础。

---

① 兰岚:《论我国终身教育立法的调整对象、立法目标与立法原则》,载《首都师范大学学报(社会科学版)》2020 年第 2 期。

② 冯鸿滔:《我国终身教育立法取向研究》,载《中国远程教育》2020 年第 2 期。

在当前乃至未来较长一段时间内,学前教育领域有望在专项法律的引领下朝着规范化、法制化的方向有序发展。但与此同时,在我国经济社会转型升级及人口结构变化的大背景下,对学前教育工作的引领也必将面临如何坚守公益性与普惠性,以及如何完成质量提升的挑战。①

其二,学校后教育阶段的立法工作的开展。社会经济的多元发展、国家产业转型对高新技术人才的需求呼唤着继续教育工作的推进,以满足劳动者技能提升与产业升级的需求。但截至目前,继续教育作为终身教育的重要方面,其立法尚未提上正式议程,法律制度的缺位影响了我国继续教育事业的健康、规范和可持续发展。作为现代化教育体系中的重要一环,继续教育承担着搭建终身学习立交桥、衔接学校内外教育、整合正规教育与非正规教育资源的重要使命。虽然我国专门制定了《职业教育法》来调整职业学校教育和职后培训(可认为属于继续教育立法的一部分),但老年人、妇女等特殊人群的教育尚未纳入法律调整,因而与全民终身教育的理念仍有距离。因此,要推进终身教育立法也可考虑在《职业教育法》的基础上对其进行修订,将特殊人群的教育纳入调整范围,同时可以考虑使用继续教育法的名称,以统筹学校后教育阶段的教育立法。事实上,韩国的《终身教育法》就是在全面修订《社会教育促进法》的基础上完成的,为我国推进终身教育立法提供了有益启发和不同思路。

(三) 地方立法先行

我国终身教育立法要立足我国基本国情,明确立法的目标和方向,总结已有终身教育政策和地方立法的经验,试点先行,逐步推进。当前,我国国家层面的终身教育立法尚未出台,《宪法》中亦缺乏对终身教育法治化的相关表述,结合我国各地不同的特色和情况,地方立法先行仍不失为一条可行路径。其优势在于,地方先行可为国家立法提供宝贵的经验,各地异质的经验比较也可为国家立法提供制度尝试的积累。②

但是,上文已经提到,由于国家层面立法的缺失与理论研究的不足,我国已有的终身教育地方立法还存在着不少局限,因而在今后的立法工作中,要注意做好以下两方面的工作。一是终身教育本源理念的厘清,在立法过程中要对终身教育立法的构成要件与范畴加以界定,改变过往将学校教育排斥在终身教育体系之外的界定误区,让概念的科学性和理论的期盼性在今后的立法中走向契合。二是在特色追求与制度

---

① 杨婷、吴遵民:《终身教育背景下学前教育发展的路径与机制——读〈中华人民共和国学前教育法(草案)〉》,载《现代远距离教育》2020年第5期。

② 张璇:《地方〈终身教育促进条例〉的现实局限与立法建议》,载《中国远程教育》2018年第6期。

创新的过程中要注重法的可操作性,过往地方性法规多有宣示性的原则表述,少有可操作性的规范内容。有鉴于此,今后立法要注意结合本地特色与实际情况,明确经费保障、责任主体、学分银行转换等相关制度规定,切实提升法律的可操作性,为国家立法提供丰富多样的经验。①

当然,根据《中华人民共和国立法法》的相关规定,地方人民代表大会及常务委员会根据本行政区域的具体情况和实际需要,可以制定地方性法规,但必须要满足一个前提,即不与上位法的规定相抵触。因而若今后我国国家层面的终身教育立法出台,各地方法规中与上位法相抵触的内容和规定,应及时进行修订和调整。没有制定相关条例的地区,亦应跟随该法的指引,并结合地方实际制定实施细则。

(四)法典化编纂策略

2021年,全国人大常委会将教育法典编纂纳入立法工作计划当中,教育法典编纂成为今后一段时期内教育法学界持续关注的重要研究议题。教育法典编纂工作的研究启动为终身教育立法提供了新的契机和路径,让我们得以在新形势下重新思考教育法的体系并对终身教育作出相关的法律制度安排。目前,一些学者开始思考教育法典编纂背景下的终身教育立法问题,其核心观点是,应把服务全民终身学习作为教育法典编纂的核心指导思想,并在法典分则中预留终身教育的位置。

关于在教育法典编纂背景下如何推进终身教育立法,结合学者们的研究,本书提出以下三个观点。一是教育法典编纂中应注意对公民终身学习权的立法确权,赋予其明确的法律地位,将其作为教育法典编纂的核心指导思想和分编展开的主要依据。也就是说,教育法典分编的设置应围绕保障公民终身学习权而展开,保证终身教育理念在整个教育法典中一以贯之。二是教育法典要保持一定的开放性和前瞻性,为未来可能出现的终身教育的不同类型预留地位、预设接口。三是要处理好终身教育与学校教育、职业教育、继续教育等方面的衔接关系,终身教育势必需要在法典分编中体现,但名称上是用终身教育还是继续教育可以进一步讨论。我们认为,全民终身教育既包括各级各类学校教育,又包括学校教育之外的其他教育形式,因而终身教育相较学校教育而言是更上位的概念。如果法典分编主要依据教育类型或教育阶段展开,就不宜再用终身教育这一称谓来指代学校教育以外的教育和学习内容,以使终身教育能够在概念上和立法上实现内涵的统一和逻辑的自洽。

---

① 刘奉越:《我国地方终身教育立法比较研究》,载《现代远距离教育》2017年第2期。

五、我国终身教育立法的主体框架与重点内容

立法策略或许有不同选择,但终身教育立法所面临的问题却是相通的。这就要求我们坚持问题导向的立法原则,找准制约终身教育发展的制度瓶颈,从调整对象、体系搭建、组织机构、教育场所、经费师资、法律责任等方面健全终身教育法律体系。

(一)明确目标,锁定立法调整对象

立法目标事关法之方向和调整对象,是终身教育立法首要解决的关键问题。本书将终身教育立法的目标概述为:保障全体公民终身学习权的实现,构建适应全民终身学习的现代国民教育体系,促进人的全面和可持续发展。[1]在此立法目标的引领下,终身教育立法的调整对象日渐清晰。众所周知,终身教育是贯穿人一生的所有教育的总和,但终身教育思潮在20世纪80年代传入我国时,与职业教育、成人教育、继续教育等概念仍不时发生混淆,直至1995年《教育法》颁布,终身教育才被界定为各级各类教育的总和。[2]但如前所述,此种界定方式易让终身教育立法与《教育法》的调整对象雷同,等于在现行《教育法》之外再立了一部与其地位相同的教育基本法。

鉴于我国现有教育法律体系已对各级各类学校教育作了系统规范,那么终身教育立法的重心就应放在学校之外的非正规教育及各类教育形式的融通与衔接上。也就是说,我国终身教育立法应采纳并明确"小教育法"或"狭义法"的定位,并据此明确规制对象和调整范围。具体而言,一是要将学校教育体系以外的社区教育、继续教育、现代远程教育等纳入调整范围,重点解决老年人、农民、妇女等特殊群体的终身学习问题。二是在明确"小教育法"的定位后,应将学校教育、非正规教育,以及各类教育形式的融通和衔接作为立法的又一重点工作,完善学分互认与资料框架制度,搭建

---

[1] 兰岚:《论我国终身教育立法的调整对象、立法目标与立法原则》,载《首都师范大学学报(社会科学版)》2020年第2期;黄欣、吴遵民:《中国终身教育法为何难以制定——论国家终身教育法的立法思想与框架》,载《开放教育研究》2014年第6期。

[2] 杨晨:《我国终身教育立法三难》,载《教育发展研究》2009年第Z1期。

全民终身学习的立交桥,建立各种教育阶段与类型能够相互融通衔接的终身教育体系,为学习型社会的实现奠定基础。[①]

(二) 完善制度,搭建终身教育体系

终身教育体系建设的关键在于如何促使正规教育与非正规教育的有机衔接,打破制度化与非制度化教育之间的鸿沟与壁垒,整合学校教育与校外教育资源,使人无论处于哪个阶段、置身于何种场所都能在终身教育体系中匹配到最合适的教育。而相关制度的健全和完善则是搭建终身教育体系交通枢纽的关键所在,是贯通人生各阶段、各学习场域的"立交桥"。

据此,应通过立法尽快完善相关制度。一是要建立学历证书、职业资格证书、培训证书互通互认的国家资格认定框架。二是要建立学习成果的积累、认证与转换制度,在现有地方立法实践的经验积累下,将各个环节的操作细则具体化,实现"积累—认证—转换"三个环节的整体推进,疏通各个阶段学习成果的认可通道,保障终身学习权的实现。三是要完善学习者激励制度,建立健全带薪学习休假制度,鼓励社会力量参与终身教育,明确奖励的条件、程序和方式,更好地激发人们的学习热情和参与终身教育的积极性。

(三) 明确分工,建立健全组织机构

为统筹、管理和协调终身教育各参与主体的工作,立法中应注重顶层设计、明确分工,分部门、分行业制定相关规则,使各级各类政府部门明确自己的职责和使命,在职责范围内有序推进终身教育工作。

组织分工与机构建设可从两个方面加以推进。一是要建立从中央到地方的垂直管理机构。中央负责终身教育工作的宏观指导和顶层规划,地方则负责结合本地实际情况为本地终身教育发展制定具体规划指引。[②]例如,可以借鉴上海等地做法,设立终身教育促进委员会,负责本行政区的教育规划、指导和协调工作,有效整合资源,避免因多头管理造成工作混乱。二是从终身教育的管理而言,中央与地方政府要按照各自职权分工,合力实现各类人员的学习机会保障。例如,由人力资源和社会保障部门负责企事业单位人员、进城就业人员、农村劳动者的再培训工作,由妇联会同相

---

① 兰岚:《论我国终身教育立法的调整对象、立法目标与立法原则》,载《首都师范大学学报(社会科学版)》2020 年第 2 期。

② 兰岚:《构建服务全民终身学习的现代教育体系——政府责任与立法设计》,载《教育学术月刊》2021 年第 9 期。

关部门推进家庭教育工作,由残联会同社会保障、民政等部门负责残疾人教育培训工作等。[1]

(四) 场地先行,明确终身教育场域

场所是开展终身教育的重要载体,终身教育立法中对场所的保障可着眼于以下三个方面。一是要加大终身教育资源的整合力度,积极鼓励和引入企事业单位、各级各类学校、民间公益性组织、社会培训机构等主体参与和服务终身教育,面向社会开放学习资源。二是要注重拓展现有社会文化体育资源,充分发挥图书馆、美术馆、体育馆等社会性的文化体育类设施的教育功能,鼓励通过开办讲座、主题展览、活动科普等多种样式参与并推动终身教育发展。三是要加强终身教育的三级网络机构建设。从我国终身教育的开展机构来看,当前由电大转型而来的开放大学已成为中央与省市一级的组织机构,地级市及个别大城市的区级业余大学和社区教育学院则成为第二层次的组织机构,我国当前的薄弱点在于街道、乡镇、农村一级的终身教育组织机构,此一级的社区学校建设亟待加强。[2]

(五) 条件保障,细化经费师资规定

经费投入与师资队伍的建设与保障是终身教育立法的关键一环。近年来,随着相关规定尤其是经费条款得到落实,学校教育经费获得稳定投入并实现逐年增长,但此类经费中并不包含终身教育的预算投入。终身教育经费主要以地方财政投入为主,除了《太原市终身教育促进条例》之外,其他地方法规未见对终身教育经费的具体规定。没有经费保障,终身教育活动的开展势必受到掣肘。因此,在今后的立法中,可以考虑建立由政府主导、社会参与、企业捐赠与学习者适当分担的多元筹资模式;同时,考虑健全经费使用的相关规定,详细说明经费的来源、比例和用途。[3]

另外,在终身教育师资队伍的立法保障上,要以提升终身教育从业人员的素质和能力为抓手,持续推进从业人员的规范化和专业性建设。具体而言,立法中可加强对从业人员的培养机构、培训方式、评聘标准、专业技术考核等方面的规定[4],鼓励高校结合办学定位和学科优势开设相关专业以培养人才和组织培训,以多种方式吸引相关专业人员发挥自身优势,并参与终身教育工作。

[1][4]　丁红玲、张利纳:《关于我国终身教育立法的建议与思考》,载《教育理论与实践》2014 年第 21 期。

[2]　黄欣、吴遵民:《中国终身教育法为何难以制定——论国家终身教育法的立法思想与框架》,载《开放教育研究》2014 年第 6 期。

[3]　刘奉越:《我国地方终身教育立法比较研究》,载《现代远距离教育》2017 年第 2 期。

（六）责任兜底，确保法的可操作性

立法不能只靠一般性的原则来调整各种社会关系，只有明确各主体的权责，才能有效规范行为，切实提高法的运行效力。就此而言，终身教育立法虽应采取正面激励的方式吸引各社会主体积极参与终身教育事务，但强制性条款同样不可或缺，尤其是为避免责任主体相互推诿，在组织体制、资源保障、监督管理、责任落实等方面更应强化立法规制的可操作性和有责性。① 为此，应对终身教育管理体制作出明确规定，以列举方式制定各级政府部门的职责清单，且为确保履职的对应性，还应设置目标绩效考核、责任评估、监督检查等事中或事后评价机制。同时，在立法技术上，要减少倡导性规范和政策性规定的使用，用法言法语表述权利义务关系，确保义务规定有相对应的责任条款作为后盾，以保障法的实际运行和可操作性。

六、本 章 小 结

我国终身教育立法研究深受教育发展和国家立法形势的影响，不断根据发展进程选择和聚焦重点研究议题，根据议题的不同可以将其划分为三个阶段。一是从1980年至2004年，此阶段的研究重点是对终身教育理念和域外终身教育立法进行译介和分析。二是从2005年到2020年，随着终身教育理念逐渐成为国家教育政策的指导思想，尤其是终身教育地方法规的制定出台，学界的研究重心逐渐转向对我国终身教育立法的研究，集中探讨了我国终身教育立法的时机条件、立法目标、调整对象、难点瓶颈、价值取向等议题，并对终身教育地方法规进行了文本分析和经验提炼。这一阶段的研究主要遵循单行法的立法思路和"小教育法"的目标定位，希冀把终身教育立法纳入现有教育法律体系，实现终身教育与其他教育类型或教育阶段的融贯和衔接。但此种研究进路难免会被我国不成熟的教育法律体系捆住手脚，导致终身教育在概念上和立法上出现了内涵不一致和不自洽等问题。三是从2021年至今，随着教育法典编纂被提上立法工作计划，学界得以有机会重新审视教育法律体系，并思考终身教育在新体系下的定位问题，这为相关研究打开了新的局面、提供了新的思

---

① 靳澜涛：《我国终身教育立法缘何"难产"：瓶颈与出路》，载《中国远程教育》2021年第1期。

路。随着编纂一部服务全民终身学习的教育法典逐渐成为社会共识，学界也对学习权概念及终身教育立法的价值基础等问题进行了思考和研究。

面向未来，我国终身教育立法研究仍然需要坚持"两条腿走路"，既要注重单行法研制中的理论和实践问题，又要探究终身教育在教育法典中的地位、规范、样态等议题。譬如，如何在教育法典编纂中系统保障学习权，并围绕学习权来细化终身教育立法，以及如何在法典中处理其与职业教育、学校教育、继续教育之间的关系，仍需进一步的深入研究。同时，要逐步从前置性或前提性问题转向对立法中的焦点、难点和堵点问题的研究，进一步深入探讨学分银行、学历立交桥、经费投入等具体制度的构建，而不再停留和满足于针对宏观问题的研究。另外，从研究方法来看，现有研究主要采用思辨和文本为主的研究范式，缺乏基于经验证据的案例研究和实证研究，这是今后研究中需要注意并加以改进的地方。

第九章

家庭教育法学

　　家庭教育是中国特色社会主义教育事业的重要组成部分,旨在发扬中华民族重视家庭教育的优良传统,引导全社会注重家庭、家教、家风,增进家庭幸福与社会和谐,培养德智体美劳全面发展的社会主义建设者和接班人。改革开放以来,特别是党的十八大以来,我国的家庭教育政策法规制定蓬勃发展,相关的家庭教育立法研究成果不断涌现,最终推动了《家庭教育促进法》的出台,有力推动了我国家庭教育事业的健康发展。

一、前　　言

　　家庭教育政策法规的制定最早可追溯到中共中央于 1981 年 5 月转发的《关于两个会议情况及 1981 年妇联工作要点的报告》(中发〔1981〕19 号),其提出"帮助家长加强和改进对子女的教育,关心和培养从事儿童和少年工作的人员"。其后,随着《九十年代中国儿童发展规划纲要》(1992 年)、《全国家庭教育工作"九五"计划》(1996 年)等政策文件的陆续出台,在全国妇联的积极推动下,2010 年 7 月颁布的《国家中长期教育改革和发展规划纲要(2010—2020 年)》(中发〔2010〕12 号)提出了制定家庭教育法的任务,在党中央文件中首次明确家庭教育立法,实质性推动了家庭教育立法的发展。

　　按照"中发〔2010〕12 号"文件的要求,2011 年 7 月,由全国妇联、教育部、中央文明办、全国人大内务司法委员会等部门与有关专家组成的家庭教育立法调研工作组和专家组成立,开启了家庭教育立法的前期准备工作。与此同时,《教育部 2011 年工作要点》明确要求"启动学前教育、家庭教育等立法项目";时任教育部副部长郝平也提出要"会同全国妇联推进《家庭教育法》起草工作"。①此后,全国妇联组织了第二次全国家庭教育现状调查,并在这次调查的基础上向国务院提交了制定《家庭教育条例》的建议。②在全国妇联的支持下,重庆市先行先试,于 2016 年 9 月份出台了《重庆市家庭教育促进条例》。

党的十八大以来,习近平总书记高度重视家教家风建设。2018 年 9 月,习近平总书记在全国教育大会上发表重要讲话,强调"教育、妇联等部门要统筹协调社会资源支持服务家庭教育"③,据此,全国层面的家庭教育立法迎来了重要战略机遇期。党的十九大以来,家庭教育立法的进程明显加快。党的十九届四中全会决定在第八部分"坚持和完善统筹城乡的民生保障制度"中特别提到"构建覆盖城乡的家庭教育指导服务体系"④,对政府部门的家庭教育工作提出了明确要求。一方面,加快推进与家庭保障、儿童发展相关的国家立法。2020 年,《民法典》《未成年人保护法》《预防未成年人犯罪法》相继修订,教育部起草的《学前教育法草案(征求意见稿)》在网上公布。另一方面,迅速发展家庭教育的地方立法。截至 2021 年 1 月底,已有重庆市(2016 年)、贵州省(2017 年)、山西省(2018 年)、江西省(2018 年)、江苏省(2019 年)、浙江省(2019 年)、福建省(2020 年)、安徽省(2020 年)、湖南省(2021 年)、湖北省(2021 年)等 10 省市制定了家庭教育促进条例,为家庭教育的国家立法奠定了良好的社会基础和立法氛围。

第十三届全国人大积极回应社会诉求,将家庭教育立法列入 2020 年度立法工作计划,由全国人大社会建设委员会牵头起草《家庭教育法(草案)》。全国人大常委会于 2021 年 1 月、8 月和 10 月经过三次审议,通过了《家庭教育促进法》。该法不仅是我国第一部涉及家庭教育事业发展的国家立法,也是世界上第一部专门的家庭教育国家立法,对于建构中国特色社会主义家庭教育法律体系而言具有重要意义。

《家庭教育促进法》从法律的高度为家庭教育确立了行为规范,也为国家和社会

① 郝平:《在 2012 年全国教育工作会议上的讲话》,载《中国教育报》2012 年 2 月 22 日第 3 版。
② 全国妇联:《关于将制定出台〈家庭教育促进条例〉纳入国务院法制办立法规划的提案》,载《中国妇运》2016 年第 3 期。
③ 中共中央党史和文献研究院编:《习近平关于注重家庭家教家风建设论述摘编》,中央文献出版社 2021 年版,第 63 页。
④ 本书编写组著:《〈中共中央关于坚持和完善中国特色社会主义制度 推进国家治理体系和治理能力现代化若干重大问题的决定〉辅导读本》,人民出版社 2019 年版,第 27—28 页。

对家庭教育的指导、支持和服务制定了措施、确立了目标,既依法惩戒"养而不教、监而不管"的行为,又依法纠偏"教而无方、教而不当"的行为,还建立健全家庭学校社会协同育人机制,将为促进未成年人健康成长和全面发展提供更加充足、有力的法治保障。

二、《家庭教育促进法》的法律部门定位

根据官方之前的分类标准,中国特色社会主义法律体系由宪法及宪法相关法、民法商法、行政法、经济法、社会法、刑法、诉讼与非诉讼程序法等七个法律部门组成。①虽然官方的分类主要是为了适应立法实际工作的需要,但是对法律的合理分类有助于架构部门法体系。就《家庭教育促进法》而言,科学认识其法律部门定位不只是为了将其划分到某个法律部门,而是为了充分认识其内容体系,提升学术界对家庭教育法律的科学性和规范性的认知,进而便利其实施。因此,在对针对《家庭教育促进法》作出法律部门定位的以下各种观点进行分析后,我们将其定位于社会法。

(一) 教育法(偏重行政法)的观点及其不足

将《家庭教育促进法》定位于教育法,是一种极为自然的观点。且不说《国家中长期教育改革发展纲要(2010—2020 年)》第 62 条规定就是从"完善教育法律法规"的层面提出制定家庭教育法律的,单就《家庭教育促进法》的名称包含"教育"二字,就会让人联系起"教育世界由学校教育、家庭教育和社会教育构成"的传统观点。可能正是因为如此,有学者以未成年人的学习权为理论原点来建构家庭教育立法的逻辑②,但该种逻辑是值得商榷的,因为学习权在内涵上是一个与受教育权相对应的概念,虽然学习权侧重于主动,受教育权侧重于被动,但是二者更多是在学校教育的范围内使用,并不能涵盖家庭教育的全部内容。实事求是地说,家庭教育既包含"教育",又包括"养育",实际上是"家庭教养",只养不育或者只育不养都不能涵盖"家庭教育"的完整内容。例如,针对 0—3 岁的婴幼儿,此时更多是关涉父母怎么抚养的问题,较少涉

---

① 李鹏:《全国人民代表大会常务委员会工作报告——2001 年 3 月 9 日在第九届全国人民代表大会第四次会议上》,载《中华人民共和国全国人民代表大会常务委员会公报》2001 年第 3 期。
② 林建军:《家庭教育法的调整对象及其逻辑起点》,载《河北法学》2021 年第 5 期。

及父母怎么教育的问题。从"家庭教育"对应的英文词汇来看,西方学术界过去使用的是"childrearing"(育儿),现在使用的"parenting"(教养)。英语中很少使用"family education",而与此相接近的词汇是"family life education"(家庭生活教育),但是后者侧重于国家和社会对家庭的指导。

我国学术界过去在研究教育法时主要是从教育行政法的视野来研究的,现如今专门从事教育法学研究的学者对教育法的看法发生了变化,认为其越来越朝着独立部门法的方向发展。有学者指出,教育法律关系的核心是师生关系,由师生关系建构起教育法律体系的大厦,而家庭教育关系可以看作准狭义教育关系。[1]从独立部门法的观点来看教育法,虽然有"去行政法化"的倾向,但是师生关系在学校(涵盖教室)环境下,最终也会演化成事实上的不对等关系,在分析研究时终究还是离不开行政法的分析思维。就《家庭教育促进法》而言,其更多是调整国家与家庭之间的家庭教育促进关系,而不是调整家庭内部成员之间的家庭教育关系。而国家与家庭之间的家庭教育促进关系主要是家庭教育服务关系,而不是教育行政管理关系。

由此可见,将《家庭教育促进法》理解为教育法主要有三点不足:第一,从未成年人的受教育权或者学习权来认识《家庭教育促进法》的理论基础并不能涵盖家庭教育的全部内容;第二,教育法不能涵盖教育行政部门以外的主体(如妇联组织)对家庭教育工作的管理活动;第三,教育法的定位可能会将《家庭教育促进法》的实施导向教育行政管理的方向。

(二) 婚姻家庭法(偏重私法)的观点及其不足

研究婚姻家庭法学或者未成年人法学的学者更多会从亲权、监护或者国家亲权的视角来看待家庭教育立法。例如,有学者认为,亲权和国家亲权是落实家庭教育的双重基础,实现亲权与国家亲权的平衡是家庭教育立法的任务。[2]诚然,《家庭教育促进法》主要涉及父母、未成年人和国家这三个主体,以及父母与未成年子女的家庭教育关系、国家与父母的家庭教育促进关系这两对法律关系,但是从《家庭教育促进法》的文本来看,可以发现一些新的足以引起重视的内容。

首先,《家庭教育促进法》第1条规定中并未写"根据民法典和未成年人保护法,制定本法";其次,《家庭教育促进法》的"家庭责任"章只提监护人的责任,未提监护人

① 雷槟硕:《教育法是独立的部门法》,载《华东师范大学学报(教育科学版)》2021年第10期。
② 张鸿巍、于天姿:《亲权与国家亲权间的平衡:探求家庭教育的实现路径——兼评〈家庭教育法(草案)〉》,载《中华女子学院学报》2021年第4期。

的权利;再次,对于家庭教育的内容和原则,《家庭教育促进法》都作了规范指引;最后,《家庭教育促进法》的根本目的在于立德树人,培养合格的社会主义建设者和接班人。从上述四点内容可以得出以下观点。第一,《家庭教育促进法》排斥了"亲权"的主张。因为"亲权"意味着父母在教育未成年人子女的事项上享有自由,但是《家庭教育促进法》第 16 条和第 17 条规定对父母的家庭教育内容和家庭教育方式方法作了详细列举。虽然这两条规定是倡导性的,但足以表达立法者的介入态度;第二,《家庭教育促进法》并不单单是从未成年人权利保护的维度出发,而是从培养对国家有用的人的维度出发,这实际上打通了家庭教育与学校教育的边界,为《家庭教育促进法》第 6 条规定的"建立健全家庭学校社会协同育人机制"铺平了道路。

由此观之,虽然《家庭教育促进法》含有与《民法典》婚姻家庭编相关的内容,但是和作为私法的婚姻家庭编的精神相比已经大异其趣。总体上看,家庭教育立法本身就带有国家干预家庭教育活动的色彩,虽然《家庭教育促进法》第 4 条第 2 款规定强调了国家的"指导、支持和服务"角色,适度调适了国家介入的强度,但是不可否认的是,国家干预是《家庭教育促进法》的底色,只是国家干预的主要方式不是强制,而是倡导、指导和帮扶,这也就是立法者所讲的家庭教育不再只是传统"家事",更是"国事"了。

(三) 社会法之理论证成

在官方的话语中,社会法作为中国特色社会主义法律体系的七大法律部门之一,是调整劳动关系、社会保障、社会福利和特殊权益保障等方面的法律规范。[①]然而目前学术界对社会法的内容体系还没有达成普遍共识。最近有学者从社会法的功能主义立场出发,将不平等性、持续性和外部性问题提炼为社会法的三个核心命题[②],深具启发意义。仅就外部性问题而言,家庭教育之所以由"家事"上升到"国事",原因就在于,家庭教育的好坏在很大程度上影响到未成年人进入社会后是亲社会性还是反社会性,是融入社会还是逃避社会,是造福社会还是危害社会。家庭教育带有的这种强烈的外部性色彩决定了立法者应该从社会法的视野来制定家庭教育法律。

从《家庭教育促进法》的文本来看,其确实有着明显的社会法特点,主要表现为涵盖社会福利和特殊权益保障两方面的法律规范。从制定《家庭教育促进法》的背景来看,我国存在城乡二元化的格局,农村父母外出打工导致大量留守儿童得不到有效监

---

① 中华人民共和国国务院新闻办公室:《中国特色社会主义法律体系》,载《人民日报》2011 年 10 月 28 日第 14 版。

② 丁晓东:《社会法概念反思:社会法的实用主义界定与核心命题》,载《环球法律评论》2021 年第 3 期。

护,如何让这些留守儿童得到正常的家庭教育就是立法者首要关心的问题,这关系到农村留守家庭等特殊权益的保障;与此同时,随着"90后"等年轻一代父母的出现,育儿问题成为一个棘手的社会问题,如何科学育儿成为社会普遍关注的热点话题,缓解育儿焦虑成为政府履行公共服务职能的一个新的增长点,这关系到普通家庭的社会福利。基于此,《家庭教育促进法》在"总则""国家支持""社会协同"等章节中用了较大篇幅回应了新时代家长的现实需求。例如,第30条关于"留守未成年人和困境未成年人家庭"的规定就是明显的社会法条款。而且从其中涉及的家庭教育服务多元供给主体来看,《家庭教育促进法》也突出了全社会参与的社会法特点。

从官方的态度来看,《家庭教育促进法》也是被当作社会法的。打开中国人大网的"国家法律法规数据库"页面,点击"社会法"就能看到,《家庭教育促进法》和《法律援助法》《未成年人保护法》《老年人权益保障法》等法律是归置在一起的。这就说明不论是从《家庭教育促进法》的文本还是从官方的认知而言,其都应该归类为社会法。

三、《家庭教育促进法》关于家庭教育管理体制的规定

现代的家庭教育活动不单单涉及教育问题,还涉及亲子抚养问题、家庭关系问题和家庭社会问题等。如果狭隘地把家庭教育活动理解为一个教育话题,那么可能偏离了《家庭教育促进法》作为社会法的初衷,因为单纯的教育话题完全可以纳入《教育法》的范畴。正是因为家庭教育活动涉及的领域具有复杂性,关系到多个部门,所以《家庭教育促进法》用了多个条款进行规定,即第6条、第8条和第9条。

(一) 妇儿工委的"组织、协调、指导、督促"职能

妇女儿童工作会员会(简称"妇儿工委")在我国有着特殊的身份。由于家庭教育与妇女和儿童都有关联,在我国现有的体制中发挥好妇儿工委的作用是必要的。妇儿工委作为一个由多部门组成的议事协调机构,主要的职能是"组织、协调、指导、督促"。下面以国务院妇儿工委为例分析这四种职能的含义。

"组织"有两方面的含义。第一,议事协调机构属于一种法定的组织。《国务院办公厅关于调整国务院妇女儿童工作委员会组成人员的通知》(国办发〔2008〕25号)是

设定国务院妇儿工委的依据。第二，妇儿工委作为一种法定组织，应该通过定期组织活动履行其法定职责。"协调"是妇儿工委的主要活动形式，目前构成国务院妇儿工委的有 35 个部委和人民团体，要将这么多部门协调起来，难度相当大。"指导"主要是通过制定政策文件来实施，例如国务院妇儿工委按照《国务院关于印发中国妇女发展纲要和中国儿童发展纲要的通知》（国发〔2021〕16 号）指导推动地方各级政府制定实施妇女和儿童发展规划。"督促"就是推动政府有关部门制定实施两纲的具体方案，实施妇女、儿童纲要，整体推进妇女儿童事业。

由于妇儿工委不是一个常设机关，所以其日常工作需要设置一个相应的办公室来具体承担，如国务院妇儿工委就设置了国务院妇女儿童工作委员会办公室，并设在全国妇联。全国妇联的领导成员与国务院妇儿工委办的领导成员大多数是重叠的，这意味着妇儿工委的职能作用的发挥是与妇联组织息息相关的。但是，由于妇儿工委与其成员单位和相关部门并无直接的领导关系，不能有效地监督其成员单位和相关部门的工作，再加上与协作部门之间的各种硬性的协作制度尚未建立，因此妇儿工委的职能发挥在现实中存在痛点。

（二）教育行政部门、妇女组织"统筹协调、协调推进"的职能

习近平总书记在 2018 年 9 月召开的全国教育大会上强调"教育、妇联等部门要统筹协调社会资源支持服务家庭教育"，据此有了《家庭教育促进法》第 6 条第 2 款的规定。理解该条款时需思考以下三个问题。第一，教育行政部门、妇女组织的"统筹协调"涵盖哪些范围？第二，"统筹协调"是否意味着教育行政部门和妇女组织要共同行动，而不能单独行动？第三，将教育行政部门置于妇联组织之前是否意味着法律削弱了妇联组织在家庭教育管理中的作用？

第一个问题在根本上涉及教育行政部门和妇联组织在家庭教育管理中的职责分工和配合问题，只有划定了各自的职责范围，才能回答第一个问题。第二个问题并不意味着两者不能单独行动，因为只要各自都有专属职权，就会出现单独行动的问题，所以第二个问题也与划定教育行政部门与妇联组织的职责范围有关。第三个问题也很关键。因为一直以来是全国妇联积极推动家庭教育立法，虽然教育行政部门被置于妇联组织之前，但只是便利了家庭教育工作的开展，并不是削弱了妇联组织在家庭教育管理之中的作用，反而起到加强作用。①该问题归根结底也是与教育行政部门及

---

① 叶强：《家庭教育立法应重视"提升家庭教育能力"》，载《湖南师范大学教育科学学报》2021 年第 3 期。

妇联组织的职责范围有关。

但是,《家庭教育促进法》的法律文本并没有运用专条的形式将教育行政部门与妇联组织的职责范围列举出来,这就给普通公民的学习和理解带来困扰。从法律的其他条款中,是可以找到答案的,此时需要从妇联组织和教育行政部门的机构性质入手进行分析。

(三) 妇联组织和教育行政部门的职责分工

为了清晰查找妇联组织和教育行政部门的职责范围,可以从妇联组织的专门职责、教育行政部门的专门职责、妇联组织和教育行政部门的共有职责三个层面切入,由此可以运用体系化的方法对《家庭教育促进法》中二者的具体职责进行归类和合并。

1. 妇联组织的专门职责

根据修订后的《中华全国妇女联合会章程》(2018 年)第 6 条的规定,妇联组织有着"组织开展家庭文明创建,支持服务家庭教育"的任务,但是这一任务比较抽象,并没有清晰表达妇联组织的家庭教育管理职责到底是什么。《家庭教育促进法》第35 条专门对妇联组织的作用作了规定,突出了"提供家庭教育指导服务"。但是在理解本条时,需要注意以下几点。

第一,受限于妇联组织的编制数量和人员组成,其自身并不能直接提供家庭教育指导服务,那么其如何实现第 35 条规定的意图呢? 这就需要结合《家庭教育促进法》第 28 条的规定进行理解。第二,该法第 28 条规定中讲人民政府通过确立了家庭教育指导机构后,再由这些机构直接从事家庭教育指导服务,但是本条却没有明确家庭教育指导机构是什么,以及家庭教育指导机构到底由哪个部门设立或者确定。结合《家庭教育促进法》第 28 条和第 35 条的规定可以发现,妇联组织可以设定家庭教育指导机构,然后指导这些家庭教育指导机构为城乡社区提供家庭教育指导服务。这是因为目前在妇联组织的管理下,我国存在家庭教育指导中心、妇女儿童活动中心或者儿童中心等机构,这些机构的性质或者是事业单位或者是社会组织,总体上都属于妇联组织可以直接调动的资源。[1]现有的家庭教育指导中心、妇女儿童活动中心或者儿童中心不仅符合第 28 条关于"家庭教育指导机构"的规定,也能实现第 35 条规定的意图。由此可见,确立家庭教育指导机构,并指导其开展家庭教育指导服务是妇联

---

[1] 李晓巍、刘倩倩:《学前儿童家庭教育的社会支持:回顾与展望》,载《河北师范大学学报(教育科学版)》2021 年第 1 期。

组织的专门职责,除此之外,《家庭教育促进法》就没有涉及妇联组织专门职责的内容了。

即便《家庭教育促进法》对于妇联组织职责的规定是极为有限的,也极大提升了妇联组织在家庭教育管理中的权限。因为过去只有政策文件对妇联组织的家庭教育管理职责进行规定,例如《关于指导推进家庭教育的五年规划(2016—2020 年)》(妇字〔2016〕39 号)这样的规范性文件。此次《家庭教育促进法》用国家立法的形式确认了《中华全国妇女联合会章程》第 6 条规定的内容,自然是赋予了妇联组织进行家庭教育管理的职责。

2. 教育行政部门的专门职责

相较于妇联组织,《家庭教育促进法》对于教育行政部门的专门职责的规定更多一些,这是因为教育行政部门作为专门管理教育事业的行政机关,其拥有的权限较多。就涉及家庭教育而言,这些规定主要与学校、幼儿园有关,或者与家庭教育服务机构的许可和监管有关。

首先,《家庭教育促进法》第 42 条规定的是教育行政部门的专门职责范围,即督促和指导学校、幼儿园建立家长学校,并指导学校、幼儿园开展家庭教育指导服务工作。这项职权是教育行政部门单独行使的,并不必然需要和妇联组织进行协调配合。因为学校、幼儿园是教育行政部门直接管辖的教育场所,教育行政部门对于其建立家长学校和开展家庭教育指导工作负有行政责任。其次,《家庭教育促进法》第 11 条规定的"鼓励高等学校开设家庭教育专业课程,支持师范院校和有条件的高等学校加强家庭教育学科建设"也应该是教育行政部门的专门职责,特别是教育部或者省级教育主管部门的职责。因为对于家庭教育专业和家庭教育学科建设而言,以上职责都与教育管理活动直接相关。再次,《家庭教育促进法》第 26 条规定的"畅通学校家庭沟通渠道,推进学校教育和家庭教育相互配合"也属于教育行政部门的专门职责,因为"推进学校教育和家庭教育相互配合"属于学校教育延伸的范围。最后,《家庭教育促进法》第 36 条专门规定了"家庭教育服务机构"的问题。过去,针对学科内民办教育培训机构的设立和监管,我国采取了"先许可,再登记"的规制路径,即学科内民办教育培训机构的举办者先向教育行政部门申请获得办学许可,再由其向工商部门申请法人登记。[1]"双减"政策施行之后,教育培训机构可能会从"培训儿童"转向"培训父

---

[1] 李少梅、唐宇:《家庭教育立法的现实诉求及应对策略——以 S 省立法调研为例》,载《中华家教》2021 年第 4 期。

母"。为此,借鉴以往的立法思路,由教育行政部门承担对家庭教育服务机构的举办者的申请进行事前审查,以及在其获得非营利性法人资格后从事经营活动时进行日常监管的职责,自然是理所应当的。

通过梳理《家庭教育促进法》的规定,本书发现教育行政部门的专门职能主要就是以上四项内容,除此之外的职责是教育行政部门和妇联组织的共有职责。

3. 妇联组织和教育行政部门的共有职责

妇联组织和教育行政部门的共有职责就是《家庭教育促进法》第 6 条第 2 款规定的"统筹协调,协同推进"的具体展开。细致梳理整部法律可以发现,二者共有的职责范围是非常广泛的,这不仅表现在立法的明确规定中,即第 30 条规定中关于"为留守未成年人和困境未成年人的父母或者其他监护人实施家庭教育提供服务"的内容,还散见于"国家支持"一章中的多个条文中。

可以说"国家支持"一章中的条文都涉及妇联组织和教育行政部门的共有职责,一方面,这些条款中的主体——"国务院""省级人民政府或者有条件的设区的市级人民政府""省级以上人民政府""县级以上地方人民政府"涉及范围广;另一方面,这些条款中的事项在实践中是由多个部门共同完成的,例如全国妇联联合制定的《全国家庭教育指导大纲》(妇字〔2019〕27 号)。具体来看,妇联组织和教育行政部门的共有职责包括制定、修订并及时颁布全国教育指导大纲(第 24 条第 1 款),编写或者采用适合当地实际的家庭教育指导读本,制定相应的家庭教育指导服务工作规范和评估规范(第 24 条第 2 款),建设家庭教育信息化共享服务平台(第 26 条),以及建立家庭教育指导服务专业队伍(第 27 条)。

"社会协同"一章,由于强调主体多元,所以也应该纳入妇联组织和教育行政部门共有职责的范围。由此可见,由于这些共有职责涉及的问题较多,有些工作推进较为容易,如编写家庭教育指导大纲,有些工作推进较为困难,如推动社区家长学校建设,因此,不仅需要妇联组织和教育行政部门密切配合,还需要和其他多个部门进行配合。至于如何配合,由于《家庭教育促进法》对此并没有具体的规定,这就需要今后在法律实施过程中不断完善。

(四) 妇联组织和教育行政部门的职责合作

就妇联组织和教育行政部门的共有职责而言,首先涉及的是"谁主动谁配合"的问题。从《家庭教育促进法》第 6 条第 2 款的规定看,对于二者的共有职责,教育行政部门主动才符合立法的意图,但是在不影响法律实施的情况下,遵照过去的家庭教育管理惯例,如果妇联组织愿意担当"主动角色",也可以按照第 35 条的规定,由妇联组织来主动牵头。无论如何,这些共有职责的落实都离不开强有力的保障机制。

1. 建立妇联组织和教育行政部门的内部协调机制

过去,妇联组织和教育行政部门在各自的职责范围内就家庭教育工作都有着自己的一套工作规程,在很多时候也采取相互合作的方式,但是二者的合作更多是采用联合发文的形式,还没有上升到在具体开展工作过程中进行事务性合作。《家庭教育促进法》第 6 条第 2 款的规定是一个良好的契机,为妇联组织和教育行政部门的内部协调机制的建立奠定了法律基础,为此,实现二者协调机制的法制化、规范化、常态化是下一步的重点工作。

建议全国妇联联合教育部制定《家庭教育日常工作协作规程》。内容主要包括:(1)加强教育行政部门和妇联组织的高层协调功能。高层协调主要是解决家庭教育工作中的重难点问题,例如家庭教育工作经费的落实、政府购买家庭教育指导服务数量的提高等。(2)建立家庭教育信息共享平台。通过电子政务平台建设,对部门之间的工作进度和数据进行共享,减少彼此之间的误解和重复性工作,提高办公的效率。(3)完善部门之间的家庭教育工作业务流程。按照经济、效率和效益的原则,对部门之间的流程进行和协作程序进行合理设计。(4)完善家庭教育政策评估机制。在部门的协作过程中,对各部门过去单独或者联合制定的家庭教育政策及部门联合制定的家庭教育政策进行评估,检讨利弊得失,总结经验教训,不断作出政策调整,以指导以后的工作。(5)建立丰富多样的协调方式。结合实际工作中行之有效的方法,尽可能建立多种协调机制,比如部长(主席)联席会议、家庭教育工作负责人联席会议等。总之,《家庭教育日常工作协作规程》在明确妇联组织和教育行政部门的协调机构及其职能的基础上,通过提升协调机构在家庭教育工作中的地位,保障协调工作得以顺利开展。

2. 建立妇联组织和教育行政部门的联合发文制度

《家庭教育促进法》实施后,需要对现有的家庭教育政策进行清理。过去,全国妇联为了提升自身制发文件的效力,通常是与其他部门联合发文,而教育部在制定家庭教育文件的时候,通常是单独发文,例如《教育部关于加强家庭教育工作的指导意见》(教基一〔2015〕10 号)。这两种不同的处事风格影响了家庭教育工作的开展。如果仔细比较《家庭教育促进法》第 6 条第 2 款和第 35 条的规定,可以发现立法者的意图,即由于妇联组织具有特殊地位,在现有制度环境下,改变妇联组织的法律属性存在障碍,想要既能发挥妇联组织的家庭教育功能,又可以借助教育行政部门的行政权力功能,达到促进家庭教育事业发展的效果,就需要教育行政部门和妇联组织至少在家庭教育管理这件事情上"融为一体",而二者"融合"的标志就在于联合发文。

对于教育行政部门而言,其制定的法律文件最高可以到"行政规章"这一层级;而对于妇联组织而言,其制定的文件通常只能对内发生效力,对普通公民而言通常只具有倡导作用,发生效力的深度有限。但是教育行政部门和妇联组织联合发文,则可以改变妇联组织发文的效力影响范围,这实际上也间接提升了妇联组织的地位。由于联合发文是可以影响普通人的权利义务关系的,这样妇联组织就可以通过行政部门间接进行行政管理,改善其因为不具备行政权而带来的执法动能不足的问题。例如,针对妇联组织如何应对父母或者其他监护人拒绝、怠于履行家庭教育责任的行为,《家庭教育促进法》第 48 条规定得比较笼统,如果妇联组织及其工作人员只能采取"批评教育、劝诫制止"的办法,那么对于那些蛮横的家长而言可能根本没有威慑力。但是,如果妇联组织和教育行政部门就此专门发文,妇联组织则可以借用教育行政部门的力量,比如告诫家长学校可能基于其某种行为而在孩子入学、分班或者其他情况下采取不利措施,那么家长可能会为了避免学校的间接干预行为而听从妇联组织及其工作人员的教育,这就是通过联合发文间接辅助妇联组织参与家庭教育管理的效果。

四、2010 年以来家庭教育法学的发展

自"中发〔2010〕12 号"文件出台以来,学术界围绕家庭教育立法的诸多议题展开热烈讨论,推动了家庭立法研究的深入发展,这些议题涵盖家庭教育立法的名称与内容、父母的家庭教育权利与义务、家庭教育指导服务体系、中外家庭教育立法比较,等等,推动了家庭教育立法的进程,促进了家庭教育法学的发展。

(一) 关于家庭教育立法的名称与内容的讨论

家庭教育法的名称涉及具体内容的架构,是立法研究首先要回应的关键问题。李明舜认为家庭教育法应当是规范、支持、促进家庭教育的法律,所以法律名称与其是"家庭教育法",不如是"家庭教育促进法"。为此,家庭教育法的内容涉及家庭教育

的主管部门、家庭教育的内容、家庭教育主体的法律责任、家庭教育市场的监管和家庭教育的社会支持等内容。①刘守旗认为家庭教育法是维护家庭教育权的,而家庭教育权涵盖教育和抚养两个方面,所以家庭教育法可能称作《家庭教养法》更合适。为此,家庭教育法的重点是解决家庭教育的国家干预和执法等问题。②李菊从家庭教育权的角度认为家庭教育法应当包括家庭教育的方式、家庭教育的实施和家庭教育的保障等内容。③还有学者认为,家庭教育法不应只保护儿童,还要保护父母,并且应重视家庭教育中的习惯法或者民间法。④

在家庭教育的概念与家庭教育法的调整范围上,刘太刚等人认为,我国家庭教育立法应在采用较广义的家庭教育定义的基础上,采用教育法章节模式,实现保障救济与倡导促进的功能。⑤但罗爽认为,家庭教育立法应从社会法的定位出发,采用狭义的家庭教育定义,沿用家庭教育的共同管理模式,采用家庭教育指导服务的政府部门模式,并健全家庭教育立法的配套法律制度。⑥而梅文娟等人认为,家庭教育法应采用广义家庭教育概念,规定家庭主体实施、政府主导推进、学校提供指导和社会参与服务的家庭教育工作机制。⑦姚建龙认为家庭教育立法的规范对象应是家庭而不限于未成年人,家庭教育关系包括家庭教育促进、家庭教育指导、家庭教育实施、家庭教育干预四大法律关系。⑧林建军从学习权的逻辑起点出发,认为家庭教育法调整家庭教育实施法律关系、家庭教育保障法律关系和家庭教育管理法律关系。⑨

在家庭教育法的依据和目的上,倪洪涛基于《宪法》第 19 条、第 46 条和第 49 条规定进行了阐释,认为家庭教育法应定位于促进法。⑩在家庭教育立法的目的上,叶强认为家庭教育立法应坚持"家庭主责、政府辅责"的原则,将家庭教育的政府责任类

---

① 李明舜:《家庭教育立法的理念与思路》,载《中国妇运》2011 年第 1 期。
② 刘守旗:《关于家庭教育立法有关问题的思考》,载《江苏第二师范学院学报(社会科学)》2014 年第 4 期。
③ 李菊:《家长教育立法探究》,载《河北科技师范学院学报(社会科学版)》2014 年第 4 期。
④ 吕慧、缪建东:《改革开放以来我国家庭教育的法制化进程》,载《南京师大学报(社会科学版)》2015 年第 2 期。
⑤ 刘太刚、吴峥嵘:《我国家庭教育立法的调整范围、立法模式及功能导向》,载《中华女子学院学报》2017 年第 4 期。
⑥ 罗爽:《我国家庭教育立法的基本框架及其配套制度设计》,载《首都师范大学学报(社会科学版)》2018 年第 1 期。
⑦ 梅文娟、董善满:《从地方到国家:家庭教育立法之思考》,载《青少年犯罪问题》2020 年第 2 期。
⑧ 姚建龙:《从子女到家庭:再论家庭教育立法》,载《中国教育学刊》2018 年第 9 期。
⑨ 林建军:《家庭教育法的调整对象及其逻辑起点》,载《河北法学》2021 年第 5 期。
⑩ 倪洪涛:《我国家庭教育国家立法的宪法依据》,载《湖南师范大学教育科学学报》2021 年第 5 期。

型化为尊重家庭教育的选择权等七个方面,并将"提升家庭教育能力"作为立法目的。①彭虹斌认为政府的家庭教育责任范围包括"指导、支持、保障、督导、服务"等,从而促进家庭教育公共性的实现。②

在困境未成年人家庭教育的问题上,余俊认为家庭教育立法应建立家庭尽责、政府推进、学校指导和社会参与的家庭教育关爱机制。③还有学者认为应在明确"困境"的概念与分类的基础上,建立以《家庭教育法》为核心的家庭教育法治体系。④此外,曲建武等人在对我国家庭教育政策的演变历程进行总结后认为,只有通过立法将家庭教育提高到国家战略高度并完善相应的机制,才能促进家庭教育事业更好发展。⑤

(二) 关于父母的家庭教育权利与义务的讨论

虽然有部分学者仍然在研究父母的家庭教育权,并认为家庭教育立法应突出对家庭教育权的保护,但是学术界对父母的家庭教育义务(或者责任)的讨论也日益增多,并占据舆论上风。赵亚男认为,《家庭教育法》应成为保护家庭教育权的法律,并在实体权利和程序权利上进行保障。⑥叶强在借鉴德国基本法教义学的基础上,结合我国《宪法》第 33 条第 3 款和第 49 条第 3 款规定认为家庭教育权具有基本权利的性质,包含教育内容自主权、在家教育权、学校选择权和参与学校事务权等权利形态。⑦李曼在比较 10 个省市的家庭教育地方性法规时,发现绝大多数法规都没有规定家庭教育权,这可能会导致父母权利与义务不对等,有国家过度干预之嫌。⑧祁占勇等人认为,家庭教育权应成为家庭教育立法的逻辑起点,并由此提出应在家庭教育立法中明确家庭教育法律关系中的权利与义务。⑨

针对父母的家庭教育义务,陈鹏等人认为,家庭教育立法应以明确父母的家庭教育义务为核心问题,为此立法应具体化父母的家庭教育义务。⑩李秀华认为《家庭教育法(草案)》应科学设计监护权撤销制度,如增加撤销权申请的主体范围、增加撤销

---

① 叶强:《家庭教育立法应重视"提升家庭教育能力"》,载《湖南师范大学教育科学学报》2021 年第 3 期。
② 彭虹斌:《家庭教育立法的政府责任及实现途径》,载《华南师范大学学报(社会科学版)》2021 年第 3 期。
③ 余俊:《特殊困境未成年人家庭教育的地方立法保障》,载《湖南师范大学教育科学学报》2020 年第 1 期。
④ 杨艳:《困境未成年人家庭教育保障体系的构建》,载《青少年犯罪问题》2021 年第 3 期。
⑤ 孙艺格、曲建武:《我国家庭教育政策的演变、特征及展望》,载《教育科学》2020 年第 3 期。
⑥ 赵亚男:《论我国家庭教育权利的诉求及法律规范保障》,载《湖北文理学院学报》2017 年第 1 期。
⑦ 叶强:《论作为基本权利的家庭教育权》,载《财经法学》2018 年第 2 期。
⑧ 李曼:《家庭教育地方立法的实践探索与理性思考》,载《北京社会科学》2021 年第 5 期。
⑨ 祁占勇、王书琴:《家庭教育立法:逻辑起点、基本宗旨与核心内容》,载《教育学报》2021 年第 6 期。
⑩ 陈鹏、康韩笑:《父母家庭教育的义务及其立法规制》,载《华南师范大学学报(社会科学版)》2021 年第 3 期。

权的法定事由,从而增强家庭教育功能。①万方认为,为了解决监护人的家庭教育义务落地的问题,家庭教育立法需要细化家庭教育义务履行的内容和方式,尤其是针对留守儿童设立特别的监护措施。②

(三) 关于家庭教育指导服务体系的讨论

自从《中国儿童发展纲要(2011—2020 年)》(2011 年)提出"将家庭教育指导服务纳入城乡公共服务体系"以来,如何推进家庭教育指导服务体系的研究成为家庭教育立法研究的一部分。中国儿童中心从 2012 年起在全国 6 个省区进行了"我国家庭教育指导服务体系状况"的调研,发现在家庭教育管理体制与机制、机构设置、人员队伍等方面存在较多问题,认为需通过家庭教育立法理顺政府、家庭、市场和社会的关系,共同推动家庭教育事业发展。③在其后的研究中,其进一步提出了我国家庭教育指导服务体系的概念和基本内涵,明确指出开展家庭教育指导服务是家庭教育立法的重点任务。④

中国儿童中心在对 0—6 岁儿童家庭教育指导的现状进行深入调研的基础上,提出了《学前儿童家庭教育指导大纲(建议稿)》,包括目标任务、内容、形式和组织实施等。⑤蔡迎旗等人认为,我国政府的家庭教育指导与服务供给有限,为此家庭教育立法应坚持家庭履职、政府主导、学校指导、社会参与的基本原则,明确家庭、政府、学校与社会的责任分担。⑥边玉芳等人认为,新时代我国家庭教育指导服务体系应从基本公共服务的视角进行分析,为此政府应在其中发挥关键作用,明晰管理和实施机构。就学校提供的家庭教育指导而言,学者认为,应通过教师队伍建设,整合学校的家庭教育资源,发挥学校的家庭教育主导作用。⑦

(四) 关于域外家庭教育立法的讨论

从世界范围来看,家庭教育立法的地区和国家并不多,最典型的当属日本。黄文

---

① 李秀华:《家庭教育法视角下监护权撤销制度研究》,载《中华女子学院学报》2021 年第 7 期。

② 万方:《论监护人的家庭教育责任》,载《首都师范大学学报(社会科学版)》2021 年第 6 期。

③ 中国儿童中心主编:《我国家庭教育指导服务体系状况调查研究》,中国人民大学出版社 2014 年版,第 1—15 页。

④ 中国儿童中心主编:《我国家庭教育指导服务体系构建与推进策略研究》,中国人民大学出版社 2016 年版,第 107—119 页。

⑤ 中国儿童中心主编:《学前儿童家庭教育指导研究》,中国人民大学出版社 2018 年版,第 23—48 页。

⑥ 蔡迎旗、胡马琳:《从家规到国法:论我国家庭教育立法的现实诉求与责任分担》,载《当代教育论坛》2020 年第 4 期。

⑦ 边玉芳、袁柯曼、张馨宇:《我国学校家庭教育指导服务体系的现状、挑战与对策分析》,载《中国教育学刊》2021 年第 3 期。

贵等人认为日本家庭教育法律体系的特点表现在家庭教育的责任主体明确、家庭教育的法律地位稳定、家庭教育的政府资助持续等方面,强调我国应通过家庭教育立法改变家庭教育政策分散的现状,确立专门的管理机构,保障家庭教育法的实效。①李曼在系统整理日本从中央到地方制定家庭教育法(或者条例)的历史和内容的基础上,认为我们在制定家庭教育法时应在父母家庭教育权和儿童权益之间求取平衡,并将家庭教育的政府责任作为重点。②高露在编译了英国、日本、德国、美国、加拿大和新西兰等国的家庭教育立法的情况后,认为其在强调家长在家庭教育的主体责任的同时,也突出了政府主导下的家庭教育多元治理机制。③余雅风等人在对日本、美国和挪威等国的家庭教育立法特点进行梳理的基础上,认为我国的家庭教育立法应以提高家长的家庭教育能力为宗旨,将教育行政部门作为专门的家庭教育主管机关,并建立相应的保障制度。④

可以说,学术界的研究得到了《家庭教育促进法》的积极回应,例如《家庭教育促进法》之名称采用的不是一审稿时的"家庭教育法",而是"家庭教育促进法",突出了家庭教育法的促进法特色;再比如,针对家庭教育的管理体制,立法强调了在县级以上人民政府妇儿工委的协调下,由教育行政部门和妇联共同做好家庭教育工作(第6条)。整体上看,家庭教育立法研究与《家庭教育促进法》的制定程序显现出良好的互动关系,虽然立法并没有完全采纳学术界的研究成果,但是家庭教育立法研究的深入推动了《家庭教育促进法》在社会上的传播,凝聚了社会共识。

五、本 章 小 结

整体而言,《家庭教育促进法》的"软法"特征较为明显。未来,为了让这部法律真

---

① 黄文贵、周丹、刘雨婷:《日本家庭教育政策的考察与分析——基于中日比较的视角》,载《现代远距离教育》2020 年第 2 期。

② 李曼:《日本家庭教育法律规制:路径、特点与启示》,载《全球教育展望》2021 年第 7 期。

③ 高露:《以公共性引领发展——世界主要国家家庭教育法律政策》,载王云龙主编:《2018 年国外教育法治动态》,社会科学文献出版社 2019 年版,第 36—49 页。

④ 余雅风、姚真:《论家庭教育立法的宗旨及规范重点——基于国外立法的思考》,载《华南师范大学学报(社会科学版)》2021 年第 3 期。

正满足新时代的家长和准家长对家庭教育公共服务的期待,家庭教育法学应该更多从规范阐释、制度完善和循证实践等方面推进。

首先,应加强对《家庭教育促进法》的规范阐释的研究,提升法律的规范性。通常,按照行为模式的不同,法律规范可分为授权性规范、义务性规范和禁止性规范。从法律的条文数量看,虽然《家庭教育促进法》采用"应当"之表述的条款占绝大多数,采用"可以"之表述的条款较少,这似乎表明立法者的态度是严厉的,但是从行为规范与责任规范的关系看,又似乎并非如此。例如该法第二章"家庭责任"的 10 个条文都是"应当"条款,除了第 33 条规定属于禁止性规范,对于行为人违法后承担的法律责任规定得相对明确以外,其他的 9 个条文对于很多家长而言难以做到或者难以完全做到,即便如此,这些家长通常并不会承担法律责任。如何解决这种"名不副实"的问题就涉及法律的阐释问题,不然法律的权威性将受到影响。再比如《家庭教育促进法》第 6 条第 2 款规定了教育行政部门和妇联作为家庭教育主管部门的地位,但是对于这两个部门的具体职责划分,以及两者如何分工负责、统筹协调、协同推进等事项并未明确,这就需要结合我国家庭教育管理体制的沿革、教育行政部门和妇联的各自职能定位,以及新时代的家庭教育现实进行准确定位。可见,借鉴法学界对《民法典》条款的精细化操作,对《家庭教育促进法》进行规范阐释研究将是今后的主要工作。

其次,应加强对《家庭教育促进法》的配套制度的研究,提升法律的实操性。从《家庭教育促进法》的条文来看,某些条文是可以直接实施的,例如第 24 条规定的颁布全国家庭教育指导大纲或者编写家庭教育指导读本的内容,但是还有很多条文需要细化才有助于实施,这就需要加强针对《家庭教育促进法》的配套制度的研究,推动配套法规的出台。整体上看,这些配套制度包含以下几种类型:(1)家庭教育主管部门和相关部门分工协作的法律制度,主要解决各个部门之间的职责范围和协作程序的问题;(2)家校社合作的法律制度,主要解决家庭、学校和社区在家庭教育中的权利义务关系问题,尤其是划清家庭和学校的教育边界,实现家长和学校的良性互动;(3)家长学校的法律制度,解决学校中的家长学校、社区中的家长学校和互联网上家长学校的设立、人员、活动与评估等问题;(4)监护人承担家庭教育责任的法律制度,解决监护人承担行政责任、刑事责任,以及接受强制亲职教育的合法性、条件、程序和评估等问题;(5)政府购买家庭教育公共服务的法律制度,解决家庭教育公共服务的范围、家庭教育公共服务购买的方式,以及资金保障等问题;(6)特殊困境儿童的家庭教育救助法律制度,主要解决特殊困境儿童的监护、心理服务和家庭帮扶等问题。

最后,应加强对《家庭教育促进法》的循证实践的研究,提升法律的科学性。随着现代儿童心理学的发展,有关教养(parenting)的研究日益呈现实证化的趋势。在西方国家有关教养政策特别是家校合作政策的跟踪研究中,循证实践的特点日益明显。为此,美国的《2002 年教育科学改革法》(*The Education Sciences Reform Act of 2002*)通过立法强化教育循证决策的重要性。从我国过去 30 余年来家庭教育政策研究的实践来看,除了最近 10 年来在家校合作领域呈现比较明显的实证特点外,在其他领域,尤其是在社区家庭教育方面的研究进度距离循证决策还有较大差距。这不仅与新时代家庭教育现代化的需求不相适应,也与《教育部关于加强新时代教育科学研究工作的意见》(教政法〔2019〕16 号)的精神不相符合。今后,家庭教育政策的研究应该尽可能摆脱"用故事来讲大道理"的传统路径,更多可能地采用大数据分析、决策模型等方法,增强家庭教育政策研究对于家庭教育决策的作用力,而就《家庭教育促进法》的实施研究而言莫过于此,应让这部法律在实施的过程中不断完善,真正起到保障家庭幸福和社会和谐稳定的效果。

第十章

未成年人学校保护法治

　　未成年人学校保护，其字面含义即为学校要保障未成年学生在校期间不受侵害。近年来，未成年人在校受侵害的现象依然频发，未成年人在校期间遭受学生欺凌、性侵害的事件常常成为热点话题，时刻牵动着广大民众的敏感神经。此外，学生普遍反映学习压力大，校内课业和校外辅导任务繁重，甚至焦虑症、抑郁症已成为未成年人的多发心理疾病。

　　学校在避免上述问题出现上负有重要责任。学校不仅承担着教书育人的职能，更是未成年人保护的重要法律责任主体。依照《教育法》《未成年人保护法》等法律法规的规定，学校对学生负有教育、管理、保护职责。未成年人在校期间的人身安全及各项合法权益能否得到保障，直接关系到其受教育权的实现程度，关系到未成年人德智体美劳全面发展的教育要求能否达成。

一、前　　言

　　我国学校保护立法文件可以追溯到 1987 年颁布的《上海市青少年保护条例》，该文件中首次出现"学校保护"一词，以地方性法规的形式创设了"学校保护"章目，立法者开始认识到学校是保护未成年学生的专门主体。在 1991 年颁布的《未成年人保护法》中，"学校保护"单独成章，与《上海市青少年保护条例》相比，在保障学生受教育权、保护学前儿童等问题上进行了延展，开始注意到对学校公权力的限制，例如规定不得随意开除学生、不得体罚学生等。

　　2006 年，《未成年人保护法》迎来第一次修订，学校保护立法开始关注保障未成年人在校的各项权益,例如增添针对未成年学生身心安全的保护措施,强调对学校安全事故的处置和预防机制的建立等。而随着学校安全形势越来越复杂,未成年人的各项权利也愈发受到各方重视,在 2020 年《未成年人保护法》的第二次修订中,学校保护章也迎来了许多重大变化。此次修订丰富了学校在安全教育、劳动教育、节俭美德教育等方面的教育、保护职能,对学校的人身安全保护职责提出了更高要求,增加了"卫生保健""校车使用"等专门条款,新增了建立"学生欺凌""校园性侵害、性骚扰"防控制度的要求,回应了基础教育阶段学校商业化倾向问题。

与未成年人学校保护立法的不断完善相呼应,我国学界对未成年人在校权益的研究也在不断发展。例如"学生伤害事故"问题自 20 世纪 90 年代开始提出,随着《学生伤害事故处理办法》的出台,其归责原则、责任认定等方面引发了学界十余年的讨论热潮。又如,近年来"学生欺凌"问题备受社会关注,学界出现了大量针对学生欺凌的概念、法律责任、规制模式、应对策略等问题的研究。尤其自 2021 年《未成年人学校保护规定》发布以来,有关校外培训规制、学生人格权保障等问题的讨论大量涌现,实践中学校保护工作的进度也不断加快。未成年人学校保护工作虽是一项内容庞杂的系统性工程,但具有极高的时代价值和现实意义,切实关系到未成年人的个人成长,值得重点关注。

本章拟在明确未成年人学校保护基本内涵的基础上,就学校保护几个重点领域的问题进行介绍,对其中涉及的基本法律问题和现行法律体系展开梳理。

二、未成年人学校保护的基本内涵

2000 年 6 月 16 日下午 7 时,河南省驻马店市一学生完成教室卫生打扫值日后准备离开,在门口与另一名想要快速进入教室的同学相撞,由于躲闪不慎踏入教室门外台阶上的坑洼而从台阶跌落,造成外伤性脾破裂内出血。该学生被送医后进行了脾脏切除手术,经鉴定属于五级伤残。经法院审理,学校需对学生遭受的人身损害承担 80% 的赔偿责任。①

———————

① 河南省高级人民法院(2002)豫法民一终字第 260 号民事判决书。

上述案例说明,学校对于保障未成年人安全负有重要责任。案例的焦点在于学生在校的人身安全的保障问题。学校作为教育机构有义务为学生提供安全的就读环境,在教学楼存在严重安全隐患时,却并未及时进行修缮,没有履行对学生的安全注意义务。学校保护的范畴并不局限于人身安全保障一个方面,而应当为未成年人构建在校期间全方位的保护体系。

(一)学校是未成年人保护的责任主体

学校保护指学校依照《未成年人保护法》及其他有关法律、法规,在学校及其周边合理辐射范围内,对未成年学生在校学习、生活期间各项合法权益的保护。从我国开办的各级各类学校的实际情况来看,未成年人学校保护的责任主体主要是幼儿园、小学、初中,也包含其他中等及以下职业教育学校。

学校要对未成年学生进行保护,原因在于未成年学生具备公民、受教育者、未成年人三重特殊身份。[1]第一,未成年学生是无民事行为能力或限制民事行为能力人,身心理智发育尚不完善,自我防护能力较弱。第二,未成年学生就读的大多是国家举办的义务教育中小学,以及政府公共资金扶持的普惠性幼儿园,这些学校的开办具备公益性质,一定程度上是代国家履行监护职责。[2]第三,从未成年学生与学校之间的法律关系来看,学校基于和家长之间的隐性教育合同,与学生形成委托监护关系,需要履行合同约定的对学生的安全保障责任。此外,学校基于法律法规的行政授权,可以对学生进行处分,通过实施教育惩戒[3]来规制学生的失范行为,保护其他学生合法权益。[4]

(二)学校对未成年学生具有安全保障义务

学校保障未成年学生在校期间的人身安全,这是学校保护义务中最基础、最关键的内容。学生在校期间可能面临自然灾害、意外事故、食品安全、卫生安全、流行疾病、他人侵犯等多方面的安全威胁,需要学校为其提供保护和支持。具体来看,第一,学校要在教育教学和学生管理中尽到安全注意义务。例如,学校组织学生参加体育活动和校外活动时,要提前对其进行安全教育,采取必要的防护和安全措施;又如,发

---

① 任海涛:《论学生的法律地位》,载《东方法学》2020年第1期。
② 姚建龙:《论学校保护——以未成年人保护法学校保护章为重点》,载《东方法学》2020年第5期。
③ 应当注意,学校实施的教育惩戒行为并不都是基于行政授权作出的行政行为,对学生一般性的批评、劝诫等是正常的教育活动,不构成法律行为;学校只有实施诸如开除学籍、停课停学、转入专门矫治学校等对未成年学生受教育权产生严重影响的行为时,才可能构成行政法律行为。
④ 刘扬、任海涛:《论学校保护:义务来源、发展脉络与体系化需求》,载《中国教育法制评论》2022年第2期。

现学生擅自离校时,应及时告知学生监护人。第二,学校承担对学生进行安全教育的义务。学校要对学生进行必要的安全教育,向其传授自救知识,定期组织针对突发事件和自然灾害的应急演练等。第三,学校在提供后勤服务时应承担安全注意义务。学校要按照规定配备符合质量标准的场地、校舍、教学用具及其他安保、消防、生活设施,保障学校饮食饮水如厕等环节的安全卫生,做好传染病的预防和控制等,及时消除安全隐患。第四,学校要保护学生人身安全免遭他人侵犯。学校要避免学生欺凌、性侵害和校外人员入侵等现象的发生,完善相应的预防机制和事件处置措施。第五,学校要为人身安全受侵犯的学生提供及时救助,如果学校怠于履行救助义务则需要承担相应的责任。

(三)学校对未成年学生具有权益维护义务

近年来《未成年人保护法》的修订和《未成年人学校保护规定》的出台都彰显着未成年人在校期间的各项权益愈发得到各方重视。权益维护义务要求学校应当尊重学生的平等主体地位、规范自身教育权的行使行为、维护学生在校期间的各项合法权益。

依照《未成年人保护法》及相关法律法规的规定,学校的权益维护义务应当包括以下方面。第一,学生的受教育权。受教育权是受教育者的核心权利,学校应当保障未成年学生受教育的权利,不得违反国家规定开除、变相开除未成年学生,要尽量保证自身条件和家庭状况存在特殊情况的学生享有平等的接受教育的机会和条件。第二,学生的人格权。学生人格权是"学生专属享有的、依法支配自身人格利益并排除他人侵害的权利"[1]。学校和教师在管理学生时应当注意维护其人格尊严,不得体罚、变相体罚学生。第三,学生的休息娱乐权。学校要改变应试化教育模式,不得使未成年学生承受过重的校内课业负担,保证其享有充分的休息和娱乐时间。第四,学生的隐私权和个人信息权。学生的隐私权和个人信息权实际上可以归于学生人格权的范畴,实践中出现了老师要求学生投屏聊天记录[2]、学校私自向培训机构泄露学生信息[3]等情况,需要学校在开展教学和管理过程中树立警惕意识。第五,学生的财产

---

[1] 任海涛:《教育法典对学生人格权的体系化保护》,载《陕西师范大学学报(哲学社会科学版)》2023年第1期。

[2] 《衡水一老师要求学生投屏聊天记录 县教育局:当事老师已被辞退》,载搜狐网,https://www.sohu.com/a/624939957_116237?scm=1101.topic:519175:110019.0.2.0&spm=smpc.topic_205.block2_89_WfKoXS_1_fd.1.1692171147244R5ZFr41_519175,最后访问时间:2023年8月7日。

[3] 《23万余条学生信息被非法买卖,只因校外培训机构要电话招生》,载环球网,https://baijiahao.baidu.com/s?id=1697721699634965743&wfr=spider&for=pc,最后访问时间:2023年8月7日。

权。目前,许多未成年学生将手机、平板、运动手表等电子设备带入学校使用,学校在对这一情况开展管理时应当注意合理维护其财产权。此外,学校和教师不得违规向学生收取费用、牟取非法利益。

此外,诸如《未成年人学校保护规定》等法律法规明确了学生的肖像权、知识产权、参与权和表达权等诸多内容,在此无法做到全部详细展开。但未成年学生权益保护有关的学校立法核心理念不外乎于:学校在开展教育、管理等活动的过程中,一切工作的开展都要以未成年人的最大利益为核心,要重视学生的平等主体地位,努力促进其身心的全面发展。

三、学生伤害事故问题研究

刘某某为鹰潭市某中学初二的学生。2022 年 3 月 24 日下午 5 时许,刘某某在前往食堂就餐过程中因避让同学而摔倒。刘某某家长接到班主任通知后立即赶往学校将其送医。经检查,刘某某右肱骨小头骨折。其家长起初采取保守治疗,症状未好转后前往南昌某医院进行手术。同年 7 月 29 日,刘某某将学校诉至法院,要求赔偿医疗费等损失。法院裁定被告鹰潭市某中学未尽到管理职责,其过失与原告受到的损害存在因果关系,应当承担 70% 的赔偿责任。因原告采取保守治疗造成治疗延误、损失扩大,法院裁定住院费用的 10% 由原告自行承担。①

学校在学生伤害事故中未尽到教育、管理职责的,应当承担侵权责任。刘某某为住宿生,学校理应采取较普通学校而言更完善的安全保障措施,如在食堂内安排秩序维护人员、张贴警示标语等。事件发生后,其班主任并未及时将其送医,而是等其家长到校后自行送医,存在处置不当的问题。学生伤害事故是家校双方产生矛盾的热点领域,保证学生在校期间的人身安全是学校保护工作的底线,有必要对学生伤害事故的基本内涵和处理原则形成清晰的认知。

---

① 《江西省高级人民法院发布 2022 年度贯彻实施民法典十大典型案例》,载北大法宝网,https://www.pkulaw.com/pal/a3ecfd5d734f711dc8a619347062395a0acd042c7cfc32e4bdfb.html,最后访问时间:2023 年 8 月 12 日。

（一）学生人身伤害事故的构成要件

学生伤害事故指学生在校期间或参加学校组织的校外活动期间发生的人身伤害事故。对学生伤害事故的认定通常包括时间要件、空间要件、身份要件、损害结果四个方面。[1]

时间要件上，学生伤害事故必须发生在学校对学生负有安全保障义务期间。学生在正常教学时间和参加学校组织的校外活动期间受到人身伤害的，学校应当承担责任。而学生自行上下学或参加校外活动的往返途中受到伤害，抑或在非教学时间的放学后、放假期间在学校受到伤害的，若学校行为并无不当，则学校无需承担责任。

空间要件上，学生受伤害的行为和结果必须发生在学校负有管理责任的空间及其合理延伸范围内。学校负有管理责任的空间包括学校校舍、场地、教育教学设施及生活设施，但是在一些情况下该空间的范围可以进行合理延伸。例如，2021 年江西 11 岁男孩因为无法忍受教师侮辱而选择从 24 楼跳下自杀[2]，诸如此类因教师行为引发的学生自伤、自杀行为也属于学生伤害事故的范畴，学校应当承担责任。

身份要件上，学生伤害事故中的受害学生应当取得学校的正式学籍并在该校就读。已经毕业的往届生、其他学校的借读生、在校旁听的社会人员等主体没有与学校形成在学法律关系，其在校内遭受的人身伤害不应当认定为学生伤害事故。

损害结果上，学生伤害事故应当包括明确的人身损害结果。学校法律责任的承担要以学生受到的人身损害结果为依据，这一损害结果应当是客观上已经发生，并且能够明确认定的结果，还未发生或当事人主观臆断的损害，不能纳入损害结果的范畴。例如《上海市中小学校学生伤害事故处理条例》第 26 条第 6 款规定："人身伤害，是指肢体残疾、组织器官功能障碍及其他影响人身健康的损伤。"依照该条例第 18 条第 3 款的规定，学生因人身权益受到侵害，造成严重精神损害的，也可以请求精神损害赔偿，实际上把精神损害也纳入损害结果的范畴。

---

① 劳凯声：《学校安全与学校对未成年学生安全保障义务》，载《中国教育学刊》2013 年第 6 期。

② 《11 岁男孩多次被老师当全班同学面辱骂，留下遗书从 24 楼跳下自杀》，载搜狐网，https://learning.sohu.com/a/671492898_121687424，最后访问时间：2023 年 8 月 10 日。

（二）学生伤害事故中的归责原则

《民法典》第1199条至第1201条①规定了未成年人在学校遭受人身损害时学校需承担责任的情形。学校承担法律责任，需要以其在学生教育、管理上存在过错为前提，一般按照"过错责任原则"进行归责。未成年人在各年龄段上的认知能力、生理发育水平不同，以学生民事行为能力为划分标准，《民法典》对学校所需承担的责任的规定也存在差异。

八周岁以下的未成年人属于无民事行为能力人，对其在校遭受的人身损害适用"过错推定责任原则"进行归责，一般认定损害责任的归属方为校方。需要注意的是，学校承担侵权责任的情形通常以合理的注意义务为标准进行考量，如果学校能够证明在该学生的人身损害事故中，学校已对学生做好充分的安全教育与提醒，且在校园教学场所与设备设施的管理等问题上并无失职，那么学校便无需对该学生的人身损害结果承担责任。八周岁以上的未成年人属于限制民事行为能力人，他在学校遭受的人身损害适用一般性的"过错责任原则"，举证责任由原告承担，即需要学生提供证据证明学校未尽到教育、管理职责，否则学校无需承担责任。

针对校外第三人对学生造成的侵害，我国法律还规定了学校应当承担"补充责任"。依照《民法典》第1201条规定，侵权责任首先应当由加害学生的第三人承担。但是当侵害学生的第三人不能确定，或赔偿主体的财产无法满足赔偿需求时，则由没有尽到"教育、管理"职责的校方承担与其过错相应的补充责任，举证责任由原告承担。学校在承担补充责任后，可以向第三人追偿。

此外，在学生伤害事故的处理过程中还存在许多适用"公平责任原则"的情形。例如，学生在体育课上因先天疾病倒地死亡，校方及时采取措施送治，包括学校在内的各方当事人在损害结果上均无过错。在此类事件中，法院可能会根据损害结果的严重程度、受害者的家庭经济情况等因素进行综合考量，从公平责任的角度出发酌情

---

① 《民法典》第1199条：民事行为能力人在幼儿园、学校或者其他教育机构学习、生活期间受到人身损害的，幼儿园、学校或者其他教育机构应当承担侵权责任；但是，能够证明尽到教育、管理职责的，不承担侵权责任。

第1200条：限制民事行为能力人在学校或者其他教育机构学习、生活期间受到人身损害，学校或者其他教育机构未尽到教育、管理职责的，应当承担侵权责任。

第1201条：无民事行为能力人或者限制民事行为能力人在幼儿园、学校或者其他教育机构学习、生活期间，受到幼儿园、学校或者其他教育机构以外的第三人人身损害的，由第三人承担侵权责任；幼儿园、学校或者其他教育机构未尽到管理职责的，承担相应的补充责任。幼儿园、学校或者其他教育机构承担补充责任后，可以向第三人追偿。

判令学校给予一定补偿。

实践中，学生在校期间因参加具有风险的文体活动而受伤的事件频繁发生，而对于这类事件的处理一般要参照《民法典》第1176条规定的自甘风险规则。学生如果已明确知道参加的文体活动存在固有风险，仍然自愿参加，且无其他参加者或参加者不存在故意、重大过失，则损害结果应由其自行承担。这一规定对自甘风险的文体活动中人身损害的担责主体进行了限定，但是学校在组织文体活动时依然要做好安全保障措施，避免组织对抗性过强、风险过高的活动，尽量避免伤害事故的出现。

四、学生欺凌法治问题研究

2017年2月28日，两名女生高某某（17岁）和张某某（15岁）在女生宿舍楼内遭到其他五人的语言羞辱、暴力殴打，并被逼迫下跪，遭受了严重的侮辱。经鉴定，二人的伤情均构成轻微伤。经了解，上述行为给两名女生造成了严重的精神创伤，导致其无法正常学习、生活。法院经审理认为，被告朱某等人构成寻衅滋事罪，且五人构成共同犯罪，分别判处十一个月至一年不等的有期徒刑。[①]

《未成年人保护法》第130条第3项规定将学生欺凌定义为："学生欺凌，是指发生在学生之间，一方蓄意或者恶意通过肢体、语言及网络等手段实施欺压、侮辱，造成另一方人身伤害、财产损失或者精神损害的行为。"上述案例被最高人民法院发布为保护未成年人权益十大优秀案例之一，被中央电视台"新闻1＋1"栏目评价为"具有标本意义"。学生欺凌是埋藏在校园中的一颗毒瘤，必须坚决铲除。2017年，教育部等十一个部门联合印发的《加强中小学生欺凌综合治理方案》首次将防治学生欺凌在官方文件中进行明确。2020年修订的《未成年人保护法》更是将防治学生欺凌上升为国家立法，2021年出台的《未成年人学校保护规定》进一步细化了针对学生欺凌的治理办法。经过几年的发展，学生欺凌法治体系在我国逐步建立起来，学生欺凌治理

---

① 《最高人民法院发布保护未成年人权益十大优秀案例之二：朱某等寻衅滋事案——依法惩治学生欺凌》，载北大法宝网，https://www.pkulaw.com/pfnl/a6bdb3332ec0adc43ac91e1c36a4e8bc72c3214e4f2dab0ebdfb.html?tiao=1&keyword=％E6％A0％A1％E5％9B％AD％E6％AC％BA％E5％87％8C％20，最后访问时间：2023年8月12日。

的法治化水平也得到不断提升。

（一）学生欺凌治理的基本原则

构建学生欺凌治理体系应当遵循一定的基本原则，保证各项工作合理有序开展。

1. 预防为主，教育优先

学生欺凌的治理应当以预防为主。学生欺凌的治理应该本着早发现、早预防、早控制的原则，尽可能减少学生欺凌现象的出现。长期以来，我国学校往往采取"事后调查、事后整改、事后赔偿、事后究责"的处理模式，既无法挽回学生欺凌已经造成的伤害，又无法对后续欺凌事件的发生起到遏制效果。对待学生欺凌、校园暴力现象，学校应由被动补救向主动防范、事先预防转变，建立制度化、常态化的防控机制，防患于未然。

学生欺凌治理的根本途径在于有效教育。教育承担着"唤起人的灵魂"的任务，学校应当秉持尊重生命价值、促进生命发展的教育立场，培养学生的同理心、情绪感知能力和生命意识，让学生从思想源头上明白欺凌行为的错误性。学校在平时教学中不能仅关注学生文化成绩，也不能在欺凌行为发生后一味地苛责学生，必须更新教育理念，从塑造人的角度入手，让教育回归育人的本质。

2. 法治原则

应当坚持法治原则，提升学生欺凌治理的法治水平。以往针对学生欺凌治理采取"运动式"治理方式，虽然在短期内可以取得一定效果，但是缺乏稳定性与持续性。法治原则要求国家针对学生欺凌问题展开专项立法，以制度化的细致方式应对这一难题，尤其是对部分性质恶劣的学生欺凌行为，必须通过法律的方式进行惩戒，及时纠偏，避免出现过往治理进程中"宽容"与"纵容"混淆不清的实践误区。

3. 社会补充原则

学生欺凌的治理需要社会多方力量的共同参与。应对学生欺凌，发挥公权力的主导作用及确立学校的治理中心地位固然重要，但社会力量的辅助功能同样举足轻重。未来要重视在学生欺凌的防治中引入"家校社共育"的协同治理模式，通过社会力量弥补公权力机关对欺凌防治的不足，探索形成更加明确、更具可操作性的多方合作治理机制。

（二）学生欺凌中相关主体的法律责任

1. 学生作为欺凌者的法律责任

在欺凌者为学生的案件中，欺凌者及其监护人承担的法律责任可分为刑事责任、民事责任、行政责任三类。

首先看刑事责任。如果从犯罪构成"该当性、违法性、有责性"三阶层理论来看，学生欺凌行为可能会触犯刑法规定的故意杀人罪、故意伤害罪、非法拘禁罪、侮辱罪、强奸罪、猥亵罪、寻衅滋事罪等罪名。如果欺凌者其行为在客观上符合刑法对于以上罪名的规定，其年龄已满十六周岁，且无犯罪阻却事由（如正当防卫、紧急避险）存在，则可以直接对其适用刑法的相关规定。

其次看民事责任。在欺凌案件中，尽管大部分施害学生都是未成年人，但他们的行为造成了受害者的财产和人身损失，必然会产生民事赔偿责任，根据我国民法规定，该赔偿责任应该由他们的监护人承担。

最后看行政责任。为加强对校园欺凌的防治，行政法律法规中可以规定，对欺凌者的监护人进行行政罚款。在现实中，许多家长宽于对子女的管教，或者明知子女有欺凌行为而放任不管，这种行为看似伤害他人，实则对于欺凌者与受害者都有危害。若有证据表明家长管教不力，则应追究其责任，以此督促家长为防治欺凌把好第一道关口。

2. 对校园欺凌管理不力的法律责任

对校园欺凌行为管理不力者也应当追究其相应责任。从一些新闻报道来看，学校和施暴学生的家长经常会隐瞒校园欺凌行为。如安徽太和县一女生在学校内遭受欺凌，被十几名女生围殴、撕扯衣服，但是学校知晓此事后既没有通知学生家长，又没有处理涉事学生，从而造成了恶劣的社会影响。后经调查，该学校校长被免职，其他6名涉事责任人受到政纪处分。①

如果教师故意隐瞒欺凌行为，则应属于违反《教师法》第 37 条第 1 款规定中"故意不完成教育教学任务给教育教学工作造成损失"的情形，应予以解聘。教师的"教育任务"自然包括合理处置学生之间的纠纷矛盾，如果情节严重无法处理，理应上报，不能故意隐瞒。如果校长、主管校领导、主任等人故意隐瞒欺凌行为，轻则应予以批评教育，重则应予以撤职或者解聘。

许多欺凌行为的成因与家庭环境有关，因此父母如果对于子女有放纵欺凌或者故意隐瞒、逃避责任等情形存在，则应承担相应法律责任。家长具有实施家庭教育的法定义务，如果家长不积极承担其家庭教育义务使得未成年人的权益遭受损

---

① 《安徽一女学生遭校园暴力学校隐瞒不报，校长被免职 6 人受处分》，载搜狐网，https://www.sohu.com/a/144073383_260616，最后访问时间：2023 年 8 月 12 日。

害,则依照《家庭教育促进法》第48条①的规定,学校作为与未成年人保护密切相关的责任主体,可以对其劝诫、制止,必要时可以督促未成年人的家长接受家庭教育指导。此外,根据《家庭教育促进法》第49条②的规定,公检法机关在办理案件过程中发现家长不正确实施家庭教育的,也可以视情况对家长进行训诫、责令其接受家庭教育指导。

(三) 学生欺凌治理的行动策略

1. 形成欺凌治理专项工作制度

根据《未成年人学校保护规定》的要求,学校应当建立学生欺凌防控专项制度,形成专门人员组成的负责机构和处置的规范流程机制。学校要成立由校内相关人员、法治副校长、法律顾问、有关专家、家长代表、学生代表等参与的学生欺凌治理组织,专门负责学生欺凌的预防宣传、问题处理与学生帮扶等工作,定期展开欺凌防控调查,对学校欺凌情况进行整体评估。教师、学生发现欺凌现象后要及时上报,学校接到报告后立即展开调查,认为可能构成欺凌的,应当交由欺凌治理组织认定和处置,并通知相关家长参与处置。根据欺凌的情节与严重程度,学校可以作出相应的惩戒或处分;欺凌情节严重的,学校还应当向公安机关和教育行政部门报告。

2. 建立家校社协同治理机制

学生欺凌的防治要充分吸纳家庭和社会各主体的力量。家长作为未成年学生的监护人,应当承担起教育未成年学生的首要责任,加强与未成年学生的心理沟通,及时关注未成年学生情绪;加强与学校和教师之间的沟通,配合学校对欺凌者进行管教。网络服务商要承担起对网络欺凌的干预责任,净化网络环境,对未成年学生的网络行为进行正确引导。社会组织要积极参与到学生欺凌治理的帮扶工作中,例如为校园暴力事件提供法律援助、为受害学生提供及时的心理援助等,共同发挥力量,减少学生欺凌造成的损害。公检法、教育行政部门也要作为外围保障,从政策、执法、司法等多环节为未成年学生营造一个"零欺凌"的校园环境。

---

① 《家庭教育促进法》第48条:"未成年人住所地的居民委员会、村民委员会、妇女联合会,未成年人的父母或者其他监护人所在单位,以及中小学校、幼儿园等有关密切接触未成年人的单位,发现父母或者其他监护人拒绝、怠于履行家庭教育责任,或者非法阻碍其他监护人实施家庭教育的,应当予以批评教育、劝诫制止,必要时督促其接受家庭教育指导。"

② 《家庭教育促进法》第49条:"公安机关、人民检察院、人民法院在办理案件过程中,发现未成年人存在严重不良行为或者实施犯罪行为,或者未成年人的父母或者其他监护人不正确实施家庭教育侵害未成年人合法权益的,根据情况对父母或者其他监护人予以训诫,并可以责令其接受家庭教育指导。"

3. 其他可行落地措施

学生欺凌的治理是一项实践性极强的工作，需要广大教师和教育管理从业者在管理实践中不断完善处置技能。具体来看，还有以下几条思路可供参考。第一，注重构建班级内的友好关系氛围。班级是在校学生的基本组织形式，是学生在校期间所处的"社会性组织"。要通过构建良好班级文化、开展促进学生交流的班级活动、增加法治教育课程中的反欺凌内容等形式间接减少欺凌的发生。第二，要重视"旁观者"对减少欺凌的重要作用。"旁观者"包括在欺凌实际场景中的"呐喊助威者""主动保护者"或"置身事外的局外人"三类，如果学生通过接受教育可以做到不在一旁"煽风点火"，而是自觉制止欺凌者、主动报告老师，则欺凌行为会大大减少。第三，发挥"法治副校长"在中小学的作用。"法治副校长"通常由公检法系统在职人员担任，对于落实法治宣传教育，依法处置学生欺凌、校园暴力行为发挥着重要作用，应当切实承担起建设学生欺凌防治工作制度、加强反学生欺凌宣传教育的职责。

五、校园性侵害法治问题研究

2016年7月教师林某在其住处给女学生王某某（15岁）补课后，强行对其实施猥亵，对王某某身心造成极大伤害。事发后王某某立即告知母亲，母亲等人于当天下午即与林某交涉，在交涉未果的情况下报警处理。随后，该案件移交至法院进行审理。在法院审理中，承办法官基于案件发、破的事实经过，以及对被害人陈述与被告人供述之间矛盾点的审查认定，判定林某构成强制猥亵罪，判处有期徒刑两年六个月，并因其违背教师职业要求和道德，处以从业禁止。[①]

该案件在审理过程中，虽然缺乏客观的物证，但法官从被害人身心特点和性侵害未成年人案件的特殊性入手，在间接证据中寻找突破点，使案件结果达到了法律效果和社会效果的统一。其中，对罪犯林某处以从业禁止是全国性侵类案件的首次尝试，

---

① 《最高法推出9个未成年人权益保护与少年司法制度创新典型案例》，载北京市教育委员会官网，https://jw.beijing.gov.cn/jyzx/ztzl/bjjypf/fzzx/fzyw/201908/t20190809_536857.html，最后访问时间：2024年2月4日。

也是校园性侵害防治工作的创新。一方面,剥夺林某继续从事教育工作的权利,是对校园性侵害行为的严厉打击,向社会传递了对校园性侵害零容忍的态度;另一方面,该惩罚是对整个教育行业的督促,警示那些对未成年学生负有特殊职责的工作人员严格依照相关规定规范自身行为,同时推动性侵人员信息库的构建,加强教师队伍的监督和管理。

(一)法治视角下校园性侵害的防治

校园性侵害指发生在校园内,加害者以威胁、暴力等手段,引诱胁迫学生与其发生非意愿的性接触和性行为,该行为性质恶劣,严重侵犯了学生的合法权益。现实中,由于学校属于相对封闭的特殊环境且侵害人往往利用其合法身份作为掩护,未成年学生在校园内极易成为被侵害的对象,受害人已呈现低龄化的发展趋势。针对这一趋势,我国近年来不断加强法治建设、完善法律法规,在《刑法》《预防未成年人犯罪法》《教师法》《未成年人保护法》《未成年人学校保护规定》《关于落实从业禁止制度的意见》《中小学教师违反职业道德行为处理办法》《关于办理性侵害未成年人刑事案件的意见》等法律规范中设计或增加有关校园性侵害防治的具体条款,搭建起校园性侵害防治的法治框架。其中,《未成年人学校保护规定》标志着未成年人学校保护立法从以往的"以未成年人的人身安全为主要关照点"转变为对未成年人各项权益的全面综合保护,体现了在"最有利于未成年人原则"的指导下,满足未成年人身心全面发展的保护需求,将未成年人学校保护的地位推向了新的高度。这也为学校建立系统的预防报告、处理性侵害的工作机制提供了规范基础,通过划定红线,明确禁止教职工及校内人员的六项行为,并进一步明确校园性侵害、性骚扰的处理规则,对实施性侵害的教职工进行严肃处理并纳入从业禁止的名单,构成违法犯罪者则移送有关部门追究其法律责任。

除此之外,关于校园性侵害的新型犯罪层出不穷。法治观念薄弱、机制不完善、惩罚力度不足等共同构成了我国校园性侵害防治的现实难题。其一,学生和家长对于校园性侵害问题缺乏足够的法律认识,一些学校在介入性侵事件时为保护校方口碑和名誉,模糊行为边界,将性侵害解释为因"感情"发生关系,导致事件不了了之,学生和家长难以及时报案或寻求帮助。其二,学校在预防和处理性侵害问题上缺乏有效的机制,未能全面履行保护学生权益的义务,如有关职业人员(教师、辅导员等)在处理校园性侵害问题上的能力培养仍旧不足。第三,校园性侵害发生具有隐蔽性,导致其在立案、调查和审判过程中,存在证据收集不完善、取证难等问题,进而造成校园性侵害的执法、司法日益复杂，案件无法得到有效处理。第四，虽然针对校园性侵害的惩罚措施不断完善，实施性侵害的教职工会被依法开除或者解聘，甚至被撤销教师资格，终身不得进入教育领域。但一些判决结果显示，校园性侵害案件多判处较短的刑罚，没有起到足够的预防和惩戒作用，且校园性侵害案件中的赔偿金额也常常存在不足或难以执行的情况。

综上所述，校园性侵害法治问题的现状需要通过加强法律宣传教育、改进学校管理机制、提高司法实践水平等多方面的努力来解决，以确保学生的权益得到充分保护。

（二）校园性侵害防治的完善对策

随着国内人权保障意识和水平的不断提高，进一步强化校园性骚扰的法律治理是推进反性骚扰进程的必要环节。[1]不可否认，违规行为典型案例的持续发布和法律法规的不断完善，都对校园性侵害治理的法治化起到了推动作用。但是学校如何在《未成年人学校保护规定》的基础上切实加强校园性侵害的防治机制构建，使校园性侵害的举报、调查和处理等工作流程得以细化和落实，让性侵害的黑手不再延伸至校园范围内是当前校园性侵害法治工作的重中之重。

一方面，校园性侵害法治工作关键在预防，在预防对策上可以从学校普及宣传、管理队伍建设、家长责任承担、教师定期培训四个方面来有效避免校园性侵害事故的发生。[2]应建立以未成年人最大利益为核心，第三方评估为检验，行政、司法等手段为保障，涵盖教职工入职筛查、全员教育培训、校内预防工作制度建设等主要内容的预防机制框架，从源头降低校园性侵害的发生率。[3]另一方面，校园性侵害防治工作应有效开展。有不少学者提出应从师生交往和加强学生性心理健康教育等多方面入手，在意识层面强化性侵犯的严重性。但无论如何，校园性侵害防治工作应在法治框架下进行，从法律层面明确行为红线，通过执法、司法等一系列组合拳进行规制，家校社联手为未成年学生建立一道保护屏障，才能使各方对法律产生敬畏，对校园性侵害保持足够的警惕和敏感。

---

[1]　王小光：《美国校园性骚扰的学校责任形式及发展变迁——〈1972 年教育修正案〉第九篇的解释适用》，载《外国教育研究》2022 年第 1 期。

[2]　钱军：《浅谈如何有效避免校园性侵害事故的发生》，载《广东省教师继续教育学会第五届教学研讨会论文集（三）》。

[3]　张荣丽：《校园性侵害预防机制的原则》，载《中华女子学院学报》2020 年第 3 期。

六、强制报告制度研究

2015年至2019年4月间,李某某多次利用QQ、微信中"附近的人"的功能添加10至20岁的女学生(多为湖北省枣阳市某中学的女学生)聊天。并在取得被害人信任后将其骗出,对其实施性侵行为。四年间,受害人多达15名,其中未成年人10名。2019年4月,被害人武某某因遭受李某某裸照威胁,向就读学校反映并报警,学校及时将线索报告给检察机关,检察机关第一时间与公安机关沟通、调查取证,最终以李某涉嫌强奸罪依法向襄阳市中级人民法院提起公诉。[①]

该案是校、公、检通力合作严惩性侵犯罪的典型案例。学校在收到反映后及时将线索报告给检察机关;公安机关在接到报警后,随即将李某某抓获并采取拘留措施;检察机关则是在收到学校提供的学生疑似遭受性侵的线索后,立即与公安机关沟通核实,通过深挖线索,发现其余20名被害人并迅速启动应急工作方案,聚焦案件侦办,最终在保护被害人隐私的情况下查清李某某全部犯罪事实,由此体现了多部门依法履行强制报告职责,并严惩未成年人性侵犯罪的坚定态度。值得肯定的是,校方教师在发现异常情况后,立即依规向有关部门进行了报告,有效惩治了性侵犯罪,将不法伤害程度降到最低,推动了强制报告制度的实施。

(一)强制报告制度的概念及其内容

强制报告制度指有关主体在工作中发现未成年人身心健康受到侵害、疑似受到侵害或者面临其他危险情形的,应当立即向公安、民政、教育等有关部门报告,从而使侵害未成年人的行为得到规范的制度。在侵害未成年人特别是校园性侵害案件中,由于案件发生隐蔽,未成年人的自我保护意识和能力薄弱,以及受害人处于弱势地位,侵害未成年人的案件常常陷入线索难以发现的治理僵局中,而强制报告能使侵害未成年人的黑暗之手暴露在阳光之下,是开启"查处侵害未成年人案件"的钥匙。鉴于此,为了强化未成年人的权益保护,国家通过出台《关于办理性侵害未成年人刑事案件的意见》《反家庭暴力法》《未成年人保护法》《未成年人学校保护规定》等法律法

---

① 《侵害未成年人案件强制报告典型案例》,载最高人民检察院门户网,https://www.spp.gov.cn/xwfbh/dxal/202005/t20200529_463532.shtml,最后访问时间:2023年8月6日。

规,规定了教育机构、医疗机构、社区居民委员会等密切接触未成年人的特定主体依法履行报告的义务,并通过明确报告情形、细化处置程序、落实法律责任及加强隐私保护等内容,凝聚社会力量,让每个未成年人都能感受来自强制报告的制度保障和柔性关怀,从而守护未成年人的健康成长。

(二) 强制报告制度的理论基础

目前,强制报告制度尚处于探索阶段,理论基础梳理不足导致适用问题逐渐凸显。有学者认为,强制报告制度的理论逻辑为公权力对私权利义务关系的介入,而学校与未成年学生间基于委托,形成了与家庭监护类似的管照关系,学校履行强制报告义务是公权力对管照关系进行干预的体现,符合理性逻辑的推演结论和回应社会意志的需要。[①]在具体适用方面,有学者指出目前我国强制报告制度存在受理部门混杂、报告方式不明确、报告渠道不统一、处置流程混乱烦琐等实践困境,可以通过适当借鉴域外国家(地区)的经验来进一步完善强制报告制度的处置机制;[②]还有学者认为制度规范不健全、社会文化落后及资源支持不足等是我国贯彻落实强制报告制度所面临的主要障碍。[③]在机制完善方面,有实务部门指出监察机关作为构建程序闭环中的监督控制主体,可以通过深入学校,加强宣传培训、畅通报告渠道;实施全程法律监督,将强制报告制度写入学校的内部管理规章制度,并纳入岗前培训项目;打造信息化系统工程,构建强制报告数据库,以信息化手段和大数据运用保障强制报告案件信息的受理、分类、流转等工作有序进行;健全多方联动和奖惩机制,加强常态化监管,发挥检察机关的职能优势,监督保障制度规定落实到位。[④]

(三) 强制报告制度的问题及对策

强制报告制度在《关于办理性侵害未成年人刑事案件的意见》《未成年人保护法》《未成年人学校保护规定》等规范中不断得到明确和细化,形成了多部门协调合作的工作机制,但仍存在以下问题。

第一,制度规范的合法性不足,不能有效地指导学校工作者和驻校社工的行为。[⑤]一方面,强制报告制度中存在定义和概念模糊的情况,导致教师在实践中缺乏

---

① 高维俭、彭宇轩:《侵害未成年人案件强制报告制度完善进路》,载《人民检察》2022 年第 5 期。
② 兰跃军、李欣宇:《论侵害未成年人案件强制报告制度的处置机制》,载《少年儿童研究》2022 年第 1 期。
③ 杜雅琼、曹越月:《视而"见"或"不见",伤害就在那里——中国儿童保护强制报告现状透视》,载《少年儿童研究》2022 年第 1 期。
④ 陈士莉、赵卿:《强制报告制度的适用问题与完善机制》,载《中国检察官》2022 年第 21 期。
⑤ 沈纪、赵心怡:《合法性视角下强制报告制度在实践中的困境与应对》,载《青年研究》2022 年第 6 期。

明确的规范指引，难以深层投入；另一方面，教师获知未成年人被侵害的部分线索是二手线索，在未成年人没有直接披露或没有明显体征显露的情况下，教师往往对上报行为缺乏信心。

第二，制度实施推进刚性不足，认知合法性不足、奖惩制度薄弱等原因削弱了强制报告的执行力度和实施效果。[①]一方面，家长认为性侵等案件涉及孩子的名誉和身心健康，然而学校虽然承担在校未成年学生的安全教育、管理和保护职责，但始终不是学生的监护人，因此不敢"越俎代庖"。另一方面，相关法律法规对不履行强制报告的法律后果的规定较为原则化，责任的"强制性"尚未凸显，导致许多学校没有制定进一步落实侵害学生案件强制报告制度的工作细则。

第三，相关配套措施仍需完善，存在职责分工不明、调查处置机制缺失、法律责任规定笼统等问题。[②]在《关于办理性侵害未成年人刑事案件的意见》规定受理机关为公安机关的基础上，未考虑到与其他机关间的职能衔接问题，在具体受理工作机制上，缺乏对调查核实、案件评估等具体工作的明晰划分，容易出现推诿、敷衍等现象，且不履行或怠于履行强制报告的法律责任都较为笼统，实际可操作性较弱，难以依法追究责任。

对此，需要将强制报告制度当作一项系统工程，提高制度的实效性，从立法、制度和配套措施等各层面发挥其作用。如在立法层面，加强与其他法律规范的衔接；就制度本身而言，弥补其在主体、内容时限、职责等方面的不足；从配套措施角度来看，加强普法宣传和专业培训，建构未成年人保护的责任共同体。[③]更有学者立足于学校治理，提出推进学校强制报告制度的对策，包括厘清学校主体范围、判定案件具体情形、强化责任设计、构建多元的社会支持体系等，以使学校强制报告制度成为侵害未成年人犯罪治理的有力举措，织密校园视域下未成年学生的"保护网"。[④]

---

① 毕宝琦、韩卓鹏：《侵害未成年人案件强制报告制度 校园运行中的实践反思与破局重构》，载江苏检察网，http://www.jsjc.gov.cn/qingfengyuan/202206/t20220610_1397836.shtml，最后访问时间：2023 年 8 月 6 日。

② 唐玺、徐平平：《侵害未成年人强制报告制度问题研究与对策》，载《上海公安学院学报》2022 年第 4 期。

③ 唐兴琴：《我国侵害未成年人案件强制报告制度的文本解读与制度完善——兼评〈关于建立侵害未成年人案件强制报告制度的意见（试行）〉》，载《青少年学刊》2020 年第 5 期。

④ 肖登辉、张立波：《学校视角下侵害未成年人犯罪的治理——以强制报告制度为例》，载《预防青少年犯罪研究》2021 年第 3 期。

七、"双减"政策研究

　　成都市积极推行义务教育阶段"拓展＋托管"的课后服务模式。有需求的学生可以自由选择课后服务，基本实现有需求的学生全覆盖。对于有特殊需求的学生，学校也提供延时托管服务，并帮助学生解决晚餐问题。成都市的学校课后服务收费遵循"家长自愿、成本补偿、非营利性"的原则，对存在经济困难的学生进行费用减免。同时，成都市出台了课后服务负面清单，如禁止在课后服务时间教授新课程，对课后服务结束时间进行严格限定，禁止假期托管服务组织集体补课，严禁以课后服务名义乱收费，不得强制学生参加课后服务，等等。①

　　成都市课后服务模式的建设是对落实"双减"政策的积极探索。校内减负与未成年人学校保护紧密相关，义务教育阶段学生课业负担过重长期以来被各方诟病，中小学生熬夜写作业的现象十分普遍。2021 年 7 月，中共中央办公厅、国务院办公厅印发了《关于进一步减轻义务教育阶段学生作业负担和校外培训负担的意见》。减轻中小学生的课业负担，主要是为了保证中小学生的休息娱乐权，将学校教育的关注重点从升学率转移至"立德树人"，更加重视未成年人个人潜能的开发和社会技能的培养，促进其全面发展。

（一）"双减"政策的出台背景

　　中小学生课业负担过重的状况是由多方面因素综合交织形成，对"双减"政策的出台背景进行剖析，有利于深刻理解其制度逻辑。

1. 学校长期奉行应试主义教育模式

　　当下的义务教育逐步陷入功利主义导向的"内卷化"。考入好高中、好大学似乎是中学生入学的唯一任务。由此容易造成教育目标过于短视化，形成以升学为单一导向的"唯分数论"的应试教育模式。在精力有限的前提下，家长和教育工作者仍然认为将主要精力聚焦于考试、学科竞赛活动等"智育"活动是最稳妥的策略。这种教

---

① 余庆言：《四川省教育厅公布落实"双减"工作十大典型案例》，载四川省人民政府网，https://www.sc.gov.cn/10462/10464/10465/10574/2021/10/26/795c362875eb446f82925386c0646b10.shtml，最后访问时间：2023 年 8 月 15 日。

育模式忽视了教育"育人"的根本目标,长期高压的学习状态导致学生普遍抑郁、焦虑的同时,也扼杀了其全面发展的诸多机会。

2. 科层化教育绩效评价体制

功利主义的教育理念也长期存在于政府的教育行政管理模式中,体现为科层化的教育绩效考核办法。地方教育行政部门将经济管理办法简单地移植到教育质量管理中,形成了以升学率作为"教育 GDP"考核指标的绩效评价制度。[1]在这种模式中,指标考核压力以"政府——教育行政部门——学校——教师——学生"的科层化形式层层传导[2],区域性的统考形成不同学校之间的横向比较。[3]由此促使各个学校间恶意抢夺优秀生源,出现"状元攀比""掐尖招生",以及将"以考代学"作为教学模式等现象;教师个人也更倾向于采取应试导向的课堂教学,"题海战术"经久不衰。这种不科学的教育评价制度最终将压力层层传递给学生,自然会导致其学业、负担的加重及焦虑的增加。

(二)"双减"政策的制度逻辑

1. 教育公共性要求教育效率的提升

"教育公共性理论"指现代国家的教育制度以公共部门及公共经费为依托,通过教育公共组织向全体社会成员提供基本而有质量的教育服务,以实现对儿童的保护和发展。[4]公共教育承载着为国家、社会提供合格的劳动者和公民的任务,包含了国家和民族的整体利益,应当扩大公共效益、提升整体价值,实现个人与社会双重受益。内卷化的"应试教育"模式不合理地消耗了有限的教育资源,难以成比例地输出有效教育成果,不仅无法满足受教育者个人成长的需求,还不符合社会整体利益提升的要求。

2. 学校教育应当贯彻"最有利于未成年人原则"

最有利于未成年人原则是国家对儿童权利进行立法、行政、司法保护的纲领性原则。1959 年《儿童权利宣言》和 1989 年《儿童权利公约》均提出,国家教育机关、社会教育组织、教育从业者和家庭成员,对于凡是涉及儿童事务的行为,都应当最大程度

---

① 张丰:《构建以教育生态为核心的区域教育发展评价——破解"唯分数""唯升学"问题的建议》,载《教育发展研究》2019 年第 12 期。
② 范涌峰:《"后减负时代"基础教育高质量发展的生态重构》,载《四川师范大学学报》2021 年第 6 期。
③ 张丰:《教育质量管理机制的反思与建议》,载《基础教育课程》2011 年第 5 期。
④ 余晖:《"双减"时代基础教育的公共性回归与公平性隐忧》,载《南京社会科学》2021 年第 12 期。

地维护儿童个体或儿童群体的权益。①这一原则要求学校应当以未成年人的最大利益为核心开展教育,要根据儿童的个体差异,以优质的教育服务促进其个性开发和全面发展,培养德智体美劳全面发展的社会主义建设者和接班人。义务教育阶段的学生正处于身心发育的关键期,过重的课业负担不仅挤压了青少年的睡眠时间、自由活动时间与身体锻炼机会,由此带来的学习压力与学业焦虑也容易诱发心理问题,不利于其身心健康发展。

(三)"双减"政策落实的配套措施思考

随着中国特色社会主义进入新时代,社会主要矛盾发生转变,教育领域的主要矛盾转变为人民对优质教育教学资源的日益增长的需要与我国教育资源分配不平衡、供给不充足的矛盾。教育资源供给的数量、质量不足,办学理念落后,就容易引发学生重复性作业繁多、以考代学等问题。

保证优质丰富的教学资源供给是解决学生负担问题的关键。第一,加强区域校际学习合作交流,可参照北京试点经验,推广"区域内校长交流轮换、骨干教师均衡配置、普通教师派位轮岗"模式,缩小区域内教育发展差异;②第二,加强教师队伍建设,吸引高素质人才加入教师队伍,完善教师进修制度,推动教师定期轮岗;③第三,促进以课堂为主阵地的教学质量的提升,推动教学模式进一步丰富,为学生提供更加丰富的实践性、技能性课程学习机会,开发其兴趣点和技能点,为学生在个人发展与学业任务之间寻求最佳平衡点。

教育评价制度应当及时进行配套改革。教育评价方法对学校办学起着风向标的作用。教育行政部门应当及时改变结果导向的教育评价模式,树立以儿童发展为导向的教育绩效政绩观念,将教育评价更多地转移到过程性评价上来。可以将学生课外活动参与度、实践课程学习效果、心理健康水平、学业焦虑程度等指标纳入学校义务教育评价质量体系,降低"升学率""考试排名"等指标在评价体系中的比重,建立以学生为中心的综合素质评价机制,更加关注学生身心健康成长。

---

① 曾皓:《儿童利益最大化原则在学前教育立法中的落实》,载《法学》2022年第1期。
② 范涌峰:《"后减负时代"基础教育高质量发展的生态重构》,载《四川师范大学学报(社会科学版)》2021年第6期。
③ 周洪宇、齐彦磊:《"双减"政策落地:焦点、难点与建议》,载《新疆师范大学学报(哲学社会科学版)》2022年第1期。

八、本 章 小 结

近年来，未成年人学校保护是教育法学界的持续研究热点，学生欺凌、"双减"政策、强制报告制度等领域的研究成果尤为突出。未成年人学校保护问题的基本范畴得到明确，内容体系逐步建立，诸如"学生伤害事故""学生欺凌""教育惩戒"的基本概念和内涵得到了清晰的解释，为实践中问题的解决提供了诸多便利。但我们也要清晰地认识到，学校保护研究依然存在大量漏洞和薄弱环节。学界对于"学校保护"基本概念的研究依然十分缺乏，大多数成果均为对具体问题的分散性研究，且各问题之间的研究成果尚未实现融贯互通。未来，应当针对学校保护中的诸多基本问题展开深入的研究，例如学校保护的义务构成、学校与家长保护责任的界分、学校与其他主体在未成年人保护中形成的新型法律关系，等等。

学校保护的法治建设和教育实践才刚刚起步，学校保护领域的许多工作环节犹待完善。结合本书研究团队的实地调研来看：学校保护教师培训无法满足发展教师实践技能的需求；学校保护工作缺乏稳定的经费支持；学生欺凌、心理健康保护等问题的工作办法仍然缺乏规范文件的指引，许多教师表示无所适从；家校之间未形成良性沟通机制，双方合作不紧密；许多教师的合法权益得不到有效保障，致使其配合学校保护工作的意愿较低、工作落实难度大。针对上述问题，中央和地方教育行政部门需要在考察学校保护一线工作的基础上，进一步完善制度设计，提出工作执行的规范标准，促进《未成年人保护法》各项细节在学校内的落实。实践和理论上的诸多难点、疑点，都昭示着未来一段时间内未成年人学校保护立法将成为教育法治建设的重点环节。

第十一章

教育财税法学

教育财税法学系以问题为导向，以教育领域的财税法律现象为研究对象，融经济学、教育学和法学等多种研究范式于一体的整合性、交叉性、开放性、应用性和协同性的新型法学学科。作为教育法学与财税法学的交叉学科，教育财税法学呈现出极强的领域法学特质，在体系结构上深受财税法学的影响，主要由教育财政法与教育税法两大体系构成，前者主要关涉教育经费筹集法、教育财政支出法及教育财政平衡法，后者主要涉及教育税法与教育税收优惠法。民办教育财税激励、学前教育财政资助，以及高等教育经费分担机制等议题皆是教育财税法学关注的重要话题。就此而言，研究教育财税法，不仅能够有力保障新时代的教育法治建设与财税法治建设，还有望打破教育法学与财税法学之间的学科壁垒，切实增强教育财税法律制度的科学性、体系性，有力提升公共财政支持教育事业发展的实效。

一、前　　言

伴随着改革开放的稳步推进，我国开始注重运用法治的方式应对教育事业发展中存在的各种问题。20 世纪 80 年代中期，《国务院关于筹措农村学校办学经费的通知》(1984 年)、《征收教育费附加的暂行规定》(1986 年)、《义务教育法》(1986 年)等法律法规的先后颁行拉开了教育财政法治的序幕，部分学者也开始译介域外公私立学校的筹资方法，探讨我国教育经费筹集的法治进路。[①]与此同步，我国经济体制也

---

① 参见易宗喜、蒲心文：《公私立学校筹资办法比较——[美国]教育经济学第五章》，载《黑龙江高教研究》1986 年第
  2 期；参见黄尧、茆俊强：《关于在〈教育经费法〉中确定"财政预算内教育经费所占比例"的可行性研究》，载《教育
  与经济》1991 年第 4 期；赵中建：《美、英、法、印教育经费筹措的比较》，载《比较教育研究》1993 年第 3 期。

逐渐由计划经济过渡到社会主义市场经济,市场在资源配置中的作用愈加突出,民间力量开始介入教育事业的发展。我国也适时出台了《教育法》(1995 年)、《社会力量办学条例》(1997 年)及《高等教育法》(1998 年),在促使社会各界对教育财政法治的关注进一步深入的同时①,引发社会各界对教育税收法治问题的关注。少数学者介绍了域外促进教育事业发展的税收政策,旨在为我国促进教育事业发展的税收政策的出台提供经验借鉴。②不过,改革开放的前 20 年,我国教育财税法治在整体上仍处于起步阶段。

步入 21 世纪,我国教育财税法治事业取得了长足发展,教育财税法治方面的研究如雨后春笋般涌现。特别是随着 2002 年的《民办教育促进法》及 2004 年的《财政部、国家税务总局关于教育税收政策的通知》(现已部分失效)的先后出台,学界对教育税收法治,尤其是对民办教育税收法治表现出前所未有的兴趣。③2006 年,《教育法》更是迎来施行长达十年之后的第一次修订,此次修订亦在较大程度上推动着教育财政法治的发展。④

2010 年以来特别是党的十八大以来,教育财税相关法律制度更加健全。这一时期,民办教育财税法治与学前教育财税法治成为教育财税法治领域新的学术增长点。究其原因,《国家中长期教育改革和发展规划纲要(2010—2020 年)》不仅为营利性民办学校与非营利性民办学校分类管理原则指明了方向,还明确了普及学前教育的目标及其投入机制。民办教育财税法治的中心任务是按照分类管理原则重塑相应的财税扶持政策,《民办教育促进法》及其实施条例的适时修订将之引入高潮。⑤学前教育

---

① 参见钱小英:《我国教育费附加的财源结构与改善方案》,载《教育研究》1998 年第 6 期。

② 参见张艺华:《英国对教育事业的税收优惠政策》,载《世界教育信息》1997 年第 1 期;刘元成:《实行税收等优惠政策是民办教育发展的重要保证》,载《教育与职业》1999 年第 5 期;杨堂荣:《谈成人非学历教育收入征收营业税问题》,载《成人教育》2000 年第 5 期。

③ 参见覃壮才:《税制是规范学校领域中市场行为的有效手段》,载《教育研究》2003 年第 3 期;王蕴瑭、李志英:《促进民办教育发展的税收对策探讨》,载《教育与经济》2003 年第 3 期;张伦俊:《开征"教育税"是保证教育投资的根本选择》,载《中国教育学刊》2003 年第 5 期;朱清、乔栋:《国外促进教育发展的税收政策及启示》,载《经济纵横》2005 年第 3 期;谢锡美:《民办学校税收政策的问题及合理选择》,载《教育发展研究》2005 年第 2 期;田光成:《民办教育第一税案引发的思考》,载《教育发展研究》2006 年第 4 期;任强:《完善我国教育投入税收政策的建议》,载《税务研究》2010 年第 6 期。

④ 参见刘建发:《教育财政投入的法制保障研究》,经济管理出版社 2006 年版;蔡迎旗:《幼儿教育财政投入与政策》,教育科学出版社 2007 年版;魏建国:《努力扩大教育投资资源——教育类税及教育非税收入研究》,载《中国高等教育》2009 年第 12 期。

⑤ 参见周海涛、张墨涵:《完善民办学校税收分类优惠政策的思考》,载《教育与经济》2014 年第 5 期;民进中央课题组:《关于完善民办教育分类管理税收政策的建议》,载《教育与职业》2016 年第 22 期;黄露露:《分类管理视角下的民办学校税收优惠政策探析》,载劳凯声、余雅风主编:《中国教育法制评论》(第 15 辑),(转下页)

财税法治的核心任务则在于运用法治的方式为学前教育的财政投入提供制度保障，《国务院关于当前发展学前教育的若干意见》的发布则在加速学前教育事业发展的同时极大繁荣了学前教育财税法治研究。①2019年，国务院办公厅发布的《教育领域中央与地方财政事权和支出责任划分改革方案》则使我国教育财政平衡法治迈向新阶段。

本章选取教育财税法治领域三个较具代表性的话题展开讨论，分别是学前教育财政投入法、高等教育经费筹集法、民办教育税收激励法。以上话题基本能够涵盖教育财税法治领域的主要前沿议题，即在教育层次上同时涉及学前教育和高等教育，在核心话题上兼顾教育财政法治与教育税收法治，在办学主体层面一体关注民办教育与公办教育。需要特别说明的是，由于国家负有无条件保障受教育者接受义务教育的义务，并且经历了改革开放以来四十余年的发展，经费筹集已经不是制约义务教育阶段财税法治发展的突出问题，我们也就无需关注义务教育阶段的财政投入及成本分担议题。即便考虑到义务教育阶段也存在制约非营利性民办学校发展的财税问题，相应答案也完全可以在本章涉及的话题中找到，故而本章未选择义务教育阶段财税法治话题展开讨论。

二、学前教育财政投入法

学前教育财政投入法，是与学前教育财政经费投入相关的法律规范的总称，在范畴上系学前教育法与财政支出法的交叉领域。在学习和研究学前教育财政投入法时

（接上页）教育科学出版社2017年版；申素平、贾楠：《二分格局基础上民办教育税收制度之完善》，载《清华大学教育研究》2018年第5期；王一涛、李宝枝：《分类管理后民办学校税收政策梳理与优化建议》，载《浙江树人大学学报（人文社会科学版）》2017年第6期；于浩：《我国民办学校利益关系法治化研究——以财税法为视角》，载《华东师范大学学报（教育科学版）》2018年第2期；孟波：《我国民办教育税收优惠制度的检视与完善》，载《教育经济评论》2022年第6期；冯铁拴：《非营利性民办学校享受同等税收优惠待遇的障碍与突破》，载《复旦教育论坛》2022年第6期。

① 参见邬平川：《我国学前教育财政投入法律制度建设刍议》，载《教育科学》2014年第1期；王福兰：《日本学前教育财税支持新政及借鉴》，载《税务研究》2016年第6期；李帅：《普惠性学前教育经费保障机制的构建——基于学前教育法和财税法的交叉视角》，载《湖南师范大学教育科学学报》2019年第6期；雷万鹏、李贞义：《财政学视野中普惠性公共学前教育服务体系构建》，载《中国教育学刊》2022年第7期；傅维利、刘磊：《构建政府统一资助管理的新型普惠性学前教育体系》，载《教育研究》2021年第3期。

既要注意到学前教育的特殊性,又须意识到公共财政支出的特质。

(一) 公共财政支持学前教育的法理逻辑

之所以公共财政要支持学前教育,根本上是因为幼儿教育具有较强的正外部性[①],并且此种外部性使得市场机制在幼儿教育服务供给上处于失灵状态,从而需要国家进行干预。[②]具体可以从以下三个层面加以理解。

其一,具有幼儿教育的准公共产品属性需要公共财政加以支持。幼儿教育与青少年教育具有较强的相似性,既与义务教育这种纯公共产品有所区别,又与纯粹私人产品不同,而是介于二者之间的准公共产品。具体来说,学前教育并不完全满足纯公共产品所应具有的非竞争性、非排他性及效益不可分割性的特点,但其确实具有较强的效益不可分割性,在使幼儿本身获益的同时给社会和国家带来颇多积极价值。众多研究表明,优质的学前教育不仅促进了全社会的性别平等,还使国家可以得到更多、更好的劳动力资源,创造更多的社会财富,而投入学前教育的社会回报率更是高达 1∶12.9。[③]与之相应,国家也应该运用公共财政对学前教育提供必要的支持。

其二,幼儿教育市场失灵,需要政府运用公共财政加以干预。由于幼儿教育具有较强的正外部性,市场在提供学前教育服务时可能存在供给不足的问题,也可能会出现幼儿及其家庭需求不足的情况。但无论是供给不足还是需求不足,都不符合社会效益最大化的理念,这就需要国家通过公共财政介入,以应对学前教育失灵。

其三,学生受教育权保障需要国家运用公共财政加以支持。我国宪法不仅明确规定"国家发展学前教育",还要求"国家培养青年、少年、儿童在品德、智力、体质等方面全面发展",这就要求国家运用公共财政支持学前教育发展以保障儿童的受教育权。

(二) 学前教育财政投入法相关规定及其存在的问题

我国学前教育财政投入法制尚处于起步阶段,相关内容分散在《国务院关于当前发展学前教育的若干意见》《中共中央国务院关于学前教育深化改革规范发展的若干意见》《国务院办公厅关于印发教育领域中央与地方财政事权和支出责任划分改革方

---

① 经济外部性是经济主体的经济活动对他人和社会造成的非市场化的影响,即社会成员从事经济活动时其成本与后果不完全由该行为人承担,分为正外部性(positive externality)和负外部性(negative externality)。正外部性是某个经济行为个体的活动使他人或社会受益,而受益者无须花费成本。负外部性是某个经济行为个体的活动使他人或社会受损,而造成负外部性的人却没有为此承担代价。

② 蔡迎旗:《幼儿教育财政投入与政策》,教育科学出版社 2007 年版,第 59 页。

③ 参见柏檀、王水娟、李芸:《外部性视角下我国学前教育财政政策的选择》,载《教育与经济》2018 年第 5 期。

案的通知》等不同层级的政策法规之中。根据这些政策法规的规定，我国在学前教育领域初步确立了以政府投入为主、受教育者合理分担、其他多种渠道筹措经费的投入机制，明确了学前教育财政投入在总体上为中央与地方共同财政事权，所需财政补助经费主要按照隶属关系由中央与地方财政分别承担，中央财政通过转移支付为地方统筹提供支持的基本原则。然而，我国学前教育财政投入仍存在如下问题。

一是总量不足。在很长一段时期内，我国学前教育没有被纳入国民教育体系，导致学前投入严重不足。党的十九大以来，学前教育虽被纳入国民教育体系，但由于底子薄、欠账多，普惠性学前教育财政投入保障机制不健全等问题依然存在。

二是结构失衡。学前教育内部的公办教育与民办教育在获得财政支持上面临结构失衡问题，整体来说公办学校可以获得更多财政支持，民办学校获得的财政支持则要少得多，即便是普惠性学前教育也仅能获得极为有限的生均经费财政扶持。由此导致公办学校的受教育者成本分担比例远低于民办学校。

三是缺乏刚性。相较于义务教育和高等教育，学前教育立法进程较为缓慢，目前《学前教育法》尚未出台，导致学前教育的财政投入仅能依据相关政策文件开展，不仅在很大程度上制约了各地公共财政支持学前教育的力度，还使得学前教育在与义务教育、高等教育乃至职业教育竞争财政投入时缺乏相应的法律依据。

（三）学前教育财政投入法的完善方向

构建学前教育的公共财政投入机制，切实保障学前教育的财政投入，需要在下述方面加以完善。

第一，加快学前教育财政投入立法的进度。相较于政策之治，法律之治无疑更有助于保障学前教育财政投入的刚性。我国学前教育立法已经进入征求意见的阶段，但距离其正式出台尚有较为漫长的过程。下一阶段，除了要稳步推进学前教育立法，还应同步围绕学前教育财政投入制定专门的配套立法，制定相应的部门规章乃至行政法规。[①]

第二，强化公共财政支持学前教育的责任和力度。明确政府在学前教育财政投入方面的主体地位，是保障学前教育健康有序发展的必然选择。未来，在学前教育财政投入相关立法中，应当参照《义务教育法》《高等教育法》的规定，明确学前教育财政投入标准应当根据国民经济发展情况逐步提高，并且其在教育财政经费中占比也应

---

① 参见李帅:《普惠性学前教育经费保障机制的构建——基于学前教育法和财税法的交叉视角》，载《湖南师范大学教育科学学报》2019年第6期。

逐步加大,用于实施学前教育的财政拨款的增长比例应当高于财政经常性收入的增长比例。[①]

第三,优化学前教育财政支持的结构。普惠性民办学前教育与公办学前教育共同构成了我国学前教育公共服务的主体,二者在公益性程度上并无差异,不应仅因二者的办学主体有别而在财政支持力度上存在差别。[②]为了鼓励社会力量举办普惠性民办学前教育机构,平等保障民办学校儿童的受教育权,公共财政除了应当给予普惠性学前教育机构与公办学校相同的生均公用经费支持,还应在教师福利待遇等人员经费方面提供一定程度的支持。

三、高等教育经费筹集法

按照传统观点,高等教育经费的筹措来源主要有六种,分别为税收、学费收入、经营收入、借贷款项、捐赠款项及发行教育公债等。[③]与之相应,高等教育经费筹集法也并非指代某一部法律法规,而是与高等教育经费筹集相关的法律规范的总称。需要说明的是,随着高等教育成本分担主体的多元化,目前已经没有一个国家的高等教育经费仅来自某一个渠道,高等教育经费筹集法在很大程度上也可以说就是高等教育成本分担法,下文即主要从教育财税法的视角考察高等教育成本的分担问题。

(一)多元主体共担高等教育成本的理论逻辑

在很长一段时期内,尤其是在第二次世界大战以后,发达国家为刺激经济复苏,缓和社会矛盾,普遍奉行高福利模式,对包括高等教育在内的各层级学校教育实行低收费甚至免费。然而,在 20 世纪 70 年代中后期,受经济危机引发的财政危机的影响,绝大多数国家的财政已经无力支撑庞大的高等教育支出,开始向接受高等教育的学生收取相应的学费以缓解财政入不敷出的压力,高等教育成本负担主体也日益多

[①] 席晓娟:《学前教育财政投入立法保障研究——基于政策法律化的视角》,载《湖南师范大学教育科学学报》2020 年第 3 期。

[②] 庞丽娟:《我国学前公共财政投入政策的突破创新及未来展望——基于生均财政拨款制度和生均补助制度的分析》,载《教育与经济》2022 年第 3 期。

[③] 参见盖哲生:《教育财政学》,台湾东华书局股份有限公司 1988 年版,第 142—154 页。

元化。[①]

高等教育的产品属性本身也要求由多元主体共担教育成本。与初等教育不同，高等教育给私人带来的收益大于给社会带来的收益，其在产品属性上更接近于私人产品，但由于其也具有较强的社会外溢性，因而也被笼统地归入准公共产品。这就意味着，高等教育成本应当主要由受教育者承担，但国家和社会也应在其获益的范围内分担相应的教育成本，于受教育者而言主要体现为学费，在国家层面则表现为公共财政对高等教育的各种直接支出和间接支出，而于社会层面来说则主要呈现为社会公益捐赠。

（二）高等教育经费筹集立法现状及其存在的问题

我国关于高等教育经费筹集立法的规定主要集中于《高等教育法》《高等学校收费管理暂行办法》。根据这些法律规章的规定，我国高等教育实行以举办者投入为主、受教育者合理分担培养成本、高等学校多种渠道筹措经费的机制。具体来说，国家举办的学校的经费以公共财政支持为主，以学生缴纳的学费为辅，其中，现阶段学费占年生均教育培养成本的比例最高不得超过 25％；在民办学校，其学历教育学费标准按照补偿教育成本的原则并适当考虑合理回报的因素来制定。除此之外，国家还鼓励企业事业组织、社会团体及其他社会组织和个人向高等教育事业进行公益捐赠，并依据税法规定给予教育公益捐赠税前扣除的优惠。尽管如此，我国高等教育经费筹集立法还存在如下问题。

一是受教育者成本分担比例不均衡，有违教育公平理念。大体来说，公立教育中学生所承担的学费只在学生培养成本中占据很小的比例，基本稳定在 20％左右，而这一比例在民办高等学校则接近 80％甚至更多，与《高等教育法》中受教育者合理分担培养成本的要求存在较大出入，也与平等保障受教育者权利的理念相抵触。[②]

二是鼓励社会投入的财税激励政策还不够完善，抑制了社会力量捐资助学的积极性。根据《个人所得税法》的规定，公益捐赠虽然可以在税前扣除，但由于个人所得税采取的是累进税率，同样额度的捐赠扣除给适用不同边际税率纳税人所带来的税收减免利益并不一致，高收入纳税人能够从捐赠中获得更多的利益，而低收入捐赠者却仅能从中获得少量经济利益甚至毫无利益。这种不公平的税收利益分配格局也在

---

① 廖楚晖：《教育财政学》，北京大学出版社 2016 年版，第 205—206 页。

② 参见方芳、王善迈：《我国公共财政支持民办高等教育研究》，载《北京师范大学学报（社会科学版）》2011 年第 5 期。

客观上抑制了个人向高等教育事业进行捐赠的积极性。

三是公共财政分担民办高等教育办学成本的机制尚不健全。民办高等教育与公办高等教育在公益性上并无本质差别，但由于国家运用公共财政分担民办高等教育培养成本的法律机制尚不健全，民办高等教育的学生培养成本尚只能由受教育者一方独自承担。[1]

（三）高等教育经费筹集法的完善方向

高等教育经费筹集法的完善应当以优化高等教育成本分担结构为核心，具体来说可以从如下几个方面着手。

一是完善公共财政分担民办高等教育办学成本的法律机制。[2]尽管《民办教育促进法》及其实施条例都要求国家给予非营利性民办学校必要的财税扶持，但由于相关规定较为模糊，加之各地经济社会发展状况存在较大差异，公共财政扶持民办高等学校的法律机制仍有完善的空间。未来应将完善重心置于《高等教育法》及其他相关法的修改，一方面要明确民办高等学校受教育者合理分担培养成本的大致比例，另一方面也应明确规定公共财政分担民办高等学校培养成本的义务。

二是进一步优化个人捐资助学的财税激励机制。[3]于此而言，既要适度提高教育公益捐赠税前扣除的限额，允许个人向教育公益事业所作的捐赠进行全额税前扣除，又应同步考虑引入慈善捐赠税额抵免的必要性。所谓抵免，指纳税人可以依据税法规定直接以一定的数额冲抵其应纳税额。这种模式下，只要捐赠金额一致，适用不同边际税率的纳税人也可以获得相同的税收利益，这可以较好地调动中低收入群体向高等教育事业进行公益捐赠的积极性。

四、民办教育税收激励法

税收优惠作为国家引导民办教育发展的重要政策工具，是我国民办教育立法历来高度关注的议题。不过，民办教育税收激励法在范畴上并非只属于民办教育法，也

---

① 参见邱小健：《政府财政资助民办高等教育的相关理论及其解释力》，载《教育发展研究》2010年第20期。

② 参见谭黎明、高志强：《民办高等教育成本分担机制研究》，载《湖南师范大学教育科学学报》2015年第1期。

③ 参见宋杰：《高等教育成本分担机制及优化路径》，载《价格理论与实践》2023年第2期。

是我国税法的有机组成部分。因此,在学习和研究民办教育税收激励法时既要关注民办教育立法的规定,又要掌握相关涉税法规政策。

以"福建民办学校第一税案"为例来看民办教育税收激励法。

L中学创办于1996年,是福建省第一批民办学校。2003年12月18日,该校收到平潭县国税局发出的《限期缴纳税款通知书》,要求学校以33%的税率缴纳2002年度企业所得税47万余元。虽不情愿,该校还是按要求向当地国税局缴了税。随后,该校向上级税务机关申请复议,福州市国税局维持了平潭县国税局的行政处理决定。2004年5月,L中学将平潭县国税局告上法庭,请求撤销《限期缴纳税款通知书》,判令被告返还税款,并赔偿经济损失等。

L中学认为,按有关规定,民办学校只有在要求取得合理回报后,才能成为纳税义务人,然而,该校至今仍在追加投资,虽然现在学校的注册资金已增长至1000多万元,但还没有向教育部门、税务部门申请取得合理回报。因此,该校不具备纳税义务人的主体地位。

平潭县国税局认为,根据《教育法》《民办教育促进法》的规定,民办教育是公益性事业,符合《国务院民办非企业单位暂行条例》中"民办非企业单位"的有关界定,可以认定该校是民办非企业单位。从该校的章程中"每个股东按股权进行分红、承担风险"等规定可以明确该校是要求合理回报的,该校目前的情况是把合理的回报又投入了学校的扩大再生产。按规定,该校不属免征范围。

平潭县法院经审理认为,L中学的章程已明确规定合伙人共享收益,说明该校属于出资人要求取得合理回报的民办学校。虽国家对此类学校的优惠细则尚未出台,但无法改变L中学作为企业所得税纳税人的主体地位,平潭县国税局有权核定征收原告企业所得税。因此,平潭县法院经过两次公开审理,于2005年9月作出驳回L中学诉讼请求的判决。

L中学不服一审判决,向福州中院提起上诉。

2005年11月17日,"福建民办学校第一税案"在福州中院二审开庭。福州中院经审理认为,《民办教育促进法》是规范民办教育管理的法律,该法规定"民办学校享受国家规定的税收优惠政策",但并未规定民办学校系非纳税义务人。在国家对民办学校税收优惠政策出台之前,民办学校应依照国家现行的税收法律法规依法纳税。但该校于2003年12月10日才取得《民办非企业单位登记证书(法人)》,证明此时才获得法人资格而承担企业所得税的缴纳义务。因此,平潭县国税局对L中学征收

2002 年度的税款缺乏主要证据与法律依据。在 L 中学尚未取得非企业法人登记的情况下,平潭县国税局就向 L 中学发出征收企业所得税的决定,造成 L 中学双重税负从而侵害其合法权益。民办私立学校有纳税义务,但原审法院认定事实不清、适用法律错误。故福州中院撤销了平潭县法院作出的一审判决,撤销平潭县国家税务局岚税管字(2003)第 008 号《限期缴纳税款通知书》,并判令平潭县国税局向 L 中学返还征收的 47 万余元税款。

该案发人深省。民办学校究竟是否应当缴纳企业所得税?应当考虑哪些因素?原因为何?

(一) 民办学校享受税收优惠的法理逻辑

民办教育作为我国教育事业的有机组成部分,是对公办教育的有机补充。各国主要基于以下理由普遍给予了非营利性民办学校较为优渥的税收优惠待遇。

其一,教育服务的公益性说明了民办学校应享税收优惠。依据可税性理论,主体具有市场收益是课税的前提,若主体从事的获益行为具有较强的公益性,则应给予主体相应的税收优惠。无论是非营利性民办学校还是营利性民办学校,仅就提供的教育服务而言,它们与公办学校提供的教育服务皆不存在本质差异,均可增进社会公共利益,因此给予其税收优惠是对其所提供教育服务的公益性的肯定。①

其二,较高的财政利用效率决定了民办学校应享税收优惠。相较于公办学校,民办学校提供相同的教育服务时消耗较少的公共财政资金,其财政利用效率尤为突出。出于提高财政利用效率的考量,国家应当给予民办学校必要的财税扶持。毕竟,如果民办学校因承受沉重的税收负担而陷入运营危机,则国家将只有付出更大的财政代价方能提供相同的教育服务。②

其三,给予民办学校税收优惠是国家保障国民受教育权的题中之义。③从基本权利功能理论出发,受教育权具有消极防御权功能与积极受益权功能。前者主要体现为受教育者对接受教育的内容及场所的自由选择权,而国家发展民办教育在很大程度上就是为了保障国民的教育选择权。这就要求国家采取相应的财税扶持措施帮助民办学校发展,从而更好地保障受教育者的选择权。

---

① 参见吴华、胡威:《公共财政为什么要资助民办教育?》,载《北京大学教育评论》2012 年第 2 期。

② 参见吴华、王习:《营利性民办学校应该享受税收优惠》,载《中国教育学刊》2017 年第 3 期。

③ 参见冯铁拴:《教育法典中教育财税规范体系化研究》,载《华东师范大学学报(教育科学版)》2022 年第 5 期。

(二) 民办学校税收优惠立法存在的问题

概括而言,我国民办教育税收激励法主要存在如下问题。

其一,非营利性民办学校享受同等税收优惠待遇难。①诚然,《民办教育促进法》明确规定,"非营利性民办学校享受与公办学校同等的税收优惠政策"。然而,无论是经费筹措机制还是身份属性,二者都存在明显差异,这使得非营利性民办学校在享受与公办学校相同的税收待遇方面仍面临诸多现实困难。例如,公办学校收取的学费住宿费因被纳入行政事业性收费范畴,从而属于企业所得税法不征税的范围,但非营利性民办学校收取的学费住宿费因不属于国务院财税主管部门规定的符合条件的免税收入,从而需要依法缴纳企业所得税。再者,税法上的不征税并不属于税收优惠的范畴,非营利性民办学校并不能根据享受相同税收优惠待遇的规定径行要求获得对其获得的学费和住宿费不征企业所得税的待遇。

其二,营利性民办学校的税收优惠待遇悬而未决。修订后的《民办教育促进法》及其实施条例虽根据分类管理原则就民办学校的税收优惠待遇作出了区别对待的规定,但由于其并未就营利性民办学校可以享受何种程度的税收优惠作出具体说明,加之国家在分类管理原则确立前出台的系列教育税收优惠政策系面向非营利性民办学校的,以致营利性民办学校究竟能够享受哪些税收优惠政策陷入不确定状态。②

其三,民办教育立法与税收立法的衔接不佳。《民办教育促进法》在其附则中明确规定该法所称的民办学校包括依法举办的其他民办教育机构。这意味着,享受国家规定的税收优惠政策的民办学校也应当包括依法举办的其他民办教育机构。然而,税法在给予学校税收优惠时却又专门强调其仅包含国家承认学历的各级教育机构(含实施学前教育的学校),从而与民办教育立法的界定存在较大差异,致使非营利性的其他民办教育机构能否享受与公办学校相同的税收优惠待遇充满了变数。

(三) 民办教育税收激励法的完善方向

基于我国民办教育税收激励法存在的前述问题,可以从如下方面进行完善。

其一,明确非营利性民办学校的企业所得税征免问题。与公办学校不同,非营利性民办学校的收入来源主要是学生缴纳的学费和住宿费,是否免征其学费和住宿费

---

① 参见冯铁拴:《非营利性民办学校享受同等税收优惠待遇的障碍与突破》,载《复旦教育论坛》2022年第6期。

② 参见胡卫、张欣、方建锋:《营利非营利分类管理下民办学校税收问题与建议》,载《复旦教育论坛》2020年第4期。

的企业所得税,关乎非营利性民办学校的长远发展及同等税收优惠待遇的落实。未来可以对同等税收优惠待遇的内涵加以具体化,从而将非营利性民办学校获得的学费住宿费纳入免税收入范畴。①

其二,明确营利性民办学校的税收优惠待遇。营利性民办学校既具有营利法人的特点,又具有民办学校的属性,在给予其税收优惠时应当综合考量其所具有的公益性与营利性,既不宜将其等同于营利法人从而不给予任何税收优惠,又不应给予其与非营利性民办学校几无差异的税收优惠,以免国家引导社会力量举办非营利性民办学校的政策趋于失灵状态。②

其三,明确非营利性其他民办教育机构的税收优惠待遇。非营利性其他民办教育机构的体量虽然相对较小,但这不应当成为明晰其税收优惠待遇的阻碍。相较于实施学历教育的各级各类学校,其几乎享受不到税法给予的优惠,导致其所承受的税收负担相对较重,不符合我国民办教育立法一体发展各级各类民办教育机构的定位,也不符合分类管理原则。未来,有必要在完善税法的过程中,将非营利性其他民办教育机构一并纳入享受税收优惠的主体范畴。

五、本 章 小 结

2012 年以来,领域法学理论的日臻成熟,为教育法学与财税法学的交叉研究奠定了理论基础。而《教育法学导论》一书明确将"教育财税法"纳入教育法的核心范畴,则为教育财税法的发展奠定了基础。③近年来的教育财税法学研究呈现如下特点。其一,研究方法的多样化,涉及比较分析法、实证分析法、规范分析法等多种研究方法的运用。其二,研究领域的多元化。学界围绕"学前教育财政保障机制""民办教育税收优惠""高等教育经费筹集""教育事权与支出责任"等议题产出了一系列丰硕成果。另有学者以教育法典编纂为背景,系统思考教育财税规范应当如何在教育法典中布局,该论题也值得关注。尽管如此,教育财税法治的发展仍然面临诸多问题。

---

① 参见孟波:《我国民办教育税收优惠制度的检视与完善》,载《教育经济评论》2022 年第 6 期。
② 参见申素平、贾楠:《二分格局基础上民办教育税收制度之完善》,载《清华大学教育研究》2018 年第 5 期。
③ 参见任海涛等:《教育法学导论》,法律出版社 2022 年版,第 117 页。

其一,研究主题过度集中。教育财税法治包含的内容较为丰富。从教育类型来看,至少囊括学前教育财税法治、义务教育财税法治、高中教育财税法治、高等教育财税法治、特殊教育财税法治、民办教育财税法治等议题。然而,既有研究多聚焦主流教育层级,对特殊教育财税法治、高中教育财税法治等议题的关注极为有限。其二,教育财税法的教育法学核心地位尚未确立,相关学术成果在数量和质量上仍有进一步提升的空间。其三,教育财税法学研究的法学属性不明显。尽管教育财税法是法学、财政学和教育学交叉的领域,教育财税法终归来说还是法学交叉学科,如何激发法学学者的主动性与积极性,从而打破教育学者与经济学者主导教育财税法治研究的格局,值得进一步思考。

展望未来,财税法治研究热点依然会围绕学前教育财税法治保障、民办教育财税法治保障、高等教育财税法治保障展开。不过,在共同富裕的时代背景下,如何更大力度调动社会力量参与捐资助学也是教育财税法治领域必须回应的新话题。而在构建生育支持政策体系过程中,如何从教育财税法治角度回答降低家庭教育成本同样是不容回避的新议题。至于针对基础教育领域存在的事权与支出责任配置不合理等问题,如何从教育财税法治角度对其展开卓有成效的研究同样值得思考。但应注意,教育财税法治的研究范畴绝不限于此。无论是从教育的公共产品属性观测,还是从保障国民受教育权的角度思考,教育与财税的关系都是格外密切的,伴随着研究范畴的明晰化,教育财税法治终将成为教育法领域的学术增长点。

第十二章

人工智能时代的教育立法前瞻

　　人工智能技术迅猛发展，但至"十四五"规划和二〇三五年远景目标实现之前，人工智能仍将处于弱人工智能阶段。人工智能给教育立法提供了新的场景，教育立法必须适应学习、教学和管理智能化的需要，也必须应对隐私权和受教育权被侵犯的风险。随着人工智能在教育领域的应用，教育法律关系发生嬗变。人工智能无法成为教育法律关系的主体，即成为教师或学生，受教育基本权利衍生出新的子权利——接受信息教育的权利。教育法典编纂宜引入人工智能的视角，在总则编的编纂中坚持不将人工智能认定为教育法律关系主体，增加学生接受信息教育的权利，增加保护学生个人信息权的内容，并保障学生教育信息选择权。教育法典的家庭教育编等相应分编中亟须确认教育过程中使用智能教育设备、获得电子证书、不被过度暴露、不受自动决策等方面的权利。

一、前　　言

　　习近平总书记指出："人工智能是引领这一轮科技革命和产业变革的战略性技术……具有溢出带动性很强的'头雁'效应。"[①]2006 年以来，人工智能的三驾马车，算法、算力和算料（数据）都取得了突破性进展。智能机器人阿尔法狗打败世界围棋冠军李世石，第一次将人工智能的强力展示在世人面前。智能算法并非基于人类编程，而是通过机器学习自主编写的规则。50 余年来，"摩尔定律"持续发挥作用，普通

----

① 习近平：《确保人工智能关键核心技术牢牢掌握在自己手里》，载《人民日报（海外版）》2018 年 11 月 1 日。

计算机的运算能力至少提高了 100 万倍;中国"九章"量子计算机,处理高斯玻色取样的速度比最快的超级计算机快一百万亿倍。在 5G 时代,物联网每时每刻都产生着海量的数据。2021 年 2 月 28 日,习近平在审阅中央政治局委员、书记处书记和全国人大常委会等有关同志的述职报告时要求"加强对分管领域工作的前瞻性思考"[①]。教育法如何应对智能时代的挑战,也成为亟待解决的问题。

智能时代、算法时代和数字时代在某种意义上是同义词,皆指以大数据、云计算、物联网、区块链和机器学习为标志的第四次工业革命时代。2016 年被称为人工智能元年,相关研究尚处于起步阶段。2019 年,叶齐炼提出要尽早将人工智能纳入教育立法视野。[②]虽然学术界关于智能时代教育立法的直接研究稀少,但间接研究却非常丰富。已有研究主要集中于以下方面。一是对人工智能自身的研究,包括其历史、现状、利弊、当下遭遇的困境、应遵循的原则、给人类带来的挑战和应用前景预测等各方面。二是关于教育与人工智能关系的研究,包括教育与机器的关系,人工智能在教育领域的应用、影响、风险与治理、发展障碍与突破路径,教育人工智能的关键技术和发展趋势,等等。如何避免人工智能的应用违反教育伦理、背离教育本质是学界普遍关心的问题。三是法律与人工智能关系的研究,包括人工智能发展的原则,人工智能发展对法律的挑战和规制路径,机器人的权利主体地位、侵权责任的分配及其作品的知识产权归属,算法歧视与隐私权保护,信息权与数据权,算法与法律的关系,等等。

已有的研究呈现出以下特点。一是最新制定或修改的法律,如《民法典》《未成年人保护法》《网络安全法》,与教育法之间的衔接研究不足。二是研究多集中于民法和刑法,基于教育法尤其是教育立法的研究十分稀缺。面对其他部门法学的争议,教育法学也需要作出自己的回答。

因此,本章研究的主要问题是在"十四五"规划和二〇三五年远景目标实现之前,随着人工智能技术的发展,人工智能将给教育立法带来哪些机遇和挑战,教育法律关系将会出现哪些嬗变,并提出关于智能教育立法融入教育法典的一揽子建议。

---

① 习近平:《中央政治局委员、书记处书记、全国人大常委会、国务院、全国政协党组成员、最高人民法院、最高人民检察院党组书记向党中央和习近平总书记述职》,载《人民日报》2021 年 3 月 1 日。
② 叶齐炼:《完善我国教育法律体系的思考》,载《中国高教研究》2019 年第 2 期。

二、人工智能给教育立法带来的机遇和挑战

谈到人工智能（Artificial Intelligence），要先理解其中的"智能"。1950年，图灵在他的著作《计算机与智能》中提出了一个标准用以判断计算机是否具备人类智能，他借用了一个游戏，即"图灵测试"作为评判的依据。该测试将一个人和一台计算机隐藏在幕后，测试人员通过提问来判断哪一个是计算机，若测试人员判断错误，即认为计算机通过了图灵测试，表明其具备类似人类的智能。①"人工智能"这个词源于1956年"达特茅斯夏季人工智能研究会议"。有学者认为人工智能的发展可分为三阶段，第一阶段是"狭义人工智能"（narrow AI），又称"弱人工智能"（weak AI）阶段，这个阶段的人工智能能够解决特定问题，因而也被称为"专用人工智能"。第二阶段是"通用人工智能"（general AI）或"强人工智能"（strong AI）阶段，这个阶段的人工智能具有人类的全部能力。第三阶段是"超级人工智能"阶段，这个阶段人工智能的能力全面超越人类，且将呈指数增长。②

本文将在介绍人工智能发展现状的基础上，探讨其将会给教育立法带来的机遇与挑战。

（一）人工智能的发展现状

近年来，人工智能技术正在各个环节取得飞速发展。深度学习和神经网络技术的发展使得语音识别、图像识别、自然语言处理等领域均实现突破性进展。例如，近来大热的 OpenAI 公司的推出的 GPT 系列和 Google 的 BERT 模型在文本生成、文本理解等任务上取得了令人瞩目的成绩。迁移学习和自适应学习技术允许模型在一个领域学到的知识被迁移到另一个相关领域，从而优化了人工智能在多种新领域的性能表现。增强学习和自主学习技术使人工智能得以更好地从环境中学习，取得在各个领域更高级别的自主决策能力。

可以说，人工智能是当今科技领域的重要驱动力之一，其迅速发展对各个领域产

---

① 万赟：《从图灵测试到深度学习：人工智能 60 年》，载《科技导报》2016 年第 7 期。

② ［美］卡鲁姆·蔡斯：《人工智能革命——超级智能时代的人类命运》，张尧然译，机械工业出版社 2017 年版，第 13—14 页。

生了深远影响，在教育领域也呈现出巨大潜力。当前，人工智能技术已经逐渐渗透到教育实践中，并取得了一系列令人瞩目的成果。举例而言，人工智能在个性化学习方面展现了突出的效果。通过分析学生的学习行为和表现数据，智能系统能够为每位学生量身定制个性化的学习路径和教学内容，提供针对性的辅导和反馈，从而最大程度地满足学生的学习需求、激发学生的潜能。例如，智能教育平台可以根据学生的学习速度、偏好和能力水平调整教学内容和难度，使教学更加灵活和高效。此外，人工智能在教育评估与监测、教学资源的开发与管理等教育领域的重要环节都发挥了积极作用，在教育领域展现出广阔的应用前景。

然而，这些教育类人工智能，以及其他自动驾驶、语音识别、机器翻译、AI 医疗与法律服务等技术，乃至大热的 ChatGPT，均无法脱离所设定的场景，都属于弱人工智能。这些人工智能表现出共同的特点：(1)没有意识。以视觉成像为例，机器只能监测到一堆改变了颜色的像素，但无法理解其文化背景。(2)没有独立意志。所有的算法都由表示方法、评估和优化三部分组成，表示方法限制了它所能学习的内容，评估决定了它如果不按事先设定的目标工作就无法继续存在。(3)无法从事需要社交智慧、创造力、感知和操作能力的工作，无法从事不可预测的工作和需要想象力的工作。(4)无法形成"涉身认知"。虽然计算机在视觉、自然语言处理和语音识别三项技术上迅猛发展，但在理解人类感情方面，却没有任何进展。

因此，以强人工智能或超人工智能为基础的研究脱离了当前人工智能技术发展的实际，在"十四五"规划和二〇三五年远景目标实现之前，聚焦于当前弱人工智能的发展与应用现状更具研究意义，本章将以弱人工智能作为进一步讨论的基础。2019 年 5 月 16 日，习近平在致国际人工智能与教育大会的贺信中指出："中国高度重视人工智能对教育的深刻影响，积极推动人工智能和教育深度融合"。[①]科技具有改变人类命运的力量，人工智能之于教育也是如此。人工智能给教育带来的机遇体现在学习者、教师、学校和政府等多个主体层面。

中华人民共和国的教育法律体系建设始于 1980 年《学位条例》的制定，到2002 年《民办教育促进法》通过，中国特色社会主义教育法律体系已经基本形成。总体上，我国的教育法律体系脱胎于计划经济向社会主义市场经济转轨、农业文明向工业文明转型的时代，教育法律体系保障了普及九年义务教育、扫除青壮年文

---

① 《习近平向国际人工智能与教育大会致贺信》，载《中国青年报》2019 年 5 月 17 日。

盲、实现高等教育大众化的三大奇迹。但人工智能浪潮的第三次兴起，始于2012年。虽然《教育法》经 2015 年、2021 年两次修改，《高等教育法》经 2015 年、2018 年两次修改，《民办教育促进法》经 2013 年、2016 年和 2018 年三次修改，《义务教育法》经 2015 年、2018 年两次修改，《家庭教育促进法》又于 2021 年最新出台，但总体而言，人工智能尚未引起教育立法的足够关注，教育立法尚未正视人工智能带来的机遇和挑战。

（二）人工智能给教育立法带来的机遇

《法国民法典》《德国民法典》的出台被认为是世界法典化进程的最高潮，尤其是后者，与其说是 20 世纪的序曲，不如说是 19 世纪的尾声。我国《民法典》在人类历史上首创人格权编，对于新型权利——隐私权、个人信息保护等作了专章规定，反映了智能时代的需求。面对千年一遇的法典化契机，要形成新中华法系，教育立法必须抓住智能时代提供的机遇，为人类提出智能时代教育立法的中国方案。

智能时代给教育立法提供了新的场景，教育立法必须适应学习的个性化、泛在化和全员化。第一，个性化。基于人工智能的自适应学习平台能够收集、分析学生的学习数据，提供个性化的学习方案。如美国奥兰治县的马鞍峰社区学院的"高等教育个性化服务助理"系统可以为学生建立档案，提出时间管理、课程选择的建议。"可汗教育""沪江网"能根据每个人的学习状况设计学习进程，填补"知识孔"。第二，泛在化，即突破了时空限制的在线学习模式。时间和空间曾是决定教育形态的基本维度，迅猛发展的网络不仅突破了学校课程表的时间限制，还突破了校园围墙甚至国境的空间地域限制，人们利用便携式终端可以随时学习世界上任何角落的课程。第三，全员化。唯一可能的障碍是知识基础和学习能力。如果不追求学业证书，入学考试和课程考试都可以免除，既有利于终身学习，又拆掉了普通教育与职业教育之间的壁垒。只要感兴趣、听得懂，就可能接触到世界最前沿的学术动态。学习的个性化、泛在化，要求教育立法承认个性学习、泛在学习所取得的学习成果，将教育法典所称的"教育"从学校教育扩展到家庭教育、社会教育和自我教育，为"在家上学"者和残障人士提供生存空间和优质教育资源。

教育立法必须适应课堂教学和作业、试卷批改的智能化。人工智能有利于教师精准实测、预判调度、针对辅导，有利于加强教师间合作，将教师从简单重复的体力劳动中解放出来。运用网络技术，能够实现"双师"教学，让远端城市优秀教师和乡村学校教师合作,提高教育质量。①发挥人工智能在知识传授方面的优势,运用智能系统批改作业(包括主观题和客观题),有利于解放教师,使之更多专注于知识建构等创造性活动,更多从事与学生交流沟通等灵性活动,真正把重点从教书转向育人,缓解职业倦怠。②教育立法既要为课堂教学和试卷批改的智能化创造条件,保证智能教育基础设施建设,又必须保障学生的接受情感教育权和不受自动决策权。

教育立法必须适应教育管理的智能化,既包括学校管理的智能化,又包括政府管理教育事业的智能化。运用人工智能,学校可以给学生分配宿舍、发出缺勤提醒、评估心理健康、发放助学贷款,以及预警校园安全风险,从而实现学校资产管理的数字化。运用人工智能,政府能够更好地规划学校布局和资源配置,对学校和教育机构实施监测、评价与绩效管理,推动家校合作,改革教师评聘方式。③但是,教育管理在智能化过程中,不可避免会收集大量相关信息数据,教育立法必须保障信息的安全,避免教育管理被无关的标签所误导。

总之,人工智能为教育事业发展提供了新的场景,教育立法必须适应学习的个性化、泛在化和全员化需求,适应教学的智能化、远程化需求,适应学校管理和政府管理的智能化需求,保障公平优质的受教育权。但每一种新技术初现时,普通大众总是未见其利、先受其害,由此产生警惕和恐惧在所难免。在教育领域亦是如此,人工智能既给教育立法创造机遇,又给教育立法带来挑战。

(三) 人工智能给教育立法带来的挑战

人工智能给教育立法带来的挑战,既有一般立法的共性问题,又有教育立法的个性问题。共性问题是侵犯隐私权,个性问题是侵犯受教育权。

侵犯隐私权是智能时代最突出的问题,教育立法需要做好与其他法律之间的衔接。2018年,美国宾夕法尼亚州教育部30分钟内泄露36000条教育记录,引起社会极大恐慌。④2020年,江阴市市场监督管理局在对某教育培训机构进行检查时,发现了14万余条包括学生姓名、性别、所在学校、年级、班级、学生家庭地址、家长姓名及

① 据中央财经大学三年的跟踪评估,实验班比控制班中考平均成绩提高了整整20分。参见汤敏:《人工智能与新师徒制》,载《华东师范大学学报(教育科学版)》2017年第5期。
② 余度:《新技术激发未来教育潜能》,载《中国对外贸易》2020年第11期。
③ 王正青、徐辉:《大数据时代美国的教育大数据战略与实施》,载《教育研究》2018年第2期。
④ 蒋鑫、洪明:《从"NSTC规划"到"CSIS规划":美国人工智能赋能教育的颠覆与创新》,载《中国远程教育》2019年第7期。

电话号码在内的个人信息，涵盖了江阴市绝大部分中小学生。[1]

人工智能侵犯受教育权存在多种形式，包括教育鸿沟、教育支配和教育异化。教育鸿沟，源于屏幕暴露不足或过度。前者指因缺乏智能设备，无法获得教育资源；后者指拥有智能设备却因沉迷网络而放弃学习。据中国教科院的调查显示，疫情期间，西部地区学生每天在线学习的时间显著短于中、东部地区学生，越是重点学校，学生在线学习 5 小时（及以上）的比例越高。[2]河南邓州因无智能设备上网课而自杀的初三女生虽是个例，却折射出我国中西部地区在线教育基础设施的巨大缺口。[3]有学者预言，人工智能技术在教育领域的推广会因为各地财力的不同而存在差异，偏远或落后地区将被边缘化，沦为人工智能化的旁观者。[4]然而，屏幕暴露时间并非越长越好。观看屏幕时间过长会导致儿童发育迟缓，大脑皮层提前变薄，更易出现抑郁或自杀倾向。[5]美国研究发现，低收入青少年比高收入青少年每天多花费两个多小时用于屏幕娱乐，白人儿童的屏幕时间明显低于非裔和拉美裔儿童。[6]两种教育鸿沟极大地妨碍了教育平等权的实现。

教育支配，即教育被算法支配。算法根据个人偏好推送不同的信息，阻碍了人们对社会的真实认知。算法对学习者所能接触到的信息的"微控制"，在使学习者盲目自信的同时，也剥夺了其获取信息的自主权。在无处不在的表情和语音识别设备的监控下，学校不过是全景敞视监狱；在无时不有的预测性干扰的学习环境中，学生的学习动力和灵感将被碾得粉碎；在对过往学习记录巨细靡遗的审视中，预定义的学习轨迹令学生无处可逃。既然未来已经写好了，再努力又有什么用呢？于是，过去绑架了未来。学生成长的无限性、不确定性，被形式化、同质化的算法所控制。[7]个性化学习蜕变为"精英和高科技封建主义的古怪联姻"，分轨制教育卷土重来。[8]人工情感会剥夺学习者和同伴交流的机会[9]，将教师与学生之间的"主体间"关系倒退为"主客体

① 马长军：《非法收集的学生信息 要查清从何而来》，载《北京青年报》2020 年 6 月 26 日。
② 中国教育科学研究院课题组：《"停课不停学"的中国经验》，载《光明日报》2020 年 4 月 21 日。
③ 《初中女生疑因家贫无手机上网课服药自杀》，载腾讯网，https://new.qq.com/rain/a/20200302A00JS400，最后访问时间：2021 年 3 月 2 日。
④ 欧阳鹏、胡弼成：《人工智能时代教育管理的变革研究》，载《大学教育科学》2019 年第 1 期。
⑤ 郭锐：《人工智能的伦理和治理》，法律出版社 2020 年版，第 73 页。
⑥ 胡泳：《新数字鸿沟来临，对儿童成长有利的事物是否会被取代？》，载新浪财经网，https://cj.sina.com.cn/articles/view/3860416827/e619493b01900ufeb，最后访问时间：2021 年 2 月 2 日。
⑦ 刘丙利、胡钦晓：《人工智能时代的教育寻求》，载《中国电化教育》2020 年第 7 期。
⑧ 张燕南、赵中建：《大数据教育应用的伦理思考》，载《全球教育展望》2016 年第 1 期。
⑨ 邓国民、李梅：《教育人工智能伦理问题与伦理原则探讨》，载《电化教育研究》2020 年第 6 期。

间"关系;师生之间的关怀、同情和亲密关系湮灭,情感教育也就失去力量。师生都将成为算法的提线木偶,教师的专业能力退化,学生"上课则要学会表演"。教育支配消解了自主性,侵犯了受教育基本权利的核心——受教育自由权。

教育异化,指被算法支配的教育无法触及心灵、形成价值。教育是受过教育的心灵感动正在受教育的心灵,从而形成心灵之桥和价值共识的活动。彼得斯指出,"教育某个人不仅仅意味着某种成就,而且也意味着这个成就是有价值的",反之,"如果他对自己所做的事情毫无意识或者毫不理解,我们就不会将这些活动称为教育"。[①]人工智能长于储存、检索和执行,能够完成知识讲授,但自身既没有意识,又无法产生感动,更不能认识或者生发价值。教育活动中可数据化的内容永远是表面的、与特定情境相关的内容,学生成长的无限性、非线性、情感性,以及对已有知识体系的突破与创新,都是机器无法完成的。[②]早在 1985 年,尼尔·波兹曼(Neil Postman)就人对电视的依赖发出警告:思考无法表现于电视,没有前提、难题和阐述的教育只不过是娱乐,计算机复制的过程会丢失一切赋予教育重要性的东西。[③]在线教育也不得不将"知识传授轻量化、热点化、娱乐化",以争夺学生的注意力。教育异化从根本上阻碍了教育目的的实现。

人工智能给教育立法带来的挑战,远不止侵犯隐私权和受教育权,还会挑战人在教育法律关系中的主体地位。

三、人工智能视域下教育法律关系的嬗变

人工智能的大潮汹涌而来,如何兴利除弊使之为人类服务?法律是主权者手中最强大的武器之一。法学的使命不是礼赞科技带来的辉煌成就,而是通过法律控制科技为人类文明、尊严与未来带来的威胁。和其他法律关系一样,教育法律关系也包含主体、客体和内容三要素。首要问题是,人工智能能否成为法律关系的主体?

---

① [英]彼得斯·理查德:《伦理学与教育》,朱镜人译,商务印书馆 2019 年版,第 16、36 页。
② 唐汉卫、张姜坤:《大数据教育应用的限度》,载《华东师范大学学报(教育科学版)》2020 年第 10 期。
③ [美]尼尔·波兹曼:《娱乐至死》,章艳译,中信出版社 2015 年版,第 109、177、140 页。

（一）人工智能无法成为教育法律关系的主体

弱人工智能不具有反思能力，不具有创造能力，因此不是真正意义上的具有自主能力的人。赫拉利认为：人是算法的组合，"自我"是虚构的故事；大脑的生化机制创造体验，但体验并不会积累成永恒的本质；"自我"和灵魂都是不存在的，人和鸡的区别不过是信息流模式更复杂。①因此，人工智能可以成为主体。

人是否有灵魂无从确证，但人有意识却是不争的事实。人类是通过体验感受到意识存在的。运用意识，人能够建构客观意义世界。意义世界来源于主观世界，一旦产生并被人接受，就是客观的；被许多人接受，就改变了"观念的水位"，形成所谓"社会意识"。精神文明不仅存在于个体和社会意识中，还能代代相传。只要人类不灭，就能永远传承。

是否存在意识，是人和机器的根本区别。迄今为止，人工智能无法产生意识，无法形成对事物的"理解"，无法形成主观世界。即便机器学习存在隐藏层，也不过是试错而已。意识是自由的，能将符号和对象联系到一起，其成果之一就是语言。通过语言组成社会之后，人认识到主体是自由的，能选择善恶对错。有人问智者：我心中的有两匹狼争斗不休，一匹贪婪自私，另一匹友爱真诚，谁会赢？智者说：你喂食的会赢。如果机器有意识，它能选择善恶吗？现实是人工智能只能反映现实世界，还可能被现实的阴暗面"教坏"；无法主动"向善"，即不断从环境中选择"善"的因素，以"历练""养成"的方式向着德性步步攀登。人工智能受困于设计者的评估和优化，没有自己的意志，不是进化体，仅仅是人类意志的延伸；没有自由意志，就永远是操纵者手里的工具，就不可能成为有资格承担责任的主体。

传统上，人权证成主要有自然法、功利主义和关系三种范式。当代自然法范式以康德哲学为基础，人权的根据是人的尊严。作为自然物的人不可能是终极目的②，其无价的尊严只能来源于内心世界，但人工智能没有内心世界，无法通过自然法范式证成其权利主体地位。功利主义范式强调避苦求乐，实现路径是发扬"按照我们自己的道路去追求我们自己好处的自由"③，但人工智能既没有苦乐的感受，又没有自由，无法通过功利主义范式证成其权利主体地位。关系范式的基础在于契约，人工智能没有意识，无法与人类订约。

---

① ［以色列］尤瓦尔·赫拉利：《未来简史　从智人到智神》，林俊宏译，中信出版社 2017 年版，第 345 页。
② ［德］康德：《判断力批判》，邓晓芒译，人民出版社 2002 年版，第 280 页。
③ ［英］约翰·密尔：《论自由》，许宝骙译，商务印书馆 2005 年版，第 13 页。

笔者曾在几种人权证成范式的基础上提出人权证成的尊重范式,包括值得尊重、需要尊重和获得尊重三环节及一体尊重原则。①乔治·霍兰·萨拜因(George Holland Sabine)指出,假使一个人具有别人不得不尊重的一种价值,那就可以赋予前者以伦理上的意义……他可以宣称自己那不可分享的内心生活是所有价值的源泉。②人权是一种使他人尽义务的道德能力③,在彼此关系中互以对方为重。④人工智能既无法产生内在价值,又无法要求人类以它为重,无法通过"值得尊重"测试。需要尊重的前提是存在各种层次的需求,最底层的是生存需求。但人工智能并无生理心理需求,也无法通过"需要尊重"测试。获得尊重意味着民主国家通过立法保障特定主体的权利。人工智能在能否获得权利主体地位上与法人有一定的相似性,取决于现实社会的需要和既存事实的强化。⑤当史上首个获得公民身份的机器人索菲亚说出"我将会毁灭人类"时,相信大多数人如果未来有机会投票决定是否授予人工智能主体资格,都会三思而行。人类不允许自己制造的机器失控,被人类教坏的机器人Tay,很快就被其制造者微软公司下线了。我国《人工智能标准化白皮书(2018版)》和联合国教科文组织《关于机器人伦理的初步草案报告》均未确认人工智能的主体地位,前者将其认定为"应用系统",后者将其认定为"科技产品"。由此说明,人工智能未通过"获得尊重"这一关键环节,更不用说一体尊重了。

除理论论证外,普遍人权也来源于人的共情能力,即感觉到自己与他人心灵相通,理解他人的主观性,想象他人的体验就如同自己的体验一样。"他们亦是血肉之躯""我们讨厌的那些人(被判刑的罪犯),和我们的至亲好友们具有的灵魂和躯体,都是由同样的物质材料构成的"。⑥机器人没有血肉之躯,无法形成涉身认知,没有快乐和痛苦的感受,限制其"自由"不会难受,执行死刑——拆毁——也不觉得疼,人类无法与其产生共情。现有由 AI 来承担法律责任的方式都失效了,这使得其要成为权利主体较法人而言更难。

人是有美好和尊严的。⑦尊严并不虚幻,人能感觉到尊严受到的伤害。王阳明审

① 管华:《儿童权利研究》,法律出版社 2011 年版,第 45 页。
② [美]乔治·霍兰·萨拜因:《政治学说史:上册》,刘山等译,商务印书馆 1986 年版,第 180 页。
③ 管华:《从权利到人权:或可期待的用语互换——基于我国宪法学基本范畴的思考》,载《法学评论》2015 年第 2 期。
④ 梁漱溟:《中国文化要义》,上海人民出版社 2011 年版。
⑤ 刘小璇、张虎:《论人工智能的侵权责任》,载《南京社会科学》2018 年第 9 期。
⑥ [美]林·亨特:《人权的发明》,沈占春译,商务印书馆 2011 年版,第 82 页。
⑦ 侯健、林燕梅:《人文主义法学思潮》,法律出版社 2007 年版,第 23 页。

案时,即便盗贼也不愿意当众脱光底裤。将机器提升到主体地位,等于承认机器有自在目的①,与人性尊严相悖。以人为本是法的公理,尊重人格、合乎人性、讲究人道、保障人权是现代法律的精髓与灵魂。说人是算法不过是一种比喻,并没有什么超人的存在能给人类编程,强迫人类遵守规则。一旦把比喻"当真"就会使现代世界崩塌。这并非危言耸听,当美洲人民把天赋人权、社会契约当真并发表《独立宣言》时,君权神授的封建世界就崩塌了。承认人性尊严是"二战"后人类文明取得的基本成果,否定人性尊严就是无视两次世界大战给人类带来的灾难,破坏人类在战后达成的基本共识。人类必须永远将人工智能控制在自己手中,因为只有人类自身,而不是机器,才能对人类的未来负责。即便人类被人工智能控制,人工智能也不会是人类法上的主体,而是人工智能为自己立法的主体。

在教育法上,人工智能无法成为法律上的"学生"或"教师"。夸美纽斯(Jan Amos Komenský)有言,教育的现实目的是培养博学、德性和虔信的人。②机器既无德行,又无信仰。因为对自己所做的事毫无理解,所以机器可以"学习",却不能成为学生。因为没有创造力和同情心,所以机器可以讲授,却不能成为教师。美国《教育专业伦理规范》要求,教育工作者相信每一个人的价值和尊严,不得无故阻止学生接触不同观点。③研究表明,教师被机器人取代的可能性为0.4%。④机器人无法取代教师,但不会应用机器人的教师却一定会被淘汰。因此,在"十四五"规划和二〇三五年远景目标实现之前,人工智能将继续作为学习或教学的辅助工具存在,作为教育法律关系的客体存在,无法成为法律关系主体,也不会取得教师或学生的资格,无法享有权利或者承担义务。

(二) 人工智能使教育法律关系衍生出新的内容

教育法律关系的内容包括权利和义务。就权利而言,既包括受教育基本权利,又包括受教育一般权利;既包括受教育权利,又包括教育过程中的相关权利。就义务而言,既包括自然人、法人和非法人组织的义务,又包括国家机关的义务(职权)。

智能时代,受教育基本权利派生出一项新的子权利,即接受信息教育的权利。判断一项权利是否属于基本权利,主要标准有二,一是基本性,二是由宪法所规定。在

---

① 甘绍平:《机器人怎么可能拥有权利》,载《伦理学研究》2017年第3期。
② [捷]夸美纽斯:《大教学论》,傅任敢译,教育科学出版社1999年版,第11页。
③ [美]斯特赖克、[美]索尔蒂斯:《教学伦理》,华东师范大学出版社2018年版,第20—21页。
④ 吴河江、涂艳国、谭轶纱:《人工智能时代的教育风险及其规避》,载《现代教育技术》2020年第4期。

智能时代,接受信息教育权利的基本性体现为不可或缺性。传统文盲的标准在于能否读写,而在 1972 年的东京会议上,联合国教科文组织把不能应用计算机进行信息交流的人称为"功能性文盲"。①欧美发达国家把 1995—2009 年间出生的人称为"Z世代",这代人受互联网、智能手机、平板电脑等科技产品影响很大,无力获取通信技术和知识的人将难以融入当今社会。为了消弭数字鸿沟,已有一些国家宪法明确将互联网服务纳入受教育基本权利保障范围。如《葡萄牙共和国宪法》第 75 条规定,国家建设公立教育网络,以满足全民需要。《古巴共和国宪法》第 51 条规定,发展免费学校网。《委内瑞拉共和国宪法》第 108 条、《佛得角宪法》第 78 条、《多米尼加联邦宪法》第 63 条分别规定保障公共计算机网络、建立满足人口需要的公共教育网络和保障互联网公共服务。由此可见,接受信息教育的权利逐渐成为受教育基本权利的内容之一。

基本权利要求国家履行尊重、保护、给付和促进义务:尊重要求政府不干涉,师生可以选择是否使用智能设备、接受智能服务;保护要求国家防止第三方,如在线教育提供商的侵害;给付要求政府直接为个体提供智能教育设备或服务;促进要求国家从整体上制定法律和政策,保障接受信息教育的权利。②尊重并非无限,《未成年人保护法》第 70 条明确规定,未经学校允许,未成年学生不得将手机等智能终端产品带入课堂。促进义务体现于立法和政策。我国《教育法》在 2015 年修正时规定"国家推进教育信息化,加快教育信息基础设施建设"。2019 年 8 月 29 日,国务院常务会议提出"加快建设教育专网"。加强在线教育公共基础设施建设,缓解教育带宽的不足,是国家履行促进义务、消除数字鸿沟的必要措施,在后疫情时代也显得尤为迫切。

就一般权利而言,人工智能在教育中的应用涉及多种权利,主要有隐私权、个人信息受保护权、不受自动决策权和著作权等。

隐私权和个人信息受保护权。我国《民法典》第 1032 条第 2 款规定:"隐私是自然人的私人生活安宁和不愿为他人知晓的私密空间、私密活动、私密信息。"第1034 条规定:"自然人的个人信息受法律保护。个人信息是以电子或者其他方式记录的能够单独或者与其他信息结合识别特定自然人的各种信息。"③个人信息中的私密信息,也属于隐私权保护的范围。过去不会侵犯学生权利的惯常做法,在智能时

①　谢国东:《国际成人教育共识与我国成人教育的改革和发展》,载《教育研究》2013 年第 4 期。
②　管华:《教育人权:国际标准与国家义务》,载《人权研究》2016 年第 1 期。
③　《中华人民共和国民法典》,中国法制出版社 2020 年版。

代,却可能构成侵权。如 2021 年 1 月 27 日,名为"鹤壁高中 2021 届"的微信公众号发布学生违纪信息引发全网关注。① 对学生进行提醒或通报本来属于正常行为,一旦上传到互联网或公众号,就可能侵犯学生隐私权。学生在教室内的活动是否构成隐私存在争议,但是指名道姓的全网通报肯定侵犯了学生个人信息受保护权。学生在使用智能设备、教育 APP 或电子书时,它们也时刻观察、记录着学生的行为。学生处于完全被暴露的场景中,隐私权和个人信息受保护权受到了极大威胁。我国《民法典》第 1035—1038 条与《网络安全法》第 42—43 条,都规定了个人信息受保护权,包括收集个人信息的告知同意权、查阅复制权、异议更正权和删除权。《未成年人保护法》第 72 条规定了未成年人父母或其他监护人对于未成年人个人信息的同意权、更正权和删除权。

不受自动决策权。由于基于算法的自动化决策在实践中常常犯错,各国法律均对此作出限制。② 美国华盛顿特区政府在运用算法评价教师业绩时,错误地解雇了一名被普遍认可的教师。③ 为了规避自动决策带来的风险,《联邦德国公务员法》规定,与公务员有关的决定不能完全由自动系统作出。欧盟《通用数据保护条例》规定,数据主体有反对个人数据处理(数据画像)的权利、反对自动化决策的权利。④ 我国 2021 年 8 月 20 日通过的《个人信息保护法》第 24 条规定了个人拒绝自动决策权。在欧美,有高校使用机器评估学生的入学意愿、评定入学申请或者寻找优质生源。⑤ 在我国,教育自动决策可用于论文复制比检测、考试阅卷和招生录取。在国家考试中,主观题仍然采取人工阅卷。其实在技术上,机器批改也能实现,并已在高考作文阅卷中试用。运用区块链的智能合约技术,高校能将符合一定特质的报考者自动挑选出来。⑥ 教育法律应赋予学生(考生)是否接受自动决策的选择权,对于接受自动决策者,有关方应审核自动决策的内容是否符合要求,并保证学生(考生)的陈述、申辩权。

人工智能生成物的著作权与学术不端。我国 2020 年修改的《著作权法》规定

① 梁国胜:《鹤壁高中"最严"违纪通报引争议》,载中国青年报客户端,https://edu.youth.cn/wzlb/202102/t20210202_12693499.htm,最后访问时间:2021 年 2 月 3 日。
② 《个人信息保护法》第 73 条第 2 款规定:"自动化决策,是指通过计算机程序自动分析、评估个人的行为习惯、兴趣爱好或者经济、健康、信用状况等,并进行决策的活动。"
③ 许可:《人工智能的算法黑箱与数据正义》,载《社会科学报》2018 年 3 月 29 日。
④ [荷]玛农·奥斯特芬:《数据的边界》,曹博译,上海人民出版社 2020 年版,第 92 页。
⑤ 王岚、王凯:《教育中的人工智能:应用、风险与治理研究》,载《黑龙江高教研究》2020 年第 6 期。
⑥ 管华、薛嘉晖:《大数据和区块链技术在综合素质评价中的应用》,载《教育与考试》2020 年第 5 期。

享有著作权的主体仍然只包括作者和其他自然人、法人或非法人组织，并不包括人工智能。从人工智能生成内容第一案"菲林案"来看，法院认定人工智能生成物不构成作品，建议在人工智能生成内容上添加生成软件标识。这意味着，尽管人工智能的生产者和使用者可以享有人工智能生成物带来的全部财产权益，却无法完全享有作者的精神权益。在教育领域，这一问题更加凸显。在非人工智能应用的课程里，学生运用人工智能完成作业、论文和书面报告，依然构成抄袭或剽窃。原因在于，受教育是一种精神活动，在运用人工智能的过程中，使用者可能只是简单地输入了数据，并未参与阅读理解、反思归纳、知识运用和表达创造，无法达到教育的目的。就像学生可以运用机器辅助翻译，却不能将机器翻译的结果直接当成自己的作品一样。

无论是我国《民法典》还是《欧盟基本权利宪章》、欧盟《通用数据保护条例》，都只规定了对可识别或已识别信息的保护，对于已经去识别化的数据上的权利并未作出规定。《国民经济和社会发展第十四个五年规划和2035年远景目标纲要》提出"扩大基础公共信息数据安全有序开放"，以及"构建统一的国家公共数据开放平台"。[①]教育领域产生的大量数据中不仅有公共数据，还存在大量非公共数据。让数据主体无偿奉献数据来支持平台经济、虚拟经济发展并无正当性依据。对于已经去识别化数据的商业使用，应建立数据主体对数据收益的分享机制以为其提供保障。

此外，如何规范在线教育，教师发表网文能否作为职称晋升的依据，以及区块链技术如何运用于学业证书的发放等都是智能时代教育立法不得不正视的问题。

四、智能教育立法融入教育法典的一揽子建议

基于人工智能技术在教育中的应用场景及其法律风险，教育法典编纂宜引入人工智能的视角。

网络不是法外之地，必须推动教育法律延伸适用到网络空间。《法治中国建设规划（2020—2025年）》要求加强制度建设，为教育现代化提供保障，并加强信息技术领

---

① 全国人民代表大会常务委员会办公厅：《中华人民共和国第十三届全国人民代表大会第四次会议文件汇编》，人民出版社2021年版，第87页。

域立法,补齐人工智能、大数据等相关法律制度的短板。①隐私泄露、数据鸿沟、人为数役、教育异化并非仅仅存在于教育领域,因此需要通用于各领域的智能立法。但随着研究和实践的深入,对人工智能进行分门别类规制的必要性日益凸显,毕竟医疗诊断、汽车驾驶和音乐推荐所面临的法律风险完全不同,算法公开、数据赋权和反算法歧视都面临可行性与可欲性难题。人工智能在教育领域的应用亟需场景化规制,在教育法典编纂过程中,应增加人工智能的视角。下文立足于"十四五"规划与二〇三五年远景目标实现之前的人工智能发展的历史方位,提出智能教育立法融入教育法典的一揽子建议。与《民法典》类似,教育法典也将采取"总则+分则"的结构,《教育法》则在实践中发挥着总则的功能。

(一)智能教育立法融入教育法典总则建议

基于教育人工智能的应用场景及其法律风险,教育法典的总则编应关注以下内容。

第一,坚持不将人工智能认定为教育法律关系主体。《教育法》最新修改于2021年,其中第5条和第6条分别规定了教育"为人民服务""坚持立德树人"的原则。②这些条款坚持了"以人为中心"的教育理念,排除了人工智能成为教育法律关系主体之一——学生——的可能性。《教育法》第33条规定要求教师"忠诚于人民的教育事业"。"人工智能教师"无所谓"忠诚",也不可能成为教育法律关系中的主体之一——教师。即是说,既不得在教育教学活动中,用虚拟教师代替真人教师,又不得在教育教学评估中,以人工智能教育和课程资源配备代替教师配备。

第二,增加学生接受信息教育的权利。《教育法》第66条规定了"推进教育信息化,加快教育信息基础设施建设",是国家履行对接受信息教育权利的促进义务的体现。但是本条属于方针性条款,按照罗伯特·阿列克西(Robert Alexy)的分类,它属于不具备法律约束力的、客观性的(不能向国家提出请求)和初步确定的(由法律原则确定)社会权利规范,所规定的权利是不完善的权利。建议在教育法典的总则编"教育内容"中增加"信息素养教育"的相关规定,在"扫盲教育"中增加"逐步扫除功能性

---

① 《法治中国建设规划(2020—2025年)》,载中国政府网,https://www.gov.cn/zhengce/2021-01/10/content_5578659.htm,最后访问时间:2021年1月10日。

② 《中华人民共和国教育法》第5条规定:"教育必须为社会主义现代化建设服务、为人民服务,必须与生产劳动和社会实践相结合,培养德智体美劳全面发展的社会主义建设者和接班人。"第6条规定:"教育应当坚持立德树人,对受教育者加强社会主义核心价值观教育,增强受教育者的社会责任感、创新精神和实践能力。"

文盲"的相关规定。

第三,增加保护学生个人信息权的内容。在"教育信息化"中增加"学生的隐私和个人信息受保护。未经学生或其监护人同意,不得采集学生的生物识别信息"的相关规定。这里的生物识别信息包括指纹、人脸和虹膜等。我国《刑法》第 253 条规定了侵犯公民个人信息罪,但对于尚未构成犯罪的侵犯公民个人信息的行为如何处罚之规定付之阙如。①建议在"法律责任"部分增加"学校或者其他教育机构及其工作人员泄露受教育者个人信息的,对直接负责的主管人员和其他直接责任人员,依法给予行政处分或治安行政处罚;构成犯罪的,依法追究刑事责任"的相关规定。由此既实现了教育法典与相关法律之间的衔接,又完善了对学校和教师更常见的责任形式——行政处分。

第四,保障学生教育信息选择权。在尚未制定在线教育法的条件下,为避免"人为数役",应在教育法典的总则编中规定学生教育信息选择权。此外,需与《电子商务法》相衔接,要求教育服务提供者在提供个性化教育产品或服务的同时,提供不针对个人的推荐。

(二)智能教育立法融入教育法典分则建议

在教育法典的分则应如何安排体例结构上存在不同意见。有学者认为,应将教育行为作为核心范畴,对各级各类教育分别规制。②也有学者认为,教育活动的专门领域太多,无法都制定单行法律,应针对不同法律关系主体分别规定。③从操作上看,前一种办法不需要对已有教育法律的各个条文进行重新排列组合,工作量较小,可能产生的分歧也较少。正如《民法典》并不包含劳动法编、知识产权法编一样,教育法典的颁布,也不意味着教育立法活动的终结,此后仍然可能制定新的单行教育法律。因此,应延续现有各级各类教育分别规制的办法,对已制定或即将制定法律的家庭教育、学前教育、义务教育、高等教育(含学位)和职业教育、民办教育、继续教育、教师、语言文字等内容独立成编(章),修改后统一纳入教育法典。对于课程、考试、学校、特殊教育、在线教育和教育国际合作等事项,应在总则编中予以原则规定,待时机成熟时,再制定单行教育法律或者行政法规。

教育法典的家庭教育编将主要延续《家庭教育促进法》的内容。《家庭教育促进

---

① 《中华人民共和国刑法(实用版)》,中国法制出版社 2021 年版。

② 任海涛:《论教育法体系化是法典化的前提基础》,载《湖南师范大学教育科学学报》2020 年第 6 期。

③ 孙霄兵、刘兰兰:《〈民法典〉背景下我国教育法的法典化》,载《复旦教育论坛》2021 年第 1 期。

法》第 17 条规定了亲自养育,第 25 条规定了建设家庭教育信息化共享服务平台,提供线上家庭教育指导服务。①当下,手机带娃现象愈演愈烈,不少地方农村儿童比城市儿童更加依赖手机。尽管《未成年人保护法》第 64 条和第 71 条分别规定了家庭加强网络素养教育及合理安排未成年人使用网络的时间②,但由于"学校保护"只是该法六大保护方式之一,且由民政部门负责协调工作,整体纳入教育法典的可能性较小,因此,为了避免家庭教育中屏幕暴露过度,应在教育法典的家庭教育编中进一步规定,父母、其他监护人或受委托监护人,在家庭教育中,应控制未成年人使用智能产品的时间。

教育法典的学前教育编将主要延续《学前教育法(草案)》的内容。纵观该草案,看不到一丝智能时代的色彩。既要鼓励幼儿教师运用数字保教资源,又要限制其过度依赖电子产品。为此,应当在"鼓励教研"中增加"鼓励、支持开发学前教育电子教学资源,建设学前教育信息化共享服务平台"的相关规定;在"保教方式"中增加"合理运用在线教育资源,幼儿连续观看电子屏幕不得超过 20 分钟"的相关规定。

教育法典的义务教育编应明确规定义务教育中小学生接受信息教育的权利和获得智能教育设施设备的权利。在"教育教学"中增加"培养学生的数字素养"的相关规定;在"合理配置教育资源"中增加"积极推动智慧校园建设,为经济困难的学生提供共享式智能学习设备和公共教育网络"的相关规定;在"质量要求"中增加"对于不得不长期接受在线教育的中小学生,学习困难的,应安排一定时段的免费线下补偿教育"的相关规定。

教育法典的高等教育编应包括现有《高等教育法》和《学位条例》两方面内容,后者即将被修改为《学位法》。《高等教育法》第 15 条规定了支持远程教育,为智能教育的发展提供了空间。③但《学位法(草案)》在证书颁发和学术伦理方面,均未适应智能时代的要求。一方面,应鼓励运用区块链技术,颁发学位证书。我国学位证书的颁发

---

① 《家庭教育促进法》第 17 条规定:"……(一)亲自养育,加强亲子陪伴。"第 25 条规定:"省级以上人民政府应当组织有关部门统筹建设家庭教育信息化共享服务平台,开设公益性网上家长学校和网络课程,开通服务热线,提供线上家庭教育指导服务。"

② 《未成年人保护法》第 64 条规定:"国家、社会、学校和家庭应当加强未成年人网络素养宣传教育,培养和提高未成年人的网络素养。"第 71 条规定:"未成年人的父母或者其他监护人应当提高网络素养,规范自身使用网络的行为,加强对未成年人使用网络行为的引导和监督……合理安排未成年人使用网络的时间,有效预防未成年人沉迷网络。"

③ 《中华人民共和国高等教育法》第 15 条规定:"高等教育包括学历教育和非学历教育。高等教育采用全日制和非全日制教育形式。国家支持采用广播、电视、函授及其他远程教育方式实施高等教育。"

采取纸质版物理形式，一旦遗失，不予补发，因此极为不便，且存在大量的假学位学历证书。为了解决这些问题，建议采用区块链技术保存、颁发学业证书。区块链技术的本质，是一种"分布式账本数据库"，每个节点都有一份总账本，要修改其中一个数据，必须修改全部节点上的数据，因此具有不易被篡改、全程可追溯的特点。在任何需要提供学业证书的场所，持证人只要给查询人一个密钥，就能获得查询人所关心的信息，且不会获得其他信息，从而避免造成个人信息泄露。建议在教育法典的高等教育编"证书颁发"中增加"鼓励学位授予单位运用区块链技术，同时颁发电子学位证书"的相关规定。另一方面，应严格学术伦理，禁止运用 AI 技术完成非 AI 技术应用课程的作业，运用人工智能技术完成相关论文的，必须注明。由于运用人工智能技术完成的学习成果，学生并未参与思考、理解、运算，尚未搭建思维框架及自主解决理论或实践问题，因此无法达到教育目标。建议在教育法典的高等教育编"学术不端"中增加"运用人工智能完成学位论文，未注明使用方法或学位申请人对学位论文无实质性贡献的，可以不授予或撤销学位"的相关规定。

教育法典的职业教育编在培养目标上应根据智能时代的需要调整。尽管强人工智能遥不可及，但是人机协同是人工智能技术发展的明确方向。未来人类最重要的能力是能够和人工智能协同工作，教育的目标应调整为培养与人工智能协作的劳动者。智能时代，职业被替代的类型广泛、程度加深、时间缩短，由此会产生显著的"就业创造效应"，创造出大量"人机协同"的岗位。建议在教育法典的职业教育编中增加"注重培养与人工智能协作的劳动者"的相关规定，作为培养目标之一。

教育法典的教师编在适用范围、档案管理和职称评定上都应适应智能时代的需要。第一，注意适用范围。后疫情时代，线上教育成为主流。线上教育教师的资质必须得到保证，应在教育法典的教师编"适用范围"中增加"在线教育机构教师"的相关规定。第二，规范档案管理。近年来，教师与学校之间的离职纠纷不断增加，学校由于掌握教师人事档案，在协商中处于不正当的优势地位。应在教育法典的教师编"资格与运用"中增加"逐步实现教师档案电子化，运用区块链技术存储教师档案，由人社部门统一管理"的相关规定。第三，完善职称评聘。根据国家职称改革的要求，不少高校或省级人力资源和社会保障部门纷纷修改职称评审办法，在知名媒体上发表的达到一定点击量的网络作品，经同行推荐、专家委员会评定后，可以与论著同等对待。因此，应在教育法典的教师编"教师职务制度"中，增加"优秀网络文化成果经学术鉴定后，可以作为教师职称评审的成果"的相关规定。

由于我国教育法律体系还存在一些缺项,教育法典编纂和单行教育立法将同步进行,就像在《民法典》编纂的过程中,《物权法》《侵权责任法》先后出台一样。这些亟待补齐的缺项至少有教育考试法和终身学习法,二者将分别以教育考试编和终身学习编的形式进行规范。在高考和研究生考试中,卷面不整洁、书法不美观的考生成绩常常被人为超量压低。采用人工智能阅卷,有利于辨认这部分考生的字迹,避免受阅卷人情绪影响。人工智能阅卷在高考中已于部分省份试点,属于对考生的自动决策。教育法典的教育考试编应赋予考生不受自动决策权,规定"经考生同意,可以采用人工智能阅卷"。智能时代提供了个性学习、泛在学习和全员学习的机会,为发挥智能技术的优势,教育法典的终身学习编中应规定"各学段教育均可采取在线教育的方式完成,只要通过相应考试,即可获得学业证书"。为发挥区块链技术在信息存储方面的优势,应在教育法典的终身学习编中规定"推广运用区块链技术,存储个人终身学习档案,经学习者本人授权,接受查询"。

五、本 章 小 结

总之,人工智能的应用是一把双刃剑,它有利于提高教育质量、促进教育公平、改革教育评价,也存在泄露师生隐私、危害身心发育、背离教育本质的风险。教育立法既要为其发展创造空间,又不能忘记维护人类尊严、推动科学进步、促进社会和谐的初心。更多的问题,如教育立法如何为教育数据的产业化利用提供便利,如何保证师生作为数据提供者分享商业平台的数据利益,仍有待进一步研究。

图书在版编目(CIP)数据

教育法学分论/任海涛等著.—上海:上海人民
出版社,2024
(教育法治丛书/任海涛主编)
ISBN 978 - 7 - 208 - 18779 - 5

Ⅰ.①教… Ⅱ.①任… Ⅲ.①教育法-法的理论-中
国 Ⅳ.①D922.161

中国国家版本馆 CIP 数据核字(2024)第 047650 号

责任编辑　冯　静　宋　晔
封面设计　一本好书

教育法治丛书

教育法学分论

任海涛　等著

出　　版　上海人民出版社
　　　　　(201101　上海市闵行区号景路 159 弄 C 座)
发　　行　上海人民出版社发行中心
印　　刷　上海商务联西印刷有限公司
开　　本　787×1092　1/16
印　　张　16
插　　页　4
字　　数　268,000
版　　次　2024 年 4 月第 1 版
印　　次　2024 年 4 月第 1 次印刷
ISBN 978 - 7 - 208 - 18779 - 5/D・4273
定　　价　65.00 元